Suède

GUIDES BLEUS ÉVASION

Ce guide a été établi par **Jean-François** et **Marianne Battail.**
Professeur de langues et de civilisation scandinaves à la Sorbonne, Jean-François Battail est fréquemment chargé de conférences pour plusieurs universités de Suède. Avec son épouse Marianne, d'origine suédoise, il est l'auteur du manuel *Le suédois sans peine*, dans la collection Assimil.

Direction : Isabelle Jeuge-Maynart.
Direction éditoriale : Catherine Marquet.
Responsable de collection : Armelle de Moucheron.
Édition : Marie-Christine Barraux.
Lecture-correction : Sylvie Grenier, Fella Saïdi-Tournoux.
Responsable artistique : Emmanuel Le Vallois.
Informatique éditoriale : Lionel Barth, Pascale Ocherowitch.
Maquette intérieure et mise en pages PAO : Catherine Riand.
Documentation : Sylvie Gabriel, Lene Lasry.
Cartographie : Fabrice Le Goff, Cyril Suss.
Fabrication : Gérard Piassale, Caroline Garnier.
Avec la collaboration de : Camille Duval, Lene Lasry, Marion Metzinger, Claire Willerval.

Crédit photographique
B. Grilly : pp. 7/30 (ht), 10 (dr. ht)/191, 10 (dr. bas)/216, 17, 26, 27, 40, 57, 61 (bas), 92, 213, 279 ; **BildVision AB** : pp. 9 (dr.)/130 (dr. bas) ; **Bildbanken** : pp. 8/61 (ht), 80. ; **C. Boisvieux** : pp. 4/6, 4/38, 4/66, 5/278, 9 (g.)/101, 10 (g.)/162, 11, 12 (g. ht)/239, 12 (g. bas)/236 (ht), 13, 15/67, 19, 24, 30 (bas), 34, 35, 39, 43 (bas), 44, 51, 52, 60 (bas), 61 (milieu), 62, 98, 109, 123, 129, 130 (g. bas), 131 (ht), 134, 139, 174, 180, 195, 197, 204, 221, 223, 229, 236 (g. bas), 237 (bas), 257, 262; **Cahiers du Cinéma** : p. 179 (bas) ; **Göteborgs Konstmuseum** : **A. Zorn**, p. 14 (dr. ht)/217. **C. Larsson**, pp. 214 ; **Gotlands Fornsal** : **R. Hejdström**, p. 130 (g. ht) ; **Hoaqui** : **P. Body**, p. 69 ; **Målerås glasbruk** : **M. Jonasson**, pp. 14 (dr. bas)/119 ; **Musée Vasa, Stockholm** : **H. Hammarskiöld**, p. 172 ; **Musée Mjällby Konstgård** : p. 97 ; **Nordiska museet, Stockholm** : **M. Landin**, p. 237 (ht) ; **Office Suédois du Tourisme** : pp. 31, 122, 135, 259 (ht) ; **Photothèque Hachette** : pp. 33, 36, 42 (ht), 46, 47, 48, 50, 59, 104, 154, 160, 167, 178 (ht), 179 (ht), 198, 236 (dr. bas), 244, 258, 259 (bas), 264 ; **Photothèque Hachette/Usis** : p. 178 (bas) ; **R. Salomonsson AB** : p. 78 ; **Statens Historiska Museum, Stockholm** : pp. 14 (g.)/42 (bas), 42 (g.), 43 (ht) ; **Nationalmuseum, Stockholm** : p. 165 ; **Norrlandia** : **P. Rosén**, pp. 12 (dr.)/60 (ht), 266, 267.
Couverture : **Visa/P. Diot** (el. central) ; **B. Grilly** (g. ht) ; **C. Boisvieux** (c. et dr. ht).

Suède

GUIDES BLEUS ÉVASION

Sommaire

EN SAVOIR PLUS

CARTES ET PLANS

Carte d'identité

➤ **Capitale. Stockholm** (700 000 hab. ; 1,6 million d'hab. banlieue comprise).

➤ **Autres grandes villes. Göteborg** (770 000 hab.) ; **Malmö** (500 000 hab.).

➤ **Chef de l'État.** S. M. **Carl XVI Gustaf**, roi de Suède.

➤ **Chef du gouvernement.** M. **Göran Persson**, Premier ministre depuis 1996 (Parti social-démocrate).

➤ **Côtes.** Bordée par la mer Baltique à l'E et la mer du Nord à l'O, la Suède aligne env. 7 500 km de côtes.

➤ **Distance depuis Paris.** L'extrémité S du pays est à environ 1 200 km selon l'itinéraire choisi, Stockholm à un peu moins de 2 000 km.

➤ **Économie. PNB** : 1 738 859 millions de couronnes en 1997. **Secteurs d'activité** : services privés (41,9 %) ; services publics (27,5 %) ; mines et industries de transformation (20,4 %) ; bâtiment (6 %) ; agriculture, pêche, sylviculture (3,2 %) ; électricité, gaz et distribution d'eau (1 %). **Taux de chômage** : 7 % en 1998.

➤ **Frontières.** Avec la Norvège (O et N-O) et la Finlande (N-E).

➤ **Langue officielle.** Le suédois.

➤ **Nature du régime.** Monarchie constitutionnelle, démocratie parlementaire.

➤ **Population.** 8, 9 millions d'hab., soit un peu moins que la population de l'Île-de-France. 87 % des Suédois vivent en ville.

➤ **Religion.** Luthérienne (Église d'État à laquelle la plupart des Suédois sont affiliés).

➤ **Superficie.** 449 964 km^2.

décoration intérieure, est une des plus belles de Dalécarlie. Les habitants de la région ont su conserver leurs **traditions.** Si vous appréciez le **folklore** authentique, visitez la région surtout l'**été** où se déroulent fêtes et festivals *(p. 225)*. La **Saint-Jean**, par exemple, est l'occasion de manifestations mémorables *(p. 30)*.

Le Norrland du Sud

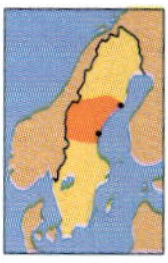

Ici la nature s'impose avec force comme sur la ♥ **Haute Côte**** *(p. 233)* ou sur le ♥ **haut plateau de Flatruet**** *(p. 238)*. Le **pic de Skuleberget**** *(p. 233)*, qui se dresse à près de 300 m au bord de la

mer dans un environnement exceptionnel, séduira autant les amateurs de varappe que les amoureux de la nature. Les amateurs de patrimoine pourront admirer ♥ le **manoir de Lövstabruk** du XVIIIe s. ou l'**église**** fortifiée **de Vendel** *(p. 228)*, avec ses fresques du XIVe s. À **Östersund*** *(p. 239)* dans le Jämtland, l'écomusée ♥ **Jamtli*** mérite une visite.

Le Norrland du Nord

Au pays du soleil de minuit, les **parcs de Sarek**** *(p. 265)*, de **Padjelanta**** *(p. 267)* ou **d'Abisko**** *(p. 271)* offrent l'occasion de faire de mémorables randonnées. Dans ces derniers espaces vierges d'Europe, suivez la **piste Royale***** *(p. 261)* à l'instar des Lapons nomades avant de vous immerger dans les traditions millénaires de la culture sâme, au **musée** ♥ **Ajtte**** *(p. 264)* ou à **Arvidsjaur**** *(p. 257)*, un village où l'on peut assister au marquage des jeunes rennes en été.

Si vous aimez

Les arbres, les fleurs et les jardins

La Suède est le pays du célèbre botaniste **Linné** *(voir encadré p. 198)* dont on visite la maison à **Uppsala**** *(p. 196)* et le **jardin botanique** *(p. 198)*. En **Scanie**, les **jardins** de ♥ **Norrviken**** *(p. 75)*, et la roseraie du ♥ **château de Sofiero*** *(p. 73)* constituent des haltes bucoliques. Entre Götene et le lac Vänern, le ♥ **plateau de Kinnekulle**** *(p. 103)* est surnommé « la montagne qui fleurit ». En **Laponie**, les **parcs naturels** comme celui de **Padjelanta**** *(p. 267)*, de **Sarek**** *(p. 265)* ou **d'Abisko**** *(p. 271)* sont des sanctuaires végétaux aux espèces rares. Sur le ♥ **mont Omberg**** *(p. 139)* ou dans l'**île d'Öland**** *(p. 122)* croissent plus d'une trentaine d'espèces d'orchidées.

Les eaux vives et les cascades

Vänern* *(p. 99)*, **Vättern*** *(p. 139)*, **Mälaren*** *(p. 194)*, ♥ **Torneträsk**** *(p. 270)*, la Suède ne compte pas moins de 96 000 lacs. Si vous préférez le spectacle des cascades tumultueuses, allez en Laponie. Dans le **Norrland du Nord**, la **chute de Storforsen*** *(p. 264)* bouillonne dans un cadre sauvage et romanesque. Au **parc de Stora Sjöfallet*** *(p. 267)*, les amateurs de canoë-kayak pourront assouvir leur passion. Avec ses 6 **écluses de Trollhättan*** *(p. 99)*, le déversoir du ♥ **Göta Kanal** *(p. 92)* est également spectaculaire.

Observer les oiseaux

Pour vous familiariser, commencez par visiter le **musée des Oiseaux** de **Jönköping** *(p. 142)* ou la **réserve d'Ottenby**

La Suède autrement

➤ **DESCENDRE LE KLARÄLVEN EN CANOË-KAYAK OU EN RADEAU.** *Voir encadré p. 111 et photo ci-dessus.*

➤ **DÉCOUVRIR STOCKHOLM COMME NILS HOLGERSSON.** Non pas à cheval sur une oie, mais à bord d'une montgolfière *(p. 189)*.

➤ **UNE JOURNÉE AU PAYS DU PÈRE NOËL.** Celui-ci habite en Dalécarlie, non loin de la station de ski de Gesunda, au bord du lac Siljan. *Voir encadré p. 224.*

➤ **UN SAFARI-PÊCHE EN HÉLICOPTÈRE.** Près de la réserve naturelle de Vindelfjällen. Au programme : pêche de la truite saumonée et de l'omble chevalier. *Voir encadré p. 244.*

➤ **OBSERVER LA DANSE DES GRUES EN VÄSTERGÖTLAND.** *Voir encadré p. 104.*

➤ **UNE RANDONNÉE DANS LE GRAND NORD EN TRAÎNEAU À CHIENS.** Dans les solitudes intouchées des vallées de Laponie. *Voir encadré p. 274.*

➤ **UNE JOURNÉE D'ORPAILLAGE EN DALÉCARLIE.** À Sälen *(p. 219)*, initiez-vous aux gestes millénaires des chercheurs d'or dans Granatbäcken, la « rivière aux Grenats ».

➤ **UNE NUIT DANS UN HÔTEL-IGLOO.** Aller au cinéma, se rendre au sauna et passer une bonne nuit sur des peaux de rennes : c'est possible dans un confortable hôtel-igloo, reconstruit chaque année en Laponie avec 2 000 t de glace *(p. 275)*.

➤ **UN PARCOURS DE GOLF SOUS LE SOLEIL DE MINUIT.** À Björkliden, se trouve le terrain de golf le plus septentrional de la planète, bien au-delà du cercle polaire *(p. 274)*.

(*p. 124*) dans l'**île d'Öland****. En **Scanie**, la **réserve naturelle de Kullaberg*** (*p. 74*) est un observatoire privilégié pour les oiseaux marins. N'oubliez pas vos jumelles si vous vous baladez sur les **côtes du Bohuslän***** (*p. 96*): vous y apercevrez de nombreux oiseaux de mer et même des colonies de phoques ! Dans le **Västergötland***, admirez le ballet des grues (*voir encadré p. 104*).

Les Vikings

Ces infatigables conquérants qui ont découvert l'Amérique bien avant Christophe Colomb (*pp. 42-43*) ont marqué bien des lieux. Aux environs de Stockholm, le site de **Birka** (*p. 194*) conserve 2000 tombes vikings. Dans le vieil **Uppsala**** (*p. 199*), s'élevait un célèbre temple païen recouvert de feuilles d'or ! Le **musée de la Province*** à **Örebro**** (*p. 201*), le **musée de plein air de Bunge*** (*p. 132*), le ♥ **musée historique de Gotland**** (*p. 129*), possèdent d'intéressantes collections d'art viking. Au **musée des Techniques de la navigation*** de **Malmö** (*p. 71*), on peut même voir un bateau viking reconstitué !

Les bateaux et la mer

Avec 7500 km de côtes et des Vikings comme ancêtres, les Suédois sont passionnés de mer. 1 habitant sur 7 possède son propre bateau. Pour voir de vieux bateaux à flot,allez au **centre maritime** de Göteborg (*p. 90*), puis au **Musée maritime*** (*p. 93*) sans oublier le **musée de la Marine**** (*p. 171*) et le ♥ **musée Vasa***** à Stockholm (*p. 171*) ou le ♥ **musée de la Marine**** de Karlskrona (*p. 116*).

Les « Lumières du Nord »

Votre séjour sera l'occasion de découvrir la peinture scandinave, méconnue à tort: outre le **Musée national***** de **Stockholm** (*p. 164*), rendez-vous à la **Thielska galleriet**** (*p. 174*) qui abrite de formidables tableaux de **Munch**, à ♥ **Waldemarsudde**** (*p. 174*) ou encore au ♥ **musée des Beaux-Arts**** de **Göteborg** (*p. 91*). Vous y admirerez notamment l'art de **Carl Larsson** ou d'**Anders Zorn** (*voir encadrés pp. 214 et 217*).

Le souvenir des écrivains

Selma Lagerlöf habitait dans le Värmland au **manoir de Mårbacka**** (*p. 102*), à **Landskrona** (*p. 72*) où elle fut institutrice. De nombreux sites, tel le ♥ **manoir de Rottneros**** (*p. 101*), sont évoqués dans ses romans. À **Stockholm**, le **musée Strindberg*** (*p. 168*) est resté intact. Cet écrivain était aussi un peintre inspiré comme en témoignent les œuvres du ♥ **musée des Beaux-Arts**** de **Göteborg** (*p. 91*) ou de la **Thielska galleriet**** (*p. 174*) à **Stockholm**.

Le design scandinave

Les Scandinaves sont passés maîtres dans la création d'**objets fonctionnels** aux formes épurées, comme vous le constaterez au ♥ **musée des Arts décoratifs**** de **Göteborg** (*p. 91*).

Si vous aimez la **verrerie** contemporaine, suivez la « route du verre » dans le Småland (*p. 118*) qui vous conduira de fabrique en fabrique à **Boda** *(p. 118)*, **Kosta** *(p. 119)*, ♥ **Orrefors*** *(p. 119)*. Dans un tout autre registre, la fabuleuse collection de céramique chinoise du **musée d'Extrême-Orient**** à **Stockholm** *(p. 169)* est incontournable: c'est la plus riche en dehors de Chine !

La civilisation lapone

Le nord de la Suède est le foyer du peuple lapon ou sâme *(pp. 236-237)*, qui continue d'entretenir des traditions vivaces. Pour vous familiariser avec cette civilisation, visitez le **Musée nordique***** à **Stockholm** *(p. 171)*, le **Musée ethnographique**** de **Göteborg** *(p. 93)* et surtout les ♥ **écomusées**** de **Laponie** comme celui de **Jokkmokk** *(p. 264)*, d'**Arjeplog**** *(p.260)* ou celui d'**Arvidsjaur** *(p. 257)* qui présentent des villages de chalets en rondins reconstitués. En plein pays lapon, **Samegårdens museum** à **Tärnaby** *(p. 256)* est un musée vivant où vous pourrez acheter toutes sortes d'objets artisanaux authentiques.

La sculpture en plein air

Dans les environs de Stockholm, ne manquez pas ♥ **Millesgården***** *(p. 177)* et les statues de **Carl Milles**. À **Halmstad*** *(p. 96)*, se dresse une grande statue de **Picasso**. À **Kristinehamn** *(p. 102)*, la ***Tête d'Indien*** du même Picasso mesure près de 15 m de haut ! Le **manoir de** ♥ **Rottneros**** *(p. 101)*, dans le Värmland, et la **ferme de Backåkra*** *(p. 77)*, en Scanie, recèlent aussi de nombreuses sculptures.

Programme

7 jours : Stockholm et sa région (voiture)

Jours 1 à 3. Un long week-end suffit pour se faire une bonne idée de la **capitale** et visiter ses principales curiosités. **Jours 4 à 5**. Faites une balade dans l'**archipel** de Stockholm et visitez **Uppsala**. **Jours 6 à 7**. Vous pouvez faire une boucle en **Dalécarlie**, ou découvrir les abords du **lac Mälaren**.

10 jours : Stockholm, Malmö, Göteborg (voiture)

Jour 1. En débarquant à **Malmö**, visitez tranquillement la ville et ses environs. **Jours 2 à 3**. Rendez-vous à **Göteborg** (un jour pour la route, un autre jour pour visiter la ville). **Jours 4 à 5**. Remontez la **côte du Bohuslän** et longez le **lac Vänern**, jusqu'en **Värmland**. **Jours 6 à 8**. Vous irez ensuite à **Stockholm** en passant par la rive nord du **lac Mälaren**. Restez au moins deux nuits dans la capitale suédoise avant de redescendre vers le sud. **Jours 8 à 10**. Longez la **côte est** et faites un crochet à l'**île d'Öland**, ou empruntez l'itinéraire qui passe par **Norrköping**, borde le **lac Vättern** et traverse le **Småland**.

10 jours : Laponie express (train)

Jour 1. Si vous n'aimez que la pêche, le kayak, la randonnée et les grands espaces de nature intacte… et si vous êtes chargé de tout votre matériel, le train, que vous pouvez prendre toute l'année, est le moyen de transport le plus pratique. **Luleå**, dans le Norrland du Nord, est à 20 h de Malmö. **Kiruna**, à l'extrême nord du pays, est à 27 h. **Jours 2 à 9**. Baladez-vous à loisir dans les **parcs nationaux** de Laponie, notamment ceux de **Muddus** et d'**Abisko**, qui jouxtent la ligne de chemin de fer Luleå-Narvik. Vous pourrez pêcher, pagayer ou crapahuter avec un sac à dos.

15 jours : le Grand Nord

Ici, encore le lecteur est invité à composer son menu à la carte. La durée du

LE CIRCUIT DES TROIS GRANDES VILLES.

périple dépend des moyens de locomotion choisis. Vous pouvez emprunter les **trains de nuit** très confortables (douche, cinéma) qui desservent Umeå, Skellefteå, Luleå ou Kiruna ou prendre l'**avion** (vols directs depuis Stockholm; comptez 1 h 30 env.). En **voiture**, il vous faudra 3 jours pour rejoindre cette région. Une fois sur place, les grandes radiales permettent (en voiture ou en car, voire en train — ligne Luleå-Narvik) d'atteindre à partir de la côte (route E4) les principales curiosités touristiques : la **Route bleue** au départ d'Umeå, vers **Tärnaby** et **Ammarfjället** ; la **Route d'argent**, de Skellefteå à Arjeplog et vers le **parc de Pieljekaise** ; la **Route dite de Linné**, Luleå-Jokkmokk-Kvikkjokk, avec prolongements dans les parcs nationaux de **Muddus**, **Sarek** et **Padjelanta** ; la **Route du fer**, de Luleå à Gällivare, Kiruna et Riksgränsen, avec le **massif de Kebnekaise** et le **parc de Stora Sjöfallet**. Pour les excursions à pied, par exemple sur la **piste Royale,** prévoir de 10 à 20 km par jour selon la nature du terrain.

PARTIR

Quand partir ?

➤ **En été.** La Suède est d'abord un pays de tourisme d'été: la plupart des visiteurs s'y rendent de juin à fin août. Juillet, mois de vacances traditionnel pour les Suédois, marque le sommet de l'été nordique, relativement bref mais intense. C'est la haute saison pour de nombreuses **activités culturelles**: manifestations folkloriques, fêtes traditionnelles, festivals, concerts... et la **basse saison pour les hôteliers**. Pendant la période où les hommes d'affaires désertent les hôtels, les touristes bénéficient de réductions importantes, alors que le reste de l'année, cette offre n'est valable que pendant les week-ends.

Températures moyennes en °C

	Mai	Juin	Juillet	Août	Septembre
Stockholm	14	19	22	20	15
Göteborg	15	19	21	20	16
Malmö	16	19	21	21	17
Karlstad	16	19	22	20	16
Visby	13	18	20	20	16
Östersund	13	16	20	18	12
Kiruna	6	14	18	15	9

➤ **En hiver.** La période qui va de janvier à avril est idéale pour les **sports d'hiver**. Des villes animées et riches en curiosités comme **Stockholm** ou **Göteborg** se visitent aussi en cette saison, et une croisière d'hiver dans **l'archipel de Stockholm** constitue une expérience envoûtante. Grâce au *Gulf Stream*, au sud de la Suède, le climat reste plus clément qu'on ne l'imagine: la Suède bénéficie d'un ensoleillement moyen bien supérieur à celui de la Grande-Bretagne, de l'Allemagne ou de la Norvège, par exemple. Cependant, il faut tenir compte des variations régionales dans ce pays qui s'étend sur 1 574 km du nord au sud.

Comment partir ?

En avion

L'aéroport international de Stockholm, **Arlanda** et son aéroport pour les liaisons intérieures (Arlanda Inrikes) se trouvent à 45 km au nord de la ville. L'aéroport principal desservant le sud de la Suède est Kastrup (Copenhague). De là, un aéroglisseur de SAS relie directement Malmö, 10 fois par jour dans les 2 sens (36 mn).

Les vols réguliers

➤ **Depuis la France. Air France. Rens. et réservations** ☎ 0.802.802.802. **Minitel**: 3615 ou 3616 AF. Au départ de Roissy-Charles-de-Gaulle 2B, 4 vols directs/j. pour Stockholm et 2 vols directs pour Göteborg. Durée du vol pour Stockholm: 2 h 30. Tarif Tempo (1, 2, 3 ou 4) soumis à des conditions spéciales à moins de 2 000 F A/R. Départs également de province. **SAS**, 18, bd Malesherbes, 75008 Paris. **Rens. et réservations** ☎ 01.53.43.25.25. N° Azur pour la province: ☎ 0.801. 25.25.25. **Minitel**: 3615 FLY SAS. **Internet:** http :www.sas. se Au départ de Roissy-Charles-de-Gaulle 1, 4 vols directs/j. vers Stockholm, 1/j. vers Göteborg, 5 vols/j. vers Copenhague, 4 vols/j. vers Malmö via Copenhague. Liaisons directes vers Stockholm et Göteborg, au départ de Lyon, Marseille, Toulouse et Nice.

➤ **Depuis la Belgique. Sabena**, hôtel Carrefour de l'Europe, 110, rue du Marché-aux-Herbes, 1000 Bruxelles. **Rens. et réservations** ☎ (00.32.2) 723.23.23. 5 liaisons/j. du lun. au ven. Bruxelles-Stockholm et Bruxelles-Göteborg. **SAS**, aéroport de Zaventem, 1000 Bruxelles ☎ (00.32.2) 714.08.40. 2 vols/j. Bruxelles-Stockholm. Vols pour Göteborg via Copenhague.

➤ **Depuis la Suisse. Swissair** relie Zurich à Stockholm (4 vols/j.). **Crossair**, filiale de **Swissair** dessert Göteborg (1 vol/j.) via Bâle-Mulhouse ou Copenhague. **Rens. et réservations** pour toute la Suisse ☎ 0.848.800.700. **SAS Ticket Office**, Genève airport, 1201 ☎ (00.41.22) 788.11.11.

Vols à tarifs négociés

Il n'existe pas de vols charters sur la Suède, mais l'on trouve des vols à tarif négocié auprès des agences de voyage. Si vous voulez bénéficier de tarifs préférentiels, votre séjour doit comporter au moins la nuit de sam. à dim. sur place et ne pas excéder un mois ou trois, selon les formules. Ces tarifs sont soumis à certaines conditions; renseignez-vous auprès de votre agent de voyage.

➤ **À Paris. Go Voyages**, 6, rue Troyon, 75017 Paris ☎ 01.44.09.06.22. **Minitel**: 3615 GO. **Internet:** www.govoyages. com Vols Paris-Stockholm via Bruxelles avec la Sabena aux alentours de 1 500 F A/R. **Nouvelles Frontières**, 87, bd de Grenelle, 75015 Paris ☎ 0.803. 33.33.33. **Minitel**: 3615 NF. **Internet**: www.nouvelles-frontieres. com **Look Voyages**, 23, rue de la Paix, 75002 Paris ☎ 01.53.43.13.13. **Minitel**: 3615 LOOK VOYAGES. **Internet:** www. look-voyages. fr **Any Way** ☎ 0.803.008.008. **Minitel**: 3615 ANYWAY. Vols Paris-Stockholm ou Paris-Göteborg avec Sabena, Swissair, British Airways ou KLM.

➤ **Pour partir au dernier moment. Minitel**: 3615 ROUTARD Service « Promos de dernière minute » et 3615 DÉGRIFTOUR: des tarifs de dernière heure ou des offres à prix cassés (attention, disponibilité de destination non garantie).

d'été, qui marque le triomphe de la lumière. Le **samedi le plus proche du 24 juin**, on danse toute la nuit autour de mâts décorés de fleurs.

La Sainte-Lucie

Sainte Lucie, une Sicilienne, fut l'une de ces chrétiennes qui, au début du IVe s., subit le martyre sous le règne de Dioclétien. Bien que cette fête soit d'origine italienne, rien de plus typiquement suédois que le rituel célébré le **13 décembre**, dans l'attente de Noël. C'est l'occasion de conjurer l'obscurité menaçante, en annonçant le retour prochain de la lumière. Très tôt le matin, des jeunes filles vêtues de blanc, coiffées d'une couronne de feuilles d'airelles surmontée de bougies, vont en procession, auprès des personnes de leur choix. Après avoir chanté l'hymne de Lucie, elles servent le café, le *glögg* (vin chaud aromatisé) et les gâteaux traditionnels, *lussekatter* et *pepparkakor*: il s'agit de petits pains au safran et d'une sorte de pain d'épice croquant, parfumé au gingembre.

La Sainte-Lucie.

Le Noël suédois

Noël, qu'on appelle *Jul*, est une fête religieuse, mais constitue aussi une sorte de pendant hivernal à la Saint-Jean. Préparé de longue date, *Jul* se caractérise par un ensemble de rites immuables. Dans chaque foyer, à chaque dimanche de l'Avent, on allume une nouvelle bougie sur le chandelier à quatre branches *(adventstake)*. La veille de Noël, les quatre bougies scintillent pour célébrer le jour de la naissance du Christ.

Une autre coutume veut qu'à Noël, on mange du jambon, des boulettes de viandes et du riz au lait, sans oublier le *lutfisk*, un poisson mariné qui décourage généralement les visiteurs étrangers ! Quant au Père Noël, il n'est apparu en Suède qu'à la fin du siècle dernier. Jusque-là, c'était le bouc de Noël (*Julbock*) qui était chargé de la distribution des cadeaux.

Les illuminations de Noël chassent les ténèbres du long hiver nordique, comme ici dans la vieille ville de Stockholm.

Élévation du mât de la St-Jean, à g. Dans tout le pays, les Suédois fêtent avec ferveur l'instant magique que représente le solstice d'été.

au latin : *restaurang, hotell, toalett, station, centrum, buss, vin*, etc. Sachez que « y » se prononce « u », « å » se dit « o », « ä » se prononce « è », et « ö » s'entend comme « eu ». Enfin, « tion » se prononce « tchounn » *(voir aussi lexique et encadré p. 280)*.

➤ **Les langues de contact**. L'**anglais** est devenu en Suède la seconde langue nationale : où que vous soyez, y compris dans les campagnes reculées, vous pourrez communiquer dans la langue de Shakespeare. Le **français** est moins répandu, sauf dans les hôtels, les restaurants et les offices de tourisme.

Médias

➤ **La presse**. Les journaux nationaux *(Aftonbladet, Dagens Nyheter, Göteborgs-Posten, Expressen, Svenska Dagbladet)* sont en langue suédoise, mais les kiosques *(pressbyrå)* offrent un bon choix de journaux et de magazines internationaux.

➤ **La télévision**. Les deux **chaînes d'État** de la télévision suédoise sont **SVT 1** et **STV 2** : les journaux écrivent seulement « 1 » et « 2 » ; les Suédois les appellent ***ettan*** (« la Une ») et ***tvåan*** (« la Deux »). Ces chaînes sont exemptes de publicité. Vous trouverez aussi **TV 3** et **TV 4** (avec publicité). Sachez que les films étrangers ne sont jamais doublés – sauf les dessins animés pour les plus petits. Ils sont présentés en version originale, avec des sous-titres suédois. **TV 5** est présente sur le câble et le satellite. Cette chaîne propose une sélection de programmes français, belges, canadiens, suisses et retransmet à 22 h le journal télévisé diffusé à 20 h sur France 2.

Navigation de plaisance

La Suède possède une façade maritime de 1 700 km, soit quelque 7 500 km de côtes. C'est donc le paradis du plaisancier. Un Suédois sur sept possède son propre bateau *(voir aussi encadré p. 92)*.

➤ **Arriver à bon port**. Le Touring Club suédois *(p. 28)* édite régulièrement une brochure sur les quelque **450 ports de plaisance** *(gästhamnar)* où l'on peut appareiller. Cette plaquette indique le type de services qu'ils offrent, les règlements de sécurité, l'accès à des informations météorologiques… La dernière édition est également en vente dans les boutiques de téléphonie *(Telebutik)*.

➤ **Louer un bateau**. Rien de plus facile : de Luleå au N-E à Strömstad au S-O, il suffit de s'adresser aux offices du tourisme locaux.

Parcs nationaux

En créant 9 parcs nationaux dès 1909-1910, la Suède était le premier pays d'Europe à prendre une telle initiative. Le but recherché était de protéger les sites vulnérables et de sauvegarder les dernières terres sauvages. On compte actuellement 26 parcs nationaux auxquels s'ajoutent près de 1 600 réserves naturelles. **Rens. : Statens Naturvårdsverk**, SE-10648 Stockholm ☎ (08) 20.29.25.

Pêche

Dans ce pays où l'eau est omniprésente, inutile de dire que les possibilités de pêche sont innombrables. Dans le Blekinge, par exemple, Mörrum est réputée pour ses truites de mer et ses saumons. Les prises de 5 kg, voire plus, ne sont pas rares. En Uppland, Älvkarleby est également un lieu de pêche prisé, de même que Falkenberg, entre Helsingborg et Göteborg. La pêche n'est pas réglementée le long de la côte du golfe de Botnie, dans le Norrland, pas plus que sur la côte ouest, entre Båstad et la frontière norvégienne. On peut en outre pêcher librement dans les 5 plus grands lacs suédois : Vänern, Vättern, Mälaren, Hjälmaren dans la région d'Örebro, et Storsjön dans le Jämtland. Partout ailleurs, soit 60 000 sites recensés par les fédérations régionales, il faut une **licence** que l'on peut facilement se

Brochet.

procurer dans les magasins de sport, les offices de tourisme et même les stations d'essence. Le permis est valable 1 journée, 1 semaine ou davantage, et son prix varie de 45 à 200 SEK par jour. Le catalogue édité par Top Ten Fishing et disponible dans les offices de tourisme ou auprès de **Planet Fly Fishing** *(p. 22)* vous renseignera sur les plus beaux sites de pêche .

Politesse

➤ **Bons usages.** Une sobre courtoisie est de règle dans un pays où les habitants sont à la fois accueillants et discrets. La **poignée de mains**, beaucoup moins répandue que chez nous, se pratique peu. Si vous êtes invité dans une famille suédoise, des fleurs seront toujours appréciées. Lors d'un **repas** réunissant au moins six convives, la coutume veut que le monsieur placé à la gauche de la maîtresse de maison prononce quelques mots amicaux entre le dessert et le café. Dans tous les cas, chaque invité remercie pour le repas: la formule rituelle est « *tack för maten* » (prononcez: « *tac feur mâteunne* »). Notez enfin que la **ponctualité** est de rigueur.

➤ **Respect de l'environnement.** Dans ce domaine, les Suédois sont très scrupuleux: c'est la contrepartie du droit coutumier, l'*allemansrätt*, qui permet une grande liberté de mouvement dans la nature *(voir encadré p. 62)*. Observez les **interdictions de fumer** *(rökning förbjuden, ej rökning)* dans les gares, les aéroports, les restaurants et certaines chambres d'hôtel.

Poste et télécommunications

➤ **Poste.** Prenez un numéro d'appel à l'entrée. En règle générale, les guichets acceptent toutes les opérations. Des **services bancaires** sont proposés: retraits d'espèces avec carte de paiement internationale, change, etc. Il existe en ville deux sortes de **boîtes à lettres**: les **bleues** pour le courrier local; les **jaunes** pour les autres destinations, dont l'étranger. Une lettre postée en Suède met 2 à 3 jours pour parvenir dans un autre pays d'Europe.

➤ **Téléphone.** Le réseau téléphonique suédois est entièrement automatique. On trouve partout des cabines téléphoniques: la plupart fonctionnent avec des **cartes de téléphone** *(telekort)* disponibles dans différents points de vente, notamment les kiosques à journaux. Dans les grandes villes, certaines fonctionnent aussi au moyen de **cartes de paiement**.

Pour téléphoner

➤ **À l'intérieur du pays.** Si votre appel est local, composez simplement le numéro de votre correspondant. Pour téléphoner hors de votre circonscription, composez l'indicatif de la région *(voir les pages pratiques de ce guide)* puis le numéro de votre correspondant.

➤ **Depuis la Suède vers l'étranger.** Composez le 009 puis l'indicatif du pays (France : 33 ; Belgique : 32 ; Suisse : 41), puis le numéro du correspondant sans le 0 initial.

➤ **Renseignements téléphoniques.** ☎ 00.33.12.46.

➤ **Depuis la France.** Voir p. 25.

Pourboires

Cette forme de rémunération a quasiment disparu, même dans les taxis. Hôtels et restaurants pratiquent sans exception des prix nets. Même le vestiaire fait l'objet d'une rémunération fixe, dûment affichée.

Santé

Des accords bilatéraux existent entre la Suède et la plupart des autres pays européens. Munissez-vous de votre carte de Sécurité sociale et du formulaire E111 qui vous permettra d'être remboursé.

Sécurité

Les collisions avec des élans et autres cervidés sont fréquentes en forêt : la prudence s'impose donc au volant. **À savoir** : l'élan ne dévie jamais de l'itinéraire qu'il s'est tracé, et ni le klaxon, ni les appels de phare ne l'arrêtent. Reste donc à l'éviter, et surtout, à prendre au sérieux les panneaux signalant les passages qu'il a l'habitude d'emprunter, le plus souvent au petit matin et au crépuscule. Par ailleurs, si vous explorez les parcs nationaux, pliez-vous impérativement aux consignes de sécurité.

Shopping

➤ **Détaxe.** Les personnes résidant en dehors de l'Union européenne bénéficient du système « *tax free for tourists* » qui permet de recevoir un « chèque détaxe » correspondant à une partie de la TVA, celle-ci étant remboursée lorsqu'on quitte le pays.

➤ **Spécialités gastronomiques.** Au moment du départ, achetez du renne fumé *(rökt renkött)*, un pâté de hareng *(böcklingpastej)*, de l'anguille fumée *(rökt ål)*, ou encore un pot de confiture d'airelles *(lingonsylt)*. Attention, les **alcools** sont vendus exclusivement dans les magasins d'État *(Systembolaget)* et l'âge minimal requis pour en acheter est de **20 ans**.

➤ **Souvenirs.** Vous trouverez en Suède un grand nombre de jolis objets, fonctionnels et raffinés : la **verrerie d'art**, par exemple, avec les marques célèbres implantées en Småland, entre Kalmar et Växjö ; la **porcelaine** de Rörstrand ou de Gustavsberg ; la **céramique** de Höganäs en Scanie, et tout ce qui touche à l'art de la table ; les

peausseries de Malung en Dalécarlie; les **fourrures** de Tranås, en Småland et les **textiles** de Borås, non loin de Göteborg, sans oublier l'**artisanat** lapon. Les **bijoux** d'or et d'argent sont d'un bon rapport qualité/prix.

Sports

La Suède offre de nombreuses possibilités d'activités sportives. Le plus simple est de s'adresser aux offices du tourisme locaux.

➤ **Balades à vélo.** Dans toutes les régions touristiques, la location de vélos est très répandue. C'est un moyen idéal pour découvrir la nature suédoise. Quelques suggestions: rouler sur les chemins de halage le long du Göta Kanal; faire le tour du lac Siljan en Dalécarlie, explorer l'île de Gotland à bicyclette.

➤ **Canoë-kayak.** Plus de 3000 embarcations sont mises en location par 83 centres répartis dans toute la Suède: quelque 800 itinéraires sont proposés, de Jukkasjärvi, au nord du pays, à Ängelholm, au sud. Rens. auprès de la **Fédération suédoise de canotage**: **Svenska kanotförbundet**, Idrottens hus, S-12387 Farsta ☎ (08) 605.65.48 et dans les offices du tourisme locaux.

➤ **Golf.** Il est très pratiqué en Suède. En règle générale les terrains sont magnifiquement situés, et pourvus de *club-houses* bien aménagés. La petite Scanie possède une quarantaine de terrains de golf, dont celui de **Falsterbo**, très réputé. Le golf le plus septentrional de Suède (et de la planète !) est situé à **Björkliden** entre Kiruna et Narvik *(p. 271)*. La Fédération suédoise de golf édite un guide en anglais, qui fournit des renseignements sur les terrains et les possibilités d'hébergement. Pour le commander: **Zindermans förlag**, Första Langgatan 6, S-41303 Göteborg. Des forfaits de golf sont aussi vendus en France *(p. 23)*.

➤ **Rafting.** Les rivières, notamment à **Jukkasjärvi** en Laponie ou la **Klarälven** en Värmland se prêtent à la descente en radeau.

➤ **Randonnées.** Toutes les **communes** proposent des itinéraires balisés (plans disponibles auprès des offices de tourisme). Les **parcs nationaux** constituent des aires de randonnées toutes trouvées. À l'extrême Nord, quelques **pistes** célèbres s'offrent aux randonneurs, comme la fameuse **piste Royale** *(440 km de long)*. Outre les offices de tourisme et les *fjällstationer* qui vous informeront sur place sur les pistes de randonnée,

Un paradis pour les oiseaux

Oie cendrée.

En hiver, peu d'espèces d'oiseaux restent en Suède, mais à la belle saison, un grand nombre de migrateurs reviennent du Sud. Dès le mois de mars, on entend chanter l'alouette, en Scanie. D'innombrables oiseaux de mer nichent dans les **falaises**. Dans les *fjälls*, où coléoptères et larves de papillon fournissent une nourriture abondante, on peut observer de nombreuses espèces. Les **montagnes** pelées abritent des oiseaux aussi exotiques que le bruant des neiges, le pluvier doré, le harfang des neiges. Les **vallées** des *fjälls* accueillent le lagopède des saules et de nombreux migrateurs. Avec un peu de chance, on peut même apercevoir un aigle royal. Mais ce sont sans doute les **lacs** qui accueillent le plus grand nombre d'oiseaux : les oies et les canards sauvages, les grues *(voir aussi encadré p. 104)* et cent autres espèces y trouvent de la nourriture en abondance, et les roseaux les protègent. Les **îles** de la Baltique sont tout aussi intéressantes. Les buissons de Gotland accueillent des gobemouches à colliers et des rossignols prognés, et les marais, des butors étoilés ou des mouettes pygmées. Non loin de Gotland, on peut apercevoir, dans les îles rocheuses des environs, guillemots et pingouins. Öland possède une réserve naturelle ornithologique à Ottenby, au sud de l'île. Sur la lande gîtent des pluviers dorés. Oies, canards, échassiers s'y rencontrent en grand nombre au moment des migrations.

Pour observer les oiseaux, voir p. 12.

les refuges ou auberges de jeunesse, les stations de montagne, les cartes à utiliser, la **Svenska Turistföreningen** pourra vous renseigner à Stockholm. **STF**, Box 25, SE-10120 Stockholm ☎ (08) 463.22.70 ; fax (08) 678.19.58.

➤ **Sports de neige.** Les provinces les mieux équipées sont le **Jämtland**, la **Dalécarlie** du Nord et la **Laponie** : les pistes sont ouvertes **de nov. à mai**, voire juin, selon les régions et les hivers. Plus au sud, certaines communes offrent des possibilités de **ski alpin**, par exemple dans le **Småland**. Quant au **ski de fond**, il se pratique partout, sauf peut-être dans l'extrême Sud. Si vous êtes en Dalécarlie, le 1er dimanche de mars, ne manquez pas la célèbre course ***Vasaloppet*** *(voir encadré p. 216)*.

➤ **Tennis.** Au pays de Björn Borg, Mats Wilander et Stefan Edberg, le tennis est devenu un sport pour tous. Le haut lieu du tennis est **Båstad** en Scanie, où la Suède joue ses matchs de coupe Davis, mais on peut le pratiquer partout : **rens.** auprès des offices de tourisme.

Transports

En avion

Le réseau intérieur suédois, exploité par SAS et diverses compagnies régionales, est très dense. Le nord du pays, notamment, est très bien desservi, et il existe de nombreux vols quotidiens depuis Stockholm. Avec une durée de vol d'env. 1 h 30, vous pourrez sans perdre de temps faire une boucle au pays des *fjälls* et du soleil de minuit.

En train

Sur les grands axes, notamment Stockholm-Göteborg, les trains suédois sont modernes et confortables. Les plus rapides, appelés **X 2000**, ont une vitesse de pointe de 200 km/h. La **réservation** est **obligatoire** pour les trains de grandes lignes.

➤ **Paysages grandioses.** Certaines lignes constituent elles-mêmes des attractions touristiques *(voir encadré p. 260)*. Quant à la célèbre « **route du Fer** », c'est la voie ferrée la plus septentrionale du monde : elle relie Luleå à Narvik (en Norvège) par Kiruna et Riksgränsen.

➤ **Tarifs réduits.** Les conditions sont avantageuses pour ceux qui possèdent une carte de type **Inter-Rail** ou **Senior Pass**. La carte **Scan Rail Pass** est valable en 1re ou en 2e classe : sa validité s'étend de 5 à 21 jours. Vous pouvez l'utiliser en Suède mais aussi au Danemark, en Norvège et en Finlande. Si vous effectuez plusieurs séjours en Suède au cours de la même année, il peut être intéressant d'acheter la carte de réduction **Reslustkortet**, en vente dans toutes les gares. Pour un prix modique, elle vous permet de voyager à tarif réduit sur de nombreux trains. Cette réduction peut atteindre 50 %, mais uniquement pour des parcours supérieurs à 80 km.

En car

De nombreuses lignes permettent d'atteindre les destinations que le rail ne dessert pas. Il s'agit donc d'un moyen de transport complémentaire. En outre, plusieurs lignes de cars express relient les villes importantes.

Transports urbains

➤ **Abonnement.** Si vous restez longtemps dans la même ville – ou le même département – vous avez tout intérêt à vous procurer une **carte d'abonnement mensuel** *(länskort)*. À l'intérieur d'une zone déterminée, vous pourrez vous déplacer comme bon vous semble, y compris en train. **Rens.** auprès de l'office de tourisme concerné.

➤ **Réseau.** Toutes les villes suédoises ont un bon réseau d'autobus. En outre, **Stockholm** est équipée d'un métro qui dessert le centre ville ainsi que les banlieues. À **Göteborg** et à **Norrköping**, le tramway est le moyen le plus pratique pour sillonner la ville.

En voiture

Les routes sont excellentes, même dans le nord du pays, et les autoroutes sont gratuites.

➤ **Code de la route.** Il est identique à celui en vigueur chez nous. Attention : les **feux de croisement** doivent être allumés le jour. Par ailleurs, les **pneus d'hiver** *(vinterdäck)* et plus rarement, les pneus cloutés, sont de rigueur entre le 1er nov. et le lundi de Pâques. Enfin, le **taux d'alcoolémie** est fixé à 0,2 g par litre (contre 0, 5 en France) et la police est inflexible : retrait du permis, amende, voire peine de prison…

➤ **Limitation de vitesse.** Elle est limitée à 110 km/h sur l'**autoroute**, 90 ou 70 km/h sur les **autres voies**. En **ville**, la vitesse est fixée à 50 km/h, voire 30 km/h aux abords des écoles. Attention, les forêts sont ici giboyeuses : levez le pied quand un panneau évoque le passage d'élans.

➤ **Location.** On peut louer des voitures pratiquement partout, même dans les stations d'essence importantes. Les compagnies aériennes et les chemins de fer proposent souvent des forfaits « avion + voiture » ou « chemin de fer + voiture ».

➤ **Papiers.** Votre permis de conduire national est valable, mais munissez-vous d'une **attestation internationale d'assurance**.

Urgences

☎ 112. L'appel est gratuit pour ce numéro qui concerne toutes les urgences : médicales ou dentaires, pompiers, police, détresse en mer, etc.

Voltage

Le voltage standard est de 220 V.

DÉCOUVRIR

Fresques traditionnelles de Dalécarlie, musée de Skansen, Stockholm.

HÉRITAGE

Descente de croix, Bingsjö, Dalécarlie.

La Suède émerge tard des brumes de la préhistoire. Ces temps obscurs se rappellent au visiteur sous des formes diverses : tombeaux faits de blocs de pierre assemblés en forme de navire, *tumuli*, pierres runiques, gravures rupestres et autres vestiges. Tacite révèle dans *Germania* (98 apr. J.-C.) l'existence des Suédois, ou plus exactement de la tribu des **Suiones** (ou Svear) installée dans la région du lac Mälaren. Mais il faut attendre l'ère des **Vikings** (800-1050 ; *p. 42*), à la charnière entre préhistoire et histoire, pour que la « Suède » commence à apparaître au monde.

L'expansion des Varègues vers l'est

Alors que les vikings dano-norvégiens mettent le cap à l'ouest et au sud, l'expansion de leurs homologues suédois, les **Varègues**, s'opère vers l'est. Originaires, pour la plupart, d'Uppland, de la région du Mälaren et de Gotland, ils naviguent le long des côtes, remontent le Dniepr, le Don ou la Volga. Ils pénètrent au cœur de la Russie actuelle où ils crèent places fortifiées et comptoirs. Leur chef, **Riourik**, fonde la principauté de Novgorod et ses successeurs établissent la ville de Kiev, atteignent la mer Noire et la mer Caspienne. Bagdad et Constantinople sont ainsi reliées au commerce de la Baltique *(voir carte p. 43)*.

Cette époque est décisive à bien des égards pour l'Europe du N. Les Scandinaves rompent leur isolement, reçoivent des influences venues de loin tout en apportant eux-mêmes une contribution non négligeable à la civilisation occidentale, notamment en matière de **navigation**. Sur leur propre territoire, les Vikings se livrent à un gros travail de défrichage, ce qui se traduit par une augmentation importante du nombre des villages.

L'émergence du royaume suédois

Vers la fin de l'époque viking, le Danemark, la Norvège et la Suède commencent à émerger comme royaumes distincts. Les diverses provinces suédoises tendent à former une entité dont **Svealand** (les régions du lac Mälaren et l'Uppland) et **Götaland** (les provinces de Västergötland et d'Östergötland) constituent le double noyau. Vers 1050, Svear et Gots se trouvent réunis dans un royaume unitaire qui s'étend au sud jusqu'aux frontières de la Scanie, du Halland et du Blekinge, terres sous contrôle danois.

La constitution du royaume suédois coïncide avec l'apparition du **christianisme**. Anschaire (ou Ansgar), un missionnaire picard, s'était certes rendu à Birka dès 829, mais « l'Apôtre du Nord » n'avait connu que des succès limités. C'est vers l'an mil qu'**Olof Skötkonung**, roi des Svear, se fait baptiser, à une époque où les anciennes croyances demeurent encore vivaces. En 1164, la Suède est dotée à Uppsala de son propre archevêché, ce qui renforce son intégration dans l'Europe chrétienne.

Le modèle féodal

Le début du Moyen Âge est marqué par des luttes entre familles royales. Le pouvoir du souverain demeure très limité : le véritable maître du pays est le ***jarl***, titre nobiliaire qui désigne une sorte de Premier ministre. L'un d'entre eux, Birger Jarl, assure en 1250 la dignité de roi à sa descendance. Pendant un bon siècle, sous sa dynastie, la Suède va connaître un premier âge de grandeur politique et culturelle. Des châteaux forts sont construits aux endroits stratégiques, les provinces sont dotées d'administrations bien structurées, et la législation tend à s'appliquer à tout le royaume.

Sous **Magnus Ladulås** (1275-1290), la société suédoise s'organise sur le **modèle féodal**. Une classe privilégiée apparaît, la noblesse, exempte d'impôts en échange de ses prestations militaires. Les paysans parviennent à sauvegarder leur liberté. Par étapes successives, la **Finlande**, objet de la deuxième vague d'expansion vers l'est, se trouve incorporée au royaume. En 1323, un accord suédo-russe définit la frontière entre la Finlande suédoise et la Russie. La « province de l'est » est bientôt dotée d'un évêché dans la capitale, Åbo. Elle restera suédoise jusqu'en 1809, tout en gardant l'essentiel de sa spécificité linguistique et culturelle.

La suprématie hanséatique

Le commerce s'intensifie et s'internationalise. Les villes allemandes de la Ligue hanséatique, Lübeck

La civilisation viking

Pendant deux siècles et demi, la formidable expansion des Vikings a pris en tenaille l'Europe tout entière. Si les récits mettent en avant la brutalité de ces conquérants, armes et bijoux témoignent de leurs aptitudes artistiques et techniques.

Ci-dessus, gravure d'A. de Neuville, Hachette, 1872. Forgé par le romantisme, le « mythe viking » a connu une grande fortune, notamment en Normandie où l'on a cultivé le souvenir de sa fondation par le chef viking Rollon en 911.

Un commerce intensif avec l'Orient

À g., girouette viking, Statens Historiska Museum.

L'essor des peuples scandinaves a commencé au IXe s. Détrônant les Frisons, alors maîtres du commerce en Europe du Nord, ces peuples maniaient l'épée et la balance avec une égale dextérité : ils pratiquaient un commerce intensif avec l'Orient, comme en témoignent les fouilles effectuées à Birka, la plus ancienne cité fortifiée de Suède, fondée peu avant 800. Des quelques centaines de tombes mises au jour, ont été exhumés des tissus de soie provenant de Chine, une statue de Bouddha originaire de Ceylan et des monnaies arabes. En échange, les Scandinaves vendaient des peaux, des fourrures ou de l'ivoire de morse. De nombreuses monnaies arabes ont également été découvertes sur l'île de Gotland. Les fouilles archéologiques révèlent l'ampleur de ces échanges à longue distance, qui ont pris fin brusquement vers 1050.

Casque, épée, bouclier viking retrouvés à Valsgärde Ultuna, Statens Historiska Museum, Stockholm. Valsgärde constitue un site archéologique important où ont été mis au jour une nécropole et de nombreux objets datant de l'âge de Vendel et de l'âge viking.

Des hommes rudes mais civilisés

La réputation des Vikings tient en partie au fait que les témoignages proviennent de leurs victimes. En Suède même, les pierres runiques fournissent très peu d'indications à leur sujet. Il faut donc aussi se référer aux auteurs byzantins, slaves et arabes, qui ont surtout mis en avant la violence, l'avidité et le paganisme de ces hommes du Nord.

Les Vikings étaient sans doute capables de crimes barbares, mais leur mode de vie était civilisé : tradition juridique originale, rôle social éminent accordé à la femme, sens de l'organisation, aptitudes techniques et artistiques développées. Les bijoux et les armes vikings, comme l'épée à deux tranchants, le poignard ou la dague, n'ont pas d'équivalent dans l'Europe de l'époque. Quant au bateau viking, avec ses lignes

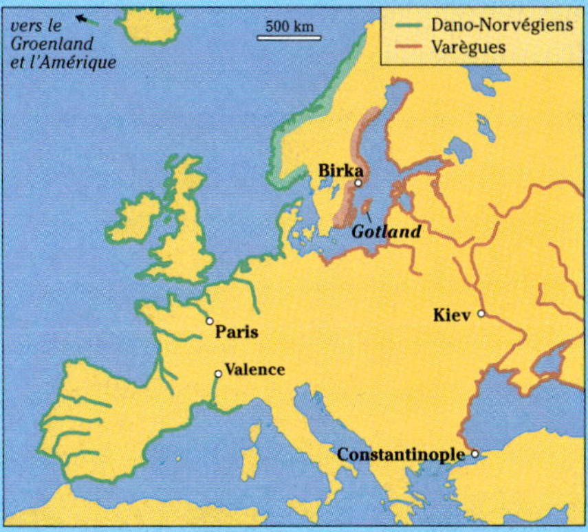

L'expansion viking.

Ci-dessous, boucle viking retrouvée à Grötlingbo, Statens Historiska Museum, Stockholm.

Tombe viking en forme de navire à Gannarve, île de Gotland. Cette tombe de 29 m de long et 5 m de large a de toute évidence servi de sépulture à un chef important.

fluides, c'est un chef-d'œuvre de charpenterie navale et d'hydrodynamisme.

Les Russes sont-ils Suédois ?

Les Slaves appelaient *Rus* les Vikings originaires de Suède, peut-être parce que beaucoup d'entre eux venaient de Roslagen, au nord de Stockholm. En s'établissant dans la grande plaine d'Europe de l'Est, de la mer Noire à la mer Baltique, ils auraient laissé leur nom à la région. Telle serait l'origine du mot « Russie ». Du reste, les chroniqueurs arabes parlaient également des « Russes » lorsqu'ils évoquaient les Scandinaves. Ajoutons que « Suède » se dit *Ruotsi* en finnois.

En terre slave, ces envahisseurs germains ont été assimilés par les populations locales. De nombreux toponymes et patronymes témoignent de leur passage. Ainsi, des prénoms comme Igor, Oleg ou Olga sont des formes slavisées des prénoms scandinaves Ingvar, Helge, Helga.

Sainte Brigitte

La première personnalité suédoise dont la renommée dépasse les frontières est sainte Brigitte (1303-1373). Mariée très jeune, elle aura huit enfants, dont sainte Catherine de Sienne. Veuve à 42 ans, cette grande dame impérieuse, à la fois mystique et femme d'action, joue un rôle important dans la politique ecclésiastique du temps.

En transcrivant ses *Révélations*, elle donne à la littérature religieuse l'un de ses grands classiques. Elle œuvre notamment pour que les papes, qui résidaient alors à Avignon, retrouvent le chemin de Rome. Elle fonde aussi un ordre monastique, dont le siège principal est situé à Vadstena. Aujourd'hui, l'ordre brigittin ne joue qu'un rôle limité dans un pays devenu luthérien en 1527, et où les catholiques ne représentent plus qu'une minorité (150 000 personnes).

Statue de sainte Brigitte (XVe s.), église abbatiale de Vadstena.

surtout, deviennent les maîtres du jeu. Les commerçants d'Allemagne du Nord apportent du sel et des vêtements. Ils remportent du beurre, des peaux, du fer et du cuivre. Jusqu'au milieu du XVIe s., ils maintiendront cette position dominante dans le commerce avec la Suède. **Visby** est un grand centre d'import-export entre l'Orient et l'Occident, mais elle est presque indépendante du roi de Suède. À partir de 1200, des Allemands s'y installent en nombre. Quelque cent ans plus tard, la capitale gotlandaise est toutefois détrônée par **Lübeck**, qui monopolise le commerce dans la Baltique.

L'Union scandinave

Dans les autres royaumes nordiques, l'influence grandissante des Allemands constitue également une menace. Un front nordique de défense se constitue, favorisé par les circonstances. En 1380, par le jeu des alliances et des héritages, le **Danemark** et la **Norvège** se trouvent réunis sous une même couronne. Quelques années plus tard, **Margrete**, la souveraine danoise, aide les Suédois à se libérer du joug allemand. Dès lors, elle règne sur l'ensemble des pays nordiques. En 1397, un **traité d'union** est scellé à **Kalmar** : les trois royaumes scandinaves seront gouvernés par un seul et même roi, tout en gardant leurs lois et leurs coutumes propres. Le Danemark est le royaume le plus riche et le plus peuplé, et la volonté de puissance de ses dirigeants ne tarde pas à provoquer le mécontentement des Suédois. Bientôt, la révolte s'étend à tout le pays : en 1448, la Suède se retire de l'Union.

L'élan nationaliste

Pourtant, de façon sporadique, les souverains danois accèdent encore au trône de Suède. Le dernier d'entre eux, **Christian II**, décide d'employer la manière forte pour rétablir et consolider l'Union. En 1520, l'armée danoise assiège Stockholm : la ville ouvre ses portes contre la promesse d'une amnistie générale. Christian II est couronné en grande pompe, mais l'écho des festivités retentit encore quand le roi, au mépris de sa promesse, fait arrêter et exécuter 82 hauts personnages : c'est le « bain de sang de Stockholm ». Bientôt la révolte s'étend à tout le pays. **Gustave Eriksson**, qui a fomenté le soulèvement, devient lieutenant général du royaume en 1521. Deux ans plus tard, sous le nom de **Gustave Vasa** (1523-1560), il est couronné roi de Suède.

Naissance de l'État moderne

Le nouveau roi n'a pas la tâche facile : le pays désorganisé est en piteux état. Dans sa tentative d'affermir son pouvoir, il se heurte à la résistance de la noblesse et du clergé et doit constamment réprimer conspirations et révoltes. Les paysans se soulèvent sporadiquement dans diverses provinces. Gagné aux idées de Luther, Gustave Vasa voit son salut dans l'instauration de la **Réforme** : en 1527, à la Diète (*Riksdag*) d'Örebro, le luthéranisme est adopté comme religion d'État et s'imposera vraiment vers 1540. Désormais maître incontesté du royaume, le souverain exerce une sorte de dictature patriarcale. L'**agriculture** et l'**industrie minière** sont en plein essor, bien que les villes de la Hanse dominent toujours une bonne part du commerce. La culture, en revanche, est fort délaissée, sauf lorsqu'elle touche directement à la religion. La Bible est traduite en suédois, mais l'éducation est négligée : l'université, fermée au début du siècle, ne reprendra ses activités qu'en 1593.

Kalmar ou la victoire danoise

Par la suite, la haute noblesse s'efforce en vain de restaurer son autorité politique. Doué mais peu équilibré, **Erik XIV** (1560-1568) sera emprisonné par ses frères et empoisonné. **Jean III** lui succède (1568-1592), remplacé à sa mort par son fils **Sigismond**, roi de Pologne puis de Suède (1592-1599). Il entend restaurer le catholicisme, mais le clergé suédois s'y oppose : prenant la tête de l'opposition protestante, le plus jeune fils de Gustave Vasa parvient à chasser Sigismond, lui succédant sous le nom de **Charles IX** (1599-1611). Soucieux d'expansion dans la Baltique, il mène des guerres continuelles contre la Pologne et la Russie pour assurer à la Suède la maîtrise des ports d'embarquement situés dans le golfe de Finlande. Du côté danois, la création de **Göteborg** au début du XVIIe s. inquiète beaucoup Christian IV. Un conflit éclate entre les deux royaumes nordiques. La même

Gustave II Adolphe, lithographie de C. et H. Stössel d'après L. Kilian. Héros de la guerre de Trente Ans, le « Lion du Nord » a acquis la dimension d'un mythe dans l'Europe du XVIIe s.

année, Charles IX meurt. Pour la dernière fois dans l'histoire, la « **guerre de Kalmar** » (1611-1613) consacre la suprématie du Danemark en Europe du Nord.

Le « Lion du Nord »

Le jeune **Gustave II Adolphe** (1611-1632) doit d'abord signer avec le Danemark un traité de paix peu favorable à la Suède. Mais le rapport des forces évolue bientôt. En matière d'armement, la Suède assure elle-même la totalité de ses besoins. De nombreuses villes sont créées, notamment en Norrland. Göteborg, détruite lors de la guerre de Kalmar, est reconstruite. Et l'administration de l'État est organisée de manière rationnelle et efficace. Mais le « Lion du Nord » est surtout connu pour ses exploits guerriers. Comme son père, il combat la Pologne et la Russie et assure à la Suède une solide implantation sur la rive sud de la Baltique. Champion du protestantisme, il participe en 1630 à la **guerre de Trente Ans** : en Allemagne, il remporte de retentissantes victoires sur les troupes catholiques, avant de mourir au combat en 1632. À cette époque, la France exerce une influence particulière et les élites commencent à se franciser.

Lorsqu'elle hérite du trône, la **reine Christine** n'a que six ans. Durant son règne (1644-1654), elle essaie de se libérer de la tutelle des membres du Conseil en créant une nouvelle noblesse à sa dévotion. Voulant faire de Stockholm une nouvelle Athènes, elle s'entoure d'intellectuels et d'artistes européens comme le Français René Descartes. Des relations exceptionnellement étroites se noueront avec la France au siècle des Lumières, et culmineront sous le règne de Gustave III, jusqu'à la Révolution française *(voir encadrés pp. 47 et 165)*. Lorsque la reine abdique, l'aristocratie possède à elle seule les deux tiers des terres, et les finances de l'État sont en crise. Mais le **traité de Westphalie** (1648) consacre sa victoire dans la guerre de Trente Ans, avec son alliée, la France : la Suède est devenue une grande puissance européenne.

La « Grande Suède »

À cette époque, Danois et Suédois se livrent à une lutte acharnée pour dominer la Baltique. Deux guerres éclatent (1643-1645, puis 1657-1660), au cours desquelles la Suède se montre supérieure à son rival. Elle arrache au double royaume dano-norvégien de nombreuses provinces : Gotland, le Halland, la Scanie, le Blekinge, le Bohuslän. C'est l'apogée de la grande puissance suédoise. Sur

Les savants au siècle des Lumières

Christine de Suède et sa cour, *Pierre Dumesnil, Versailles, Musée historique. Mécène clairvoyant, la reine s'entoura d'artistes et de savants comme le Français René Descartes (à sa dr.). Sa rencontre avec l'éminent philosophe et homme de sciences préfigure l'âge d'or des relations franco-suédoises, un siècle plus tard.*

Au XVIIIe s., la France donne le ton à l'Europe: sa langue et sa culture s'imposent dans les milieux aristocratiques. Les scientifiques suédois se rendent volontiers dans l'Hexagone pour parfaire leurs connaissances en mathématiques et dans les sciences les plus abstraites. C'est le cas de **Celsius**, l'homme du thermomètre. En Suède même, les savants se forgent une réputation dans des disciplines étroitement liées à l'économie et aux conditions naturelles de leur pays: les sciences naturelles avec **Linné** *(voir aussi encadré p. 198)*, ou encore la chimie avec **Bergman**, précurseur de la notation symbolique des éléments, et **Scheele**, qui isole l'hydrogène et découvre l'oxygène. **Swedenborg**, savant et ingénieur, exercera également une grande influence sur le romantisme par ses visions théosophiques qui inspireront Balzac, Gautier, Nerval ou Baudelaire.

l'autre rive de la Baltique, elle possède l'Ingrie, l'Estonie, la Livonie, plusieurs ports polonais, la Poméranie et d'autres possessions allemandes. **Riga** est alors la deuxième ville du royaume derrière **Stockholm**, qui compte 50 000 habitants.

Dans les années 1680, **Charles XI** instaure l'**absolutisme**. Soutenu par les roturiers, le roi (1672-1697) s'attaque à la noblesse: d'une main de fer, il réclame la restitution des biens indûment acquis sous les régimes précédents. À l'issue de cette procédure, les nobles, qui possédaient les deux tiers des terres suédoises, voient leur part réduite de moitié. Ayant renfloué les caisses de l'État, Charles XI peut réaliser ses projets: mise sur pied en métropole d'une armée paysanne permanente, création du port de guerre de **Karlskrona** et autres mesures de réorganisation intérieure.

Le royaume démantelé

Peu après sa mort, trois puissances forment une coalition contre la Suède: la Russie, la Saxe-Pologne et le Danemark estiment qu'il est bien temps de refouler la Suède dans ses anciennes frontières. **Charles XII** (1697-1718) réussit d'abord à se jouer de ses adversaires. En 1700, il remporte à **Narva** une retentissante victoire

Portrait de Charles XII, roi de Suède, peinture de von Maff, Musée historique, Versailles. Silencieux, fermé, ce roi guerrier apparaît comme l'un des plus énigmatiques de l'histoire. Voltaire lui a consacré un ouvrage célèbre.

sur une armée russe très supérieure en nombre. Mais les revers surviennent bientôt. En 1709, le roi subit une terrible défaite contre les armées de Pierre le Grand à **Poltava** : ses ennemis, ragaillardis, nouent des **coalitions** auxquelles se rallient l'Angleterre, le Hanovre, la Prusse. Les Russes s'emparent des possessions suédoises de l'est. En 1718, **Charles XII** est mortellement blessé lors d'un siège en Norvège. Des traités marquent la fin de cette « **grande guerre nordique** » (1700-1721) : c'est l'effondrement de la « Grande Suède », qui ne conserve que la Finlande et une partie de la Poméranie.

Le temps des réformes

Dès 1719, le Parlement et le Conseil du royaume imposent une nouvelle constitution : prétendante au trône, **Ulrique-Eléonore** l'accepte et, l'année suivante, laisse la couronne à son mari, **Frédéric Ier**. Mais le nouveau roi (1720-1751) est condamné à jouer les utilités : un **régime parlementaire** se met en place. Deux partis, les « Bonnets » et les « Chapeaux » se disputent le pouvoir au cours de ce demi-siècle : les premiers, épris de paix et modérés, sont assez libéraux en matière économique. Les seconds, acquis au mercantilisme, sont animés par un désir de revanche contre les Russes.

Pots-de-vin, népotisme, abus de pouvoir... Cette époque, qui ne va pas sans corruption, jette une ombre sur l'ère de la liberté. L'économie et la culture n'en connaissent pas moins un essor remarquable. La Suède est alors le premier fournisseur mondial d'**acier** et de **fer**, que l'Angleterre lui achète en grande quantité. Le **mercantilisme** imposé par les Chapeaux favorise les compagnies de commerce et les manufactures. Portée par l'esprit utilitariste du temps, la **recherche scientifique** s'illustre dans des disciplines étroitement liées aux ressources naturelles du pays : géologie, chimie, minéralogie, histoire naturelle. Des savants comme **Celsius**, **Linné** et bien d'autres connaissent une renommée internationale.

Vers une démocratisation

En 1771, lorsque **Gustave III** devient roi, il décide d'en finir avec le système des partis rivaux. L'année suivante, il procède à un coup d'État : la nouvelle Constitution renforce considérablement le pouvoir royal. Le début de son règne est marqué par une fièvre de réformes, dans l'esprit des Lumières, mais le mécontentement grandit. La cour est brillante mais elle coûte cher. La noblesse qui avait soutenu le souverain se sent politiquement à l'écart, et le peuple a bien des raisons d'être en désaccord avec la politique royale.

À l'occasion d'une guerre aventureuse contre la Russie, le roi parvient à faire adopter l'**Acte d'union et de sécurité** (1789). Celui-ci lui confère un pouvoir quasi absolu en politique étrangère et dans l'administration. Il s'accompagne de larges concessions aux états roturiers, d'où un remarquable nivellement social qui ouvre la voie à une démocratisation de la société. Mais l'opposition de l'aristocratie ne fait que croître, et le souverain est assassiné lors d'un bal masqué en 1792.

Échec contre la Russie

Son fils **Gustave IV Adolphe**, animé d'une haine farouche contre Napoléon, entraîne la Suède dans le tourbillon des guerres napoléoniennes. En 1808-1809, la Suède se trouve de nouveau confrontée à la Russie, alliée de la France. Les Russes pénètrent en Finlande et s'emparent de la forteresse de Sveaborg, clé de voûte de la défense de Helsinki. Le roi, qui refuse toute négociation de paix, est déposé par un petit groupe d'officiers.

En 1809, le **traité de Fredrikshamn** ampute la Suède d'un tiers de son territoire et de près d'un million d'habitants: la Finlande et l'archipel des îles d'Åland sont attribués à la Russie. Cette même année, la Suède adopte une nouvelle constitution, fondée sur la **séparation des pouvoirs**.

La dynastie des Bernadotte

Oncle du roi déposé, **Charles XIII** (1809-1818), le nouveau monarque, n'a pas d'enfant. Il faut au pays un dirigeant à poigne qui pourrait reconquérir la Finlande. En 1818, le choix des parlementaires se porte sur **Bernadotte** *(voir encadré p. 50)*, qui reçoit le nom peu béarnais de **Karl XIV Johan**. Renonçant à reconquérir la Finlande, celui-ci attache la Norvège à la couronne suédoise par le **traité de Kiel** (1814) qui marque la fin des guerres napoléoniennes dans le Nord. Bon gré mal gré, les Norvégiens resteront unis à la Suède jusqu'en 1905. Par la suite, la Suède veille à préserver sa neutralité et ne connaît plus de conflit armé. Bernadotte mène une politique ferme mais conservatrice, à une époque de crise économique. Après sa mort, les réformes libérales s'accélèrent sous les règnes de son fils **Oscar Ier** (1844-1859) et de son petit-fils **Charles XV** (1859-1872).

L'ère social-démocrate

Malgré l'essor de l'industrie du bois et l'apparition du chemin de fer, la Suède demeure un pays pauvre, essentiellement agricole. À cette époque de forte natalité, la terre ne peut nourrir toutes les bouches. De nombreux Suédois doivent émigrer en Amérique du Nord, plus d'un million entre 1866 et 1914. L'**industrialisation**, amorcée vers 1870, prend forme à la fin du XIXe s. Jusqu'en 1930, elle se développe d'autant plus rapidement que la Suède parvient à préserver sa **neutralité** au cours de la Première Guerre mondiale.

Quand Bernadotte devint Karl Johan

J.-B. Bernadotte de Suède, peinture de F.-J. Kinson, Musée historique, Versailles.

Étrange histoire que celle de l'accession de Bernadotte au trône de Suède (1818-1844) : le souverain régnant n'ayant pas d'enfant, un jeune lieutenant suédois que personne n'avait mandaté prend l'initiative de contacter le maréchal Bernadotte. La procédure est cavalière, mais l'idée fait son chemin. L'heure est grave, la Suède vit sous la menace napoléonienne et vient de perdre la Finlande.

Le 21 août 1810, Bernadotte est élu à l'unanimité par le Riksdag. L'homme n'attend pas d'être roi pour mener une politique différente de celle qu'on attendait de lui. Il rompt avec Napoléon, tisse des liens privilégiés avec la Russie, rattache la Norvège à la couronne suédoise pour compenser la perte de la Finlande. Ses qualités personnelles – éloquence naturelle, charisme – lui valent rapidement la sympathie de ses sujets. Cependant, couronné en 1818 sous le nom de **Karl XIV Johan**, Bernadotte ne se donne pas la peine d'apprendre le suédois, et son humeur changeante pose bien des problèmes à son entourage. Sur la scène intérieure, il mène une politique prudemment conservatrice qui, à bien des égards, portera ses fruits. Mais une opposition grandissante, notamment libérale, lui arracha peu à peu des concessions. Il meurt en 1844, à l'âge de 81 ans. Depuis, ses descendants se succèdent sans interruption sur le trône de Suède.

Alors qu'une modernisation radicale s'opère dans tous les domaines, de puissants **mouvements populaires**, véritables laboratoires d'esprit démocratique, défendent diverses causes : lutte antialcoolique, églises libres, organisations féministes, mouvement ouvrier. Ce dernier débouche en 1889 sur la création du **parti social-démocrate** qui, dès le tournant du siècle, manifeste des tendances plus réformistes que révolutionnaires. En 1917, des représentants sociaux-démocrates entrent au gouvernement. À cette époque, le parlementarisme et la démocratie, couronnés par le **suffrage universel** étendu aux femmes en 1921, ont définitivement triomphé.

C'est à partir de 1932 que le parti social-démocrate devient dominant. Seul ou en coalition, il préside presque sans interruption aux destinées du pays. Il ne se trouvera rejeté dans l'opposition que durant les périodes de 1976-1982 et 1991-1994. La « **société de bien-être** », ébauchée dans les années 1930, devient une réalité après la Seconde Guerre, lorsque la Suède intègre définitivement le peloton de tête des nations industrialisées.

ACTUALITÉ

Port de Göteborg.

Longtemps, la Suède fut un pays pauvre, essentiellement rural et donc soumis aux caprices du climat. Elle figure aujourd'hui parmi les pays les plus riches du monde. La mutation industrielle, au cours de la période 1870-1920, a porté ses fruits au tournant du siècle, tandis que le climat socio-politique contribuait à cette révolution pacifique. Les chemins de fer ont permis de désenclaver des régions économiquement importantes, comme le Norrland. La Suède, qui n'a pas connu de guerre après 1814, est un pays de culture homogène, et la stabilité qui la caractérise est renforcée par le goût du consensus dont font preuve ses habitants.

Les ressources du pays

Lorsqu'elle émerge à la fin du siècle dernier, l'industrie suédoise dispose de plusieurs atouts. Riche en matières premières, la Suède possède la plus grande réserve de bois exploitable d'Europe occidentale, les gisements de minerai de fer les plus vastes du continent et un système hydrographique qui permet un approvisionnement énergétique peu coûteux.

Le bois, le charbon et le fer

En Suède, la forêt *(p. 61)* est l'élément dominant (54 % du territoire). De tout temps, elle a constitué une ressource majeure, de même que les gisements métalli-

L'or vert de la Suède

Scierie du Värmland.

Inestimable trésor écologique, la forêt suédoise est aussi une importante source de profit pour l'économie du pays. Plus de 50 millions de m^3 de bois sont produits chaque année. Sur les parcelles les mieux exploitées, la production de résineux peut atteindre jusqu'à 30 m^3 par ha et par an. Le bois coupé est transformé en cellulose et en pâte qui entre dans la composition des papiers et cartons, dont la Suède est le premier producteur européen. Chaque année, la Suède produit 1,7 million de t de papier journal, ainsi que 8,3 millions de t de carton et 10 millions de t de pâte à bois. Papier et carton représentent 11 % des exportations du pays, loin devant le bois brut (3,5 %) ou la pâte à papier (2,6 %).

Premiers producteurs, les Suédois sont aussi les premiers consommateurs européens de papier : livre, presse, emballage, correspondance, toilette... Ils en utilisent près de 219 kg par habitant et par an, alors que les Français, par exemple, n'en utilisent que 160 kg !

fères (fer, cuivre, plomb, zinc, or, argent, uranium), dont certains sont exploités depuis l'époque des Vikings. Centre minier du pays dès le Moyen Âge, le **Bergslagen** a constitué la base économique de la grande puissance suédoise au XVIIe s. La Suède, grâce à ses immenses réserves de charbon de bois, a été le principal producteur de fer mondial tant que les techniques industrielles n'ont pas permis d'utiliser la houille pour sa fabrication. Les provinces septentrionales ont renforcé la position de la Suède comme grand pays minier : le **Västerbotten** avec le cuivre, le plomb et le zinc, la **Laponie** avec le minerai de fer de Gällivare et de Kiruna.

Une agriculture diversifiée

Longtemps agricole, la Suède a vu diminuer la part faite à l'agriculture. Il faut dire que les terres cultivables ne représentent que **8 % de la superficie** totale d'un pays où lacs et tourbières, montagnes et forêts se taillent la plus belle part. De la Scanie à l'extrême Nord, les variations climatiques expliquent la grande **diversité** des formes d'agriculture. Au sud, la période de croissance des végétaux s'étend sur 240 jours. Au nord, l'été, bref mais intense, à la lumière du soleil de minuit, réduit ce laps de temps de 100 jours.

On cultive au **sud** le blé, la betterave, les oléagineux, la pomme de terre, le petit pois. L'horticulture est la spécialité des **îles** d'Öland et de Gotland, et la culture en serre celle de la **Scanie de l'ouest**. Les grandes **plaines du centre** permettent la production intensive de céréales, de plantes fourragères, d'oléagineux. Le **Nord**, terre d'herbages, offre aussi de bonnes pommes de terre de semence. Les nombreuses cultures fourragères, pratiquées dans tout le pays, constituent la base d'un **élevage** à haut rendement. Les 300 000 **rennes** jouent, dans le grand nord, un rôle notable, quoique moins important qu'autrefois, dans l'économie lapone.

Matière grise et industrie

La remarquable créativité des **ingénieurs** suédois est un autre atout pour la Suède. Nombre d'entreprises créées à l'âge héroïque doivent leur prospérité à des **inventions** suédoises. Ainsi, grâce à **Alfred Nobel** *(voir encadré p. 59)* qui mit au point la dynamite en 1866, l'industrie minière et les travaux publics ont vu s'ouvrir de nouvelles possibilités.

Solidement implantée au moment de la Première Guerre mondiale, l'**industrie** était alors une source de prospérité pour toute la société. Le revenu national a quadruplé depuis 1870, et la production de produits manufacturés a été multipliée par huit. En même temps, le mouvement d'exode rural qu'elle provoque tend à modifier profondément le tissu social.

Forces et faiblesses de l'économie

Épargnée par la Seconde Guerre mondiale, la Suède est forte d'un potentiel industriel pratiquement intact. Dans les années **1950**, elle connaît une période de **croissance** économique d'autant plus intense que l'Europe en ruines a grand besoin des biens de consommation qu'elle peut lui fournir. Les exportations, favorisées par la libéralisation des échanges, assurent le plein emploi. Les années **1960** sont marquées par un taux record de croissance annuelle de la productivité. En même temps, le niveau de vie progresse fortement, la part laissée au temps libre ne cesse d'augmenter. Pourtant, le durcissement progressif de la concurrence internationale laisse augurer des jours moins fastes.

Les secteurs de pointe

Le domaine le plus important est celui de la **construction mécanique** dont la production est pour moitié destinée à l'exportation. L'**automobile**, avec Volvo et Saab, seuls constructeurs nordiques, demeure un secteur clé, tout comme la puissante industrie électrique et électronique, où le nombre de robots est le plus élevé du monde. La **chimie**, si elle s'est développée assez tard, se montre très performante, notamment dans les domaines de la pétrochimie, des produits pharmaceutiques, des engrais et – Nobel oblige – des explosifs. La puissante industrie du **bois** et du **papier** est une source importante de devises étrangères – 60 % de la production est exportée –, mais elle est sensible aux fluctuations conjoncturelles. Cette industrie est morcelée en nombreuses petites unités, que dominent une quinzaine de grandes entreprises, assez puissantes pour tirer leur épingle du jeu.

Des échanges vitaux

Les effets de la récession mondiale ont révélé les points vulnérables de l'économie, très dépendante du commerce extérieur. La prospérité suédoise est fonction des **exportations**, pour l'essentiel de produits manufacturés dont la Grande-Bretagne, l'Allemagne, la Norvège, les États-Unis et le Danemark absorbent un bon tiers.

À l'inverse, le pays doit importer des composants pour l'industrie, des produits alimentaires, des matières premières, des combustibles, des textiles et des biens de consommation. Ses **principaux fournisseurs** sont l'Allemagne (plus de 20 %), la Grande-Bretagne, les États-Unis et la Finlande. C'est dire la place très importante – et sans cesse croissante – des exportations et des importations dans le PIB. La liberté des échanges commerciaux est vitale pour l'économie suédoise, d'où l'attitude libérale adoptée par les responsables politiques. Les tarifs douaniers sont parmi les plus bas du monde, et les matières premières sont même exemptes de tout droit.

Le dilemme nucléaire

Si rapides et chutes d'eau fournissent de l'énergie hydraulique bon marché, le sous-sol ne recèle ni pétrole ni houille. Les besoins énergétiques sont couverts pour moitié par des importations, d'autant plus que la Suède est l'un des pays où l'on consomme le plus d'énergie par habitant, ce qui s'explique par les rigueurs du climat, le niveau de vie élevé et la présence d'industries à haut coefficient énergétique.

Après la crise du pétrole, il a donc fallu freiner la consommation par différentes mesures tout en développant de nouvelles technologies. Douze réacteurs nucléaires ont été construits, qui satisfont à plus de la moitié de la demande d'électricité. Mais ceux-ci devraient être démantelés au plus tard en 2010, et l'incertitude croît à mesure que le temps passe. On voit mal comment remplacer le nucléaire alors que la recherche d'énergies alternatives n'a pas encore donné les résultats escomptés. En 1997, la suppression d'un des douze réacteurs dès l'année suivante et celle d'un deuxième en 2001 ont été décidées. Le choix s'est porté sur le site de Barsebäck, en Scanie, sans doute pour apaiser les Danois qui jugeaient ces réacteurs dangereusement proches de Copenhague. Une mesure significative mais qui demeure modeste par rapport aux ambitions affichées jadis...

La fin du « modèle suédois » ?

Au début du siècle, l'industrialisation est allée de pair avec une profonde démocratisation de la société, qui était pratiquement accomplie à l'issue de la Première Guerre mondiale. Amorcée durant l'entre-deux-guerres, la **société de bien-être** a reçu sa configuration définitive après la Seconde Guerre mondiale. Sous l'impulsion décisive du parti social-démocrate, aux commandes presque sans interruption depuis 1932, l'État s'est donné pour but d'assurer une équitable répartition des richesses. À l'heure actuelle, près des deux tiers du PIB passent par le secteur public, contre un tiers il y a une génération. L'**État providence** veille aux destinées de ses ressortissants par une politique de redistribution, qui a pour corollaire la plus forte **pression fiscale** du monde.

De la récession à la reprise

La restructuration économique a entraîné un important déficit du budget de l'État. Trois **dévaluations** (en 1981, 1982 et 1992) ont permis de reconquérir des parts de marché, mais les années 1990 ont été marquées par la récession. Si l'inflation semble maîtrisée, l'endettement demeure élevé et la politique de plein emploi a dû être abandonnée. Les Suédois ont fait l'apprentissage du **chômage** qui a pu atteindre et même dépasser 10 % de la population active. Toutefois, on constate ces dernières années une augmentation de la production, liée à une importante progression des exportations. En 1998, le **taux de croissance** a été de 3 % et l'inflation est demeurée faible (3,5 %).

Parité : la Suède en pointe

Tous les quatre ans, les Suédois sont appelés aux urnes pour élire, le même jour, les députés du Riksdag ainsi que les membres des 23 conseils généraux et des 288 conseils municipaux. Les abstentionnistes sont moins nombreux qu'ailleurs, les « sexistes » également. Le Parlement issu des législatives de 1994, pour lesquelles l'on a enregistré un taux de participation de 86,8 %, comportait 44 % de femmes. La parité absolue a été atteinte au sein du gouvernement formé par Göran Persson en 1996 : 11 femmes parmi les 22 ministres. Cette parité se retrouve dans le gouvernement qu'il a formé en 1998.

Qu'en sera-t-il demain ? À l'ère postindustrielle, le « modèle suédois », jadis si conquérant, ne s'impose plus avec la même évidence. L'heure est à la réflexion, d'autant plus que l'Europe se métamorphose rapidement, et que l'intégration dans l'Union européenne exige un sérieux effort d'adaptation à ce nouveau cadre.

Une société homogène

La population suédoise, qui avoisine aujourd'hui les 9 millions d'habitants, comporte une proportion décroissante d'enfants et une proportion croissante de personnes âgées. La **natalité** a été basse en Suède au cours de l'après-guerre, avec un taux de croissance de l'ordre de 0,2 % au cours des années 1980, mais la décennie actuelle marque une certaine reprise.

Plus de 80 % des Suédois vivent dans des zones urbanisées. Les **grandes villes** comme Stockholm, Göteborg et Malmö absorbent quelque 30 % de la population. Mais les Suédois n'ont pas de souci à se faire pour leur espace vital. La densité moyenne est de **19 habitants par km²** et est même inférieure ou égale à 6 sur 70 % du territoire. De quoi faire rêver les Japonais ou les Hollandais...

Quelques minorités

Longtemps, la communauté suédoise s'est caractérisée par une exceptionnelle homogénéité linguistique, ethnique et culturelle. Si la langue suédoise, celle de la quasi-totalité de la population, apparaît comme un lien naturel, la religion a tout autant contribué à l'**homogénéité** du corps social.

Quelques minorités apportent une touche de variété sans remettre fondamentalement en cause cette unité. Il s'agit d'abord des 17 000 **Sâmes** ou Lapons: de langue et de culture radicalement différentes, ils sont établis depuis très longtemps dans la partie septentrionale du pays *(p. 255)*. Plus tard, du XVIe au XVIIIe s., un certain nombre de **Finnois** – eux aussi de langue et de culture différentes – ont formé de petites colonies, notamment près de la frontière finlandaise au nord du golfe de Botnie. En 1996, ils étaient environ 103 000 en Suède.

Au moment de la Seconde Guerre mondiale, la Suède a connu un afflux de réfugiés, **baltes** notamment. Dans les années 1960, l'expansion de l'industrie suédoise s'est traduite par l'arrivée massive de **travailleurs étrangers**. Les pays nordiques voisins, notamment la Finlande, ont répondu à l'appel, mais aussi la Yougoslavie, la Grèce, l'Allemagne, la Turquie, la Grande-Bretagne, la Pologne et l'Italie. Dans les années 1970, la politique d'accueil est devenue plus restrictive, et ce sont surtout les réfugiés venus d'Iran, du Chili, d'Irak, d'Éthiopie, de Turquie ou du Viêt-nam qui ont été admis à s'établir en Suède. Actuellement, 1 enfant sur 8 est d'origine étrangère. Grâce à une législation avancée, la Suède s'est efforcée de gérer au mieux ce passage délicat à une société multiethnique et du même coup, multireligieuse.

Une vaste classe moyenne

L'État providence offre un large éventail de services publics et de prestations sociales, même si ces dernières sont aujourd'hui révisées à la baisse. Au total, le peuple suédois jouit d'un **niveau de vie élevé** au sein d'une société plus uniforme qu'ailleurs, ce à quoi concourent la **redistribution par l'impôt** et le rôle moteur des organisations de toutes sortes. L'éventail réduit des salaires contribue à former une vaste classe moyenne même s'il existe quelques grandes familles très fortunées. En revanche, la pauvreté et l'exclusion sont pratiquement inconnues, excepté peut-être dans les grandes villes, de façon marginale. Les conditions de **logement** sont plutôt bonnes et sans commune mesure avec le niveau européen moyen : 46 % des ménages habitent une maison individuelle, et 22 % des Suédois possèdent, en outre, une résidence secondaire. La surface d'habitation moyenne est de 47 m² par personne (22 m² en France).

Maison de Carl Larsson. Le foyer, si cher aux Suédois, a trouvé en Larsson un interprète incomparable.

Une vie politique stable

La Suède est une monarchie constitutionnelle à régime parlementaire. Selon la Constitution, tout le pouvoir émane du peuple. Roi depuis 1973, l'actuel souverain **Carl XVI Gustaf** possède le titre honorifique de chef de l'État, mais son rôle est purement représentatif et symbolique. Le **Riksdag**, Parlement à une chambre dont les membres sont élus au suffrage direct et proportionnel pour quatre ans, a pour mission de légiférer, d'établir le budget et d'approuver la nomination du Premier ministre. Le **suffrage universel** a été instauré en 1921. Chaque citoyen est électeur et éligible à l'âge de 18 ans.

La vie politique suédoise de l'après-guerre a été marquée par une stabilité peu commune. Deux grands blocs d'importance relativement égale se sont régulièrement disputés la faveur des électeurs, l'un, dit « bourgeois », composé du parti conservateur, du parti libéral et du parti du centre (appelé autrefois « parti des paysans ») ; l'autre, dit « socialiste », avec les sociaux-démocrates et l'ancien parti communiste rebaptisé « Parti de gauche ».

Des forces politiques nouvelles

Depuis 1988, le **Parti de gauche** et les petits partis, notamment les **Verts** et les **démocrates chrétiens**, sont venus troubler le jeu des forces politiques traditionnelles. Le gouvernement social-démocrate minoritaire dirigé par M. Göran Persson ne dispose que de 131 mandats sur les 349 que compte le Riksdag. Il doit donc manœuvrer avec des alliés de circonstance, à gauche ou au centre. Cette recomposition du paysage politique risque de peser, notamment sur la politique européenne *(voir encadré p. 58)*.

Face à l'Union européenne

À l'époque de la guerre froide, la Suède jugeait toute intégration européenne incompatible avec sa traditionnelle politique de neutralité. Mais de nouvelles perspectives se sont ouvertes avec la chute du mur de Berlin, en 1989. À l'issue de négociations entre février 1993 et mars 1994, la Suède a reçu le feu vert des États membres. Restait à obtenir l'aval du peuple suédois... L'incertitude a subsisté jusqu'au jour du référendum, où le « oui » l'a emporté à 52,3 %. Le 1er janvier 1995, le pays faisait officiellement son entrée dans l'Union aux côtés de l'Autriche et de la Finlande. La partie n'est pas gagnée pour autant : le succès des Verts et des ex-communistes aux élections de 1998 va à l'encontre des visées européennes, alors que le gouvernement brigue leur soutien. Leurs membres sont en effet « eurosceptiques » : ils s'opposent radicalement à l'entrée de la Suède dans l'Union monétaire !

Une neutralité active

La politique étrangère suédoise vise traditionnellement à assurer la sécurité et l'indépendance nationale. En temps de paix, il s'agit de rester en dehors des alliances, dans le but de préserver la **neutralité** du pays en cas de guerre. Mais ce terme ne signifie nullement absence d'engagement. Ainsi, la Suède a pu servir de **médiateur** lors de conflits au Moyen-Orient, dans le golfe Persique ou dans les Balkans, et ses Casques bleus ont été investis de plusieurs missions importantes. Enfin, la **solidarité** n'est pas un vain mot : pratiquement 1 % du revenu national brut est affecté à l'aide aux pays en voie de développement. Depuis 1995, la Suède est entrée dans l'Union européenne, ce qui ne manquera pas de bouleverser la donne de sa politique étrangère.

La culture pour tous

En France, la culture évoque d'abord la vie intellectuelle et artistique ainsi que les œuvres qui en résultent. Dans sa version suédoise, ce même concept a une portée bien plus vaste. Le mot ***kultur***, que l'on pourrait bien souvent traduire par « civilisation », désigne, par opposition à la nature, tout ce qui est le fait de l'homme et de son action. Il s'applique aussi bien à la littérature et aux beaux-arts qu'au tour de main de l'artisan ou à la décoration d'un intérieur.

Dans ce pays qui a rarement connu le luxe, mais où les paysans ont toujours siégé au Parlement, on n'aime pas trop l'élitisme, et on se défie du mercantilisme qui tend à étouffer la culture authentique. Ambitieuse, la **politique de l'État** vise à diffuser les activités culturelles dans l'ensemble du pays, notamment à l'aide d'organisations itinérantes de théâtre, de concerts, d'expositions, à quoi s'ajoute un réseau très dense de bibliothèques publiques et de centres audiovisuels : bref, la culture pour tous, descendue de son piédestal pour être vécue au quotidien.

Le prestige du prix Nobel

Chaque année, lorsque les titulaires des différents prix Nobel sont désignés, la Suède devient le

Alfred Nobel

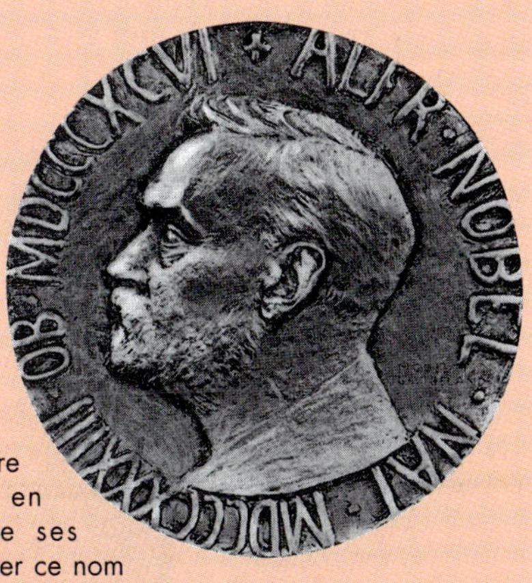

Médaille Alfred Nobel, Stockholm, Imprimerie royale, P. A. Norstedt et fils. C'est à Paris que le célèbre inventeur a rédigé le testament instituant les prix qui portent son nom.

Le nom de l'inventeur de la dynamite paraît peu suédois, et pourtant... La famille Nobel est originaire du village de Nöbbelöv, en Scanie du Sud. L'un de ses ancêtres eut l'idée de latiniser ce nom à la fin du XVIIe s. Il prit celui de Nobelius lorsqu'il s'inscrivit à l'université d'Uppsala, selon l'usage du temps. Nobelius devint Nobel quand le latin commença à reculer.

Né à Stockholm, Alfred Bernhard Nobel (1833-1896) considérait que son foyer se trouvait là où il travaillait... Exerçant partout, il vécut en Russie, en Allemagne, en Italie, en France, aux États-Unis. Toute sa vie, il demeura un solitaire, malgré les innombrables contacts que ses activités lui faisaient nouer. Homme de terrain, c'est dans des laboratoires industriels, hors de l'université, qu'il mit au point ses inventions capitales, comme celle de la dynamite en 1866. Il fonda ainsi un empire industriel multinational, dont il entendait mettre les revenus au service du progrès des sciences. À la fin de sa vie, il détenait plus de 350 brevets.

Pacifiste convaincu, Nobel espérait que les guerres à venir se feraient uniquement contre les « microbes » qui affectent l'âme et le corps. C'est dans cet esprit qu'il rédigea à Paris son fameux testament du 27 novembre 1895. Les dispositions prévues pour la dotation des prix faillirent bien achopper, car Nobel avait rédigé ce texte sans consulter un homme de loi. Elles furent néanmoins adoptées, et, quatre ans plus tard, on attribuait les premiers prix.

centre du monde culturel. Ces prix sont remis solennellement le **10 décembre**, date anniversaire de la mort d'Alfred Nobel *(voir encadré ci-dessus)*, dans la salle des concerts de Stockholm. Le prix de Littérature, le plus célèbre, est décerné par l'Académie suédoise, une création de Gustave III. L'Académie royale des sciences et le Karolinska institutet (faculté de médecine et hôpital de Stockholm) désignent respectivement les lauréats en physique et chimie, en physiologie et médecine. En revanche, le prix de la Paix est une affaire norvégienne, non suédoise (la Norvège était unie à la Suède du vivant de Nobel). Il est remis le 10 décembre à l'université d'Oslo.

Les paysages suédois

Du 55e au 69e parallèle, la Suède s'étend sur près de 1 600 km et connaît d'importantes variations climatiques. Il en résulte une grande diversité de paysages, de flore et de faune.

Hovs hallar (en ht, à dr.) Cette réserve naturelle offre un aspect romantique et tourmenté qui contraste avec l'image traditionnelle de la riante Scanie.

L'empreinte des glaces

Il y a un peu plus de 10000 ans, la Suède était encore entièrement couverte de glace dont l'épaisseur pouvait atteindre jusqu'à 3000 m ! Celle-ci commença alors à reculer en Scanie, puis le phénomène se propagea lentement vers le nord. Avant de disparaître, l'inlandsis *(voir aussi encadré p. 234)* a sculpté le paysage, polissant les régions côtières, érodant les arêtes vives. Les glaciers ont donné naissance à d'innombrables **lacs**. Les coulées de glace ont également entraîné la formation de **marmites de géants** et creusé d'imposantes vallées en forme de U : Lapporten, près d'Abisko, en offre un magnifique exemple.

Le parc national de Sarek. Les glaciers ont donné naissance aux innombrables lacs – quelque 96000 ! – qui parsèment la Suède et contribuent à la beauté du paysage.

Plaines et montagnes

Peu vallonné, l'extrême sud du pays apparaît comme le prolongement des plaines fertiles du Danemark et de l'Allemagne. Après quoi s'amorcent les hautes terres du Småland, plus ingrates, mais couvertes de forêts et sillonnées de cours d'eau. Dans le Norrland, les régions côtières de la Baltique, au faible relief, contrastent avec la chaîne montagneuse des Alpes scandinaves qui, à l'ouest, se déploie le long de la frontière norvégienne.

Plaine agricole en Upplan
Ancien fond marin récemmen émergé, l'Uppland possède des sols rendus fertiles par la migration de l'inlandsi
Toutefois, les terres cultivées en Suède ne représentent que 8 % du territoire.

Romantiques ou paisibles

Les 7 500 km de côtes offrent, elles aussi, une grande diversité. Sur la côte ouest, les rivages déchiquetés du Bohuslän, romantiques à souhait, s'opposent aux plages et aux dunes qui, de Göteborg à la Scanie de l'est, déploient leurs charmes paisibles sur des centaines de kilomètres. Au large, les îles plates de la Baltique, Öland et Gotland, offrent des paysages qu'on ne trouve nulle part ailleurs, avec leur substrat calcaire et leur climat particulier.

Conifères et feuillus

Avec 3,5 millions d'ha, la Suède conserve le plus grand massif forestier d'Europe qui recouvre plus de la moitié (54 %) du pays. Les feuillus ne prédominent qu'au sud et au sud-ouest, où subsistent de très belles forêts de trembles, de hêtres, et de chênes. Ailleurs, les conifères, omniprésents, confèrent au paysage une grandeur légèrement austère que viennent tempérer les champs et les prés fleuris, et ces charmantes maisonnettes rouges. Jusqu'à une certaine latitude, les feuillus alternent encore avec les pins. Dans les vallées montagneuses, de vigoureuses forêts de bouleaux forment, avec les taillis de saules, une sorte de jungle qui n'est guère pénétrable qu'en hiver, à ski ou en motoneige. Le bouleau, qui peut pousser jusqu'à 800 m d'altitude, se raréfie au fur et à mesure que l'on monte vers le nord. Dans le Norrland, le sapin règne en maître. Certains *fjälls* sont même couverts d'une véritable forêt vierge, où l'on n'accède que difficilement, surtout l'été lorsque le sol est détrempé

Forêt autour de Mora, Dalécarlie.

Marstrand, située sur deux îles, est fille de la mer. Le charme idyllique qui la caractérise l'été ne doit pas faire oublier qu'elle peut aussi essuyer de fortes tempêtes à la mauvaise saison.

La fibre écologique

Les vastes espaces, la qualité de l'air et de l'eau constituent un patrimoine que les Suédois défendent farouchement contre une éventuelle menace européenne. L'amour de la nature n'exclut pas pour autant les activités de plein air. Le droit coutumier appelé *allemansrätt* permet à quiconque d'aller sur le terrain ou de naviguer sur les eaux d'autrui, à l'exception des jardins et des champs cultivés, sous réserve d'éviter vacarme, dégâts et pollution. Ainsi, on peut planter une tente légère, non installer une caravane. Il est permis de faire du feu au sol, non sur les rochers qui peuvent se fendre. Les chemins privés sont ouverts aux vélos mais pas forcément aux véhicules à moteur. Quant au droit de cueillir fleurs, baies et champignons, il n'est limité que par l'obligation de respecter les espèces protégées. D'ailleurs, tout Suédois qui se respecte possède une réelle compétence en sciences naturelles.

Un humanisme suédois

Depuis l'aube de son histoire, la population suédoise est éprise de liberté, viscéralement. Même aux époques absolutistes, la Suède est restée un État de droit. Dans ce pays qui n'a connu ni tyrannies ni révolutions, c'est sans doute l'**esprit de liberté** associé au **respect d'autrui** qui explique la recherche du consensus si caractéristique de la vie collective. Champions de la paix dans le monde, les citoyens de ce petit pays savent donner l'exemple chez eux.

L'amour du large et du terroir

Comme leurs ancêtres les Vikings, les Suédois d'aujourd'hui sont de grands voyageurs, aussi bien dans le tourisme que dans les affaires ou l'assistance au tiers monde. De tout temps, la Suède s'est ouverte au monde tout en marquant sa différence. L'enracinement dans le terroir est très profond chez ces hommes qui entretiennent des liens étroits avec la nature et la culture nordiques. Il est vrai que les conditions s'y prêtent, notamment la faible densité démographique qui permet à chacun de prendre ses aises. Il en résulte un mélange ambigu de **cosmopolitisme** et d'**isolationnisme**. Cette double nature s'est révélée clairement au cours des débats récents sur l'intégration européenne, où le désir d'ouverture et la crainte d'une perte d'identité s'expriment parfois simultanément.

La lutte contre la pollution

L'industrialisation, comme par exemple la production de **pâte et de papier**, a eu pour effet de polluer l'eau et l'atmosphère. Concrètement, des mesures ont été prises en Suède pour lutter contre cette pollution : réduction de 50 % des émissions d'azote et de l'utilisation de pesticides chimiques. Le **pot catalytique** est obligatoire sur tous les modèles de voiture depuis 1989, et des dispositions encore plus strictes en matière de gaz d'échappement sont appliquées depuis 1992. Les lacs eux-mêmes sont en danger et font l'objet d'un travail de **régénération** (arrachage des roseaux parasites, curage des fonds, oxygénation). Un vaste réseau de stations d'épuration a été mis en place : les résultats sont spectaculaires, et l'on peut ainsi se baigner en plein Stockholm. Mais, depuis le début des années 1980, certains milieux marins sont à leur tour victimes de l'**eutrophisation**, une accumulation de débris organiques, avec des suites fâcheuses : la prolifération des algues, le déficit en oxygène, l'élimination de diverses espèces animales ou la gangrène des plages.

Les repères de l'histoire

En Suède	Dates	Dans le monde
800-1150. Époque des Vikings.	VIIIe-IXe	**800-987.** De Charlemagne aux premiers Capétiens.
Vers 1000. Émergence de la Suède formée des Gots et des Svear. Le roi des Svear, Olof Skötkonung, se convertit au christianisme.	XIe s.	**1099.** Prise de Jérusalem par les chrétiens, au terme de la première croisade.
1250. Fondation de Stockholm par Birger Jarl.	XIIIe s.	**1270.** Premier voyage de Marco Polo en Chine.
		1285-1314. Règne de Philippe le Bel.
1319. Union des couronnes de Suède et de Norvège.	XIVe s.	
1323. La Finlande devient suédoise.		**1337.** Début de la guerre de Cent Ans.
1350. Le roi Magnus Eriksson promulgue des lois valables pour l'ensemble du royaume.		
1397. Union de Kalmar, entre le Danemark, la Norvège et la Suède.		
1477. Création de l'université d'Uppsala.	XVe s.	**1450.** La prise de Constantinople par les Ottomans marque la chute de l'Empire romain d'Orient.
		1485. Bartolomeo de Dias double le cap de Bonne-Espérance et découvre l'océan Indien.
1520. Le « bain de sang » de Stockholm est ordonné par Christian II.	XVIe s.	**1519.** François Ier face à Charles Quint.
1523. Fin de l'Union scandinave. Règne de Gustave Vasa.		**1534-1542.** Premiers écrits de Calvin.
		1588. Anéantissement de l'Invincible Armada par les corsaires anglais.
1630. Entrée de la Suède dans la guerre de Trente Ans.	XVIIe s.	
1648. Le traité de Westphalie fait de la Suède une grande puissance européenne.		
1658. Apogée de la puissance suédoise.		**1659.** La paix des Pyrénées met un terme à la guerre entre la France et l'Espagne.
		1687. Denis Papin invente la première machine à vapeur.
1718. Mort de Charles XII. Effondrement de la « Grande Suède ».	XVIIIe s.	**1713.** Les Pays-Bas espagnols sont autrichiens.
1719. L'absolutisme cède la place à un régime parlementaire.		**1763.** La France perd ses terres d'Amérique du Nord.
1772. Coup d'État de Gustave III.		
1792. Assassinat de Gustave III.		**1789.** Révolution française.

1805. La Suède est entraînée dans la guerre contre Napoléon. **1818.** Accession au trône du maréchal Bernadotte (Charles XIV Jean). **1866.** Remplacement des États généraux par un parlement bicamériste.	**XIXe s.**	**1804.** Naopoléon est sacré empereur. **1815.** Le Brésil devient un empire sous domination portugaise. **1870.** Défaite française contre la Prusse, à l'origine de la Commune à Paris.
1905. Rupture par la Norvège de l'Union avec la Suède.	**1900-1910**	**1905.** En France, constitution de la SFIO. Ministère Clémenceau. **1914.** L'archiduc d'Autriche François-Joseph est assassiné à Sarajevo.
1921. Le suffrage universel est instauré. **1936.** La Suède affirme sa neutralité.	**1920-1930**	**1929.** Crise économique mondiale. **1933.** Adolf Hilter, chancelier d'Allemagne. **1939.** Début de la Deuxième Guerre mondiale.
1946. La Suède entre à l'Organisation des Nations Unies. Tage Erlander devient Premier ministre.	**1940-1960**	**1947.** Plan Marshall pour aider à la reconstruction de l'Europe. **1955.** Pacte de Varsovie : traité d'assistance militaire dans le bloc communiste d'Europe de l'Est. **1956.** Insurrection de Budapest.
1969. Olof Palme succède à Tage Erlander comme Premier ministre.		**1968.** Événements de mai en France. Printemps de Prague.
1971. Réforme du Parlement qui compte désormais une seule chambre. **1974.** Réforme constitutionnelle qui donne au roi une fonction purement représentative.	**1970-1980**	**1974.** En France, élection de Valéry Giscard d'Estaing à la présidence de la République. **1979.** Traité de paix de Camp David entre Israël et l'Égypte. **1981 et 1988.** En France, F. Mitterrand, président de la République. **1989.** Chute du Mur à Berlin.
1986. Le Premier ministre Olof Palme est assassiné en plein centre de Stockholm. **1995.** La Suède devient membre de l'Union européenne. **1996.** Parité entre hommes et femmes dans le premier gouvernement dirigé par Göran Persson. **1998.** 2e gouvernement de Göran Persson. La parité est maintenue. **1999.** Bien que satisfaisant aux conditions, la Suède reste à l'écart de l'Union monétaire européenne.	**1990**	**1991.** Guerre du Golfe. **1995.** En France, Jacques Chirac devient président de la République. **1997.** Hong-Kong est rendue à la Chine. **1999.** 50e anniversaire de l'OTAN. L'OTAN mène une action contre la Serbie à propos du Kosovo.

SUR PLACE

Ci-dessus : Sculpture de Carl Milles, dans la fontaine du manoir de Rottneros (Vårmland).
Ci-contre : Vue générale de Stockholm, Riddarholmen.

LA SCANIE

Châteaux, églises et plages de sable, tel est le visage traditionnel de la Scanie. Mais cette région, longtemps danoise, offre plus de variété qu'on ne l'imagine de prime abord. La diversité des paysages permet de pratiquer de nombreuses activités : randonnées à pied, pêche et sports en tout genre, notamment au bord de l'eau car la mer n'est jamais très loin. Cette province méridionale s'enorgueillit aussi d'une solide tradition gastronomique : poissons et fruits de mer, anguille fumée, oie... Difficile de résister aux auberges de campagne, tantôt rustiques, tantôt aristocratiques, qui ont beaucoup contribué à la renommée de la Scanie.

À ne pas manquer

Le **château** ** **de Malmöhus**, *p. 71.*

Les ♥ **jardins de Norrviken****, *p. 75.*

La **réserve naturelle de Hovs hallar****, *p. 75.*

Le ♥ **château de Svaneholm****, *p. 76.*

Le **château de Vittskövle****, *p. 78.*

L'**église** ** **de Lyngsjö**, *p. 78.*

Le **château de Bosjökloster****, *p. 79.*

La ♥ **cathédrale***** **de Lund**, *p. 80* et le **musée des Arts et Traditions populaires****, *p. 81.*

Malmö et les caps romantiques*

Cet itinéraire englobe d'abord la visite de Malmö, ville agréable dotée de belles plages. Il longe ensuite le Sund et permet de découvrir de superbes panoramas et, bien sûr, de se baigner. Les villes de Landskrona et surtout de Helsingborg méritent une halte. Au nord, la nature sauvage révèle que la Scanie n'est pas seulement une région agricole.

Malmö*

➤ *À 632 km de Stockholm et à 292 km de Göteborg.* ***Informations pratiques*** *p. 83.*

Malmö est située face à la capitale du Danemark, sur l'autre rive du détroit de l'Öresund. Fondée il y presque 700 ans, c'était à l'origine un simple village de pêcheurs. Après la Réforme, elle devint une « grande ville » de 5000 habitants, comparable à la capitale du Danemark, Copenhague (à cette époque, la Scanie est danoise). Malmö déclina au début de la période suédoise et ne comptait plus guère que 2000 habitants au milieu du XVIIIe s. Elle retrouva progressivement son dynamisme avec l'aménagement du port en 1775, et avec l'arrivée du chemin de fer dans les années 1860. De cette époque date la vocation industrielle de Malmö, siège central de grandes sociétés (Kockum, Skanska, etc.).

Aujourd'hui, c'est la troisième ville du royaume avec quelque 250 000 habitants (le double en comptant les banlieues). Les plus belles réalisations de l'urbanisme contemporain, comme le **théâtre municipal**, méritent un coup d'œil. Ville cosmopolite, Malmö vaut pour l'animation de ses rues commerçantes et de ses marchés mais aussi pour le calme de ses nombreux **parcs**. On y pratique le golf et les sports nautiques, et de belles **plages** sont accessibles depuis le centre ville, comme, par exemple **Ribersborgsstranden** *(25 mn à pied).*

Le centre historique*

Au Moyen Âge, le front de mer s'étalait sur l'actuel emplacement de **Norra Vallgatan**, une rue tracée parallèlement aux voies de chemin de fer à 100 m au sud de la gare. Sur ce site, on construisit au XVe s. un mur de 1600 m de long

Fondée en 1571, la « pharmacie du lion » à Malmö est la plus ancienne de toute la Suède.

LA SCANIE.

et de 5 m de haut pour se protéger des pirates. Après Norra Vallgatan, en venant du port ou de la gare, on entre dans la partie historique de la ville, enserrée sur 1,5 km de long et 500 m de large dans un lacis de canaux.

➤ **L'ÉGLISE ST-PIERRE*** *(Sankt Petri kyrka)*. Cet édifice de style gothique (XIVe s.) est inspiré de l'église Ste-Marie de Lübeck. Sa tour de 96 m est un ajout récent (1890). À l'intérieur, le **retable*** de la fin du XVIe s. est unique dans les pays nordiques. Construite dans les années 1460, la **chapelle des Commerçants** *(Krämarekapellet)* est décorée de fresques datant du début du XVIe s.

➤ **LA GRAND-PLACE** *(Stortorget)* date des années 1530. Ici se tient un des plus grands marchés de Scandinavie. L'**hôtel de ville** *(Rådhuset)* se dresse sur le côté E. Construit en 1546, il a été remanié au XIXe s. et abrite les archives municipales. Au N se trouve **Residenset**, la résidence du gouverneur de la province, à l'origine deux maisons du XVIe s. réunies en une vaste demeure dans les années 1730. Sa façade a été reconstruite au milieu du XIXe s. À l'un des angles de la place, **Apotek Lejonet**, fondée en 1571, est la plus vieille pharmacie du pays.

Flânez dans les petites rues avoisinantes: **Kompanigränd**, **Östergatan**, **Västergatan**, **Adelgatan**.

De belles maisons du XVIe s. méritent le détour. Abondamment décorée, **Jörgen Kochs Gård** (1525) était la demeure du maire. **Thottska huset** est la plus ancienne maison à colombages de la ville (1528) et **Flensburgska huset** (1590) a été bâtie dans le style de la Renaissance hollandaise.

➤ **LA PETITE PLACE** *(Lilla torget)*. Édifiée en 1591 à l'extrémité S de la Grand-Place, elle a gardé tout son cachet. Ce « lieu idyllique », comme l'appellent les habitants de Malmö, est aussi un centre commercial et culturel très vivant.

Le château de Malmöhus**

➤ ***Malmöhus slott****; Malmöhusvägen. Ouv. t.l.j. de 12h à 16h; de 10h à 16h de juin à août ☎ 34.44.37.*

Cette forteresse de brique est située à faible distance du centre historique *(1 km à l'O de l'église St-Pierre)*. L'été, on peut s'y rendre en fiacre, à partir de Lilla torget. Élevée en 1434 par Érik de Poméranie, reconstruite par Christian III en 1537, entourée de douves et flanquée de bastions, elle se dresse à l'orée d'un beau parc. Elle a servi de résidence aux souverains danois lors de leurs visites à Malmö. Prison de 1828 à 1914, Malmöhus est devenu musée en 1937.

L'intérieur du château comprend trois **musées,** consacrés à la **Ville** *(**Stadsmuseet**)*, à l'**Art** *(**Konstmuseet**)* et à l'**Histoire naturelle** *(**Naturmuseet**)*, ainsi qu'un **aquarium tropical** *(**Akvarium**)*.

Les autres musées

➤ **LE MUSÉE DES TECHNIQUES ET DE LA NAVIGATION*** *(**Teknik-och Sjöfartsmuseet**; mêmes horaires et téléphone que le château)*. Ce musée retrace l'histoire des machines à vapeur, des moteurs, de l'aviation et, surtout, de la marine (on peut visiter un authentique sous-marin). Un **bateau viking** et un bateau pirate ont été reconstitués.

> ### Un pont vers l'Europe
>
> Les grands projets ne manquent pas dans la capitale scanienne. Le plus spectaculaire est sans conteste le pont qui relie désormais la région de Malmö à celle de Copenhague – et plus globalement, qui arrime la Suède au Danemark et au reste de l'Europe. Inauguré en août 1999, il ouvrira au public en juillet 2000. En 2005, cet ouvrage d'art sera prolongé par un tunnel urbain comprenant 11 km de voies ferrées et 3 nouvelles gares. Trois trains par heure relieront les gares centrales des deux villes, et l'aéroport de Kastrup ne sera qu'à 23 mn de la capitale scanienne. On peut se rendre à Lernacken, à 10 km au S-O de Malmö, où une exposition accueille les visiteurs sur le chantier *(Utsiktsvägen 10 ; rens. à l'ⓘ Malmö, p. 83)*.

➤ **LA COMMANDERIE*** *(**Kommendanthuset**; en rénovation)*. Ce musée, situé dans un bâtiment du XVIIIe s., est consacré à l'histoire militaire. Il évoque notamment les guerres de Scanie entre le Danemark et la Suède au XVIIe s. et recèle une riche collection d'objets (armes, uniformes, insignes).

➤ **LA GALERIE F. ROOS*** *(**Rooseum**; Gasverksgatan 22 ; ouv. de mar. à dim. de 11h à 17h, sf jeu. de 11h à 20h)*. Elle a pour vocation de présenter les tendances de l'art contemporain, et propose des expositions thématiques.

De Malmö à Helsingborg

➤ *Itinéraire de 65 km le long du détroit du Sund par la route E6/E20; 1 jour.*

Tout en longeant le Sund, l'itinéraire ménage de très beaux **panoramas** et vous pourrez aussi vous baigner. Landskrona et surtout Helsingborg méritent une halte.

Landskrona

➤ *À 40 km au N de Malmö, par la route E6/E20.* ***Informations pratiques*** *p. 83.*

Cette ville a été fondée en 1413 par Érik de Poméranie, roi de l'Union scandinave. Port de pêche, c'est aussi une cité industrielle (mécanique, textile, chantiers navals de l'Öresund).

➤ **La Citadelle** (***Citadellet****; ouv. de juin à août; journées médiévales fin août).* Construite en 1549 par **Christian III**, roi du Danemark, elle a été agrandie au XVIIe s. Sur un plan en étoile, cette forteresse de style Renaissance est l'une des plus grandes de Scandinavie. On peut se promener sur les murs d'enceinte et en visiter l'intérieur.

➤ **L'Église Sofia Albertina** (***Sofia Albertina kyrka****, Kungsgatan)* a été élevée au XVIIIe s. sur les plans de Carl Hårleman.

➤ **Sur les pas de Selma Lagerlöf.** La romancière (1858-1940) a été pendant dix ans institutrice à Landskrona. C'est là qu'elle écrivit son premier chef-d'œuvre, *la Saga de Gösta Berling*. Ses admirateurs peuvent jeter un œil au **n° 13** de **Kungsgatan**, où elle a habité.

L'île de Ven

➤ *Au large de Landskrona:* ***rens.*** *sur les horaires de bateau à l'ℹ, p. 83.* ***Traversée: Venstrafiken****, 30 mn ☎ (0418) 473.473.* ***Tour de l'île****: 12 km à pied ou à bicyclette (location près du débarcadère).*

Dans la seconde moitié du XVIe s., le célèbre astronome danois **Tycho Brahe** reçut cette île en fief et y développa un centre de recherche scientifique tout à fait unique pour l'époque. Un observatoire y fut construit, ainsi que diverses installations qui permirent à la communauté de savants de disposer de tout ce dont elle avait besoin. De nombreux souvenirs évoquent ces décennies glorieuses. Le **jardin Renaissance** de l'astronome a été reconstitué *(ouv. toute l'année)*. L'été, un petit **musée** accueille les visiteurs *(ouv. de mai à août, t.l.j. de 11h à 16h)*. Consacré au savant, il présente ses instruments d'observation et ses recherches.

Helsingborg*

➤ *À 25 km au N de Landskrona.* ***Informations pratiques*** *p. 82.*

Située face à Helsingør, dans la partie la plus étroite du Sund, la ville se caractérise par l'intense activité des ferries, trait d'union entre la Suède et le Danemark *(p. 82)*. Les choses risquent de changer avec le nouveau pont routier et ferroviaire *(voir encadré p. 71)*. Quoi qu'il en soit, cette position de carrefour a façonné le destin de la cité, dont l'existence est attestée à partir du XIe s. Danoise jusqu'en 1658, Helsingborg a été prise plusieurs fois sous les feux croisés des belligérants lors des guerres nordiques.

➤ **Stortorget**. Point de départ des balades au cœur de la cité, c'est ici que se dresse l'**hôtel de ville** (***Rådhuset****; ouv. du lun. au ven. de 9h à 16h)*. Construit en

1897, il abrite l'office de tourisme *(p. 82)*. Dans le hall, jetez un coup d'œil aux **vitraux** de Gustaf Cederström (1950) qui retracent l'histoire d'Helsingborg.

➤ **Kärnan*** *(**Stortorget**; ouv. t.l.j. de 10h à 19h de juin à août; de 9h à 16h en avril, mai et sept.; de 10h à 15h le reste de l'année)*. Cette puissante tour du XVe s. fait 35 m de haut et 60 m de diamètre. L'épaisseur des murs dépasse 4 m. Elle constitue le seul vestige des fortifications médiévales de Helsingborg: belle **vue*** sur l'île de Ven et la côte danoise depuis la terrasse.

➤ **Le quartier du port et les rues piétonnières** *(centre ville)*. Sur la place Hamntorget, on peut voir *la Déesse de la mer*, sculptée par **Carl Milles** (1875-1955) à la mémoire des marins disparus. Tout près, un monument rappelle que c'est par Helsingborg que **Bernadotte** entra en Suède *(p. 49)*. Dans Södra Storgatan, se trouve **Mariakyrkan**. Cette église en grès – de style roman du XIIe s. à l'origine – a été reconstruite au XVe s. dans le style gothique. Ses peintures murales de la fin du Moyen Âge méritent le détour *(ouv. de 8h au coucher du soleil)*. Dans **Norra Storgatan**, plusieurs maisons anciennes, dont quelques-unes à colombages, ont résisté au temps.

➤ **Le musée de plein air de Fredriksdal*** *(**Fredriksdals friluftsmuseum**; ouv. t.l.j. en été de 10h à 20h; de 10h à 17h en avril, mai et sept.; de 11h à 16h le reste de l'année; bus n° 2 et 3 au départ de Knutpunkten)*. Au N-E de Helsingborg, le musée est construit autour d'un manoir du XVIIIe s. On y a installé quelques **maisons anciennes** et on y a créé un **jardin botanique.**

Les caps romantiques, de Helsingborg à Båstad

➤ *Itinéraire de 100 km au départ de Helsingborg; 1 jour.*

Au nord de la province, on découvre une nature sauvage et accidentée qui contraste avec l'habituelle plaine agricole de Scanie à forte densité de population.

♥ Le château de Sofiero*

➤ *__Sofiero slott__; à 5 km au N d'Helsingborg. **Parc**: ouv. t.l.j. de 10h à 18h; de 10h à 20h en juil. et août. **Expositions** temporaires dans le château. **Concerts : rens.** ☎ (042) 13.74.00.*

Bâti en 1864, ce château était la résidence préférée du **roi Gustaf VI Adolf** (1950-1973) qui y cultivait des roses, une de ses passions avec l'archéologie. Le parc est un enchantement, avec ses étangs, sa **roseraie** et sa végétation exubérante (dont 500 sortes de rhododendrons).

Höganäs

➤ *24 km au N-O d'Helsingborg.*

Cette jolie petite ville était à l'origine un village de pêcheurs. Ses **poteries** de couleurs sombres, revêtues d'un vernis lisse et brillant, sont réputées.
Dans la plupart des foyers, la cruche de Höganäs servait traditionnellement de réceptacle aux airelles et aux concombres.

Vers Mölle, le **château de Krapperup** (1570) a été entièrement remanié au XVIIIe s. *(ouv. t.l.j. en juil. et en août de 13h à 19h; en mai, juin et sept., du mar. au jeu. de 16h à 19h, sam. et dim. de 13h à 18h; parc ouv. toute l'année; visites guidées ☎ (042) 34.41.90).*

Auberges de Scanie

En rase campagne, d'accueillantes maisons portent l'enseigne « *gästgi(f)veri* », « *gästgi(f)varegård* » ou simplement « *gästis* ». Ce sont les bonnes auberges rurales qui ont fait la réputation de la Scanie. Il en existe dans toute la Suède, mais celles qu'on trouve dans cette province méridionale sont justement célèbres. Elles maintiennent jalousement leurs traditions, et l'on y fait bonne chère dans un décor « vieille Scanie » parfaitement authentique. C'est une souveraine danoise, Margrete, reine de l'Union scandinave, qui prit au XIVe s. l'initiative de faire construire des auberges-relais le long des routes principales, à environ 40 km d'intervalle. L'une des plus réputées porte le nom de *Margretetorp*, « la ferme de Margrete » *(ci-dessous)*. Au hasard de vos haltes, vous pourrez goûter aux somptueux *smörgåsbord (p. 26)* et aux spécialités régionales selon les arrivages et la saison (oie, anguilles, poissons préparés de mille manières...). Pour le décor et la table, ces auberges méritent toutes une mention. Quant à leur adresse, elle forme souvent à elle seule un lieu-dit, il faut donc ouvrir l'œil.

Mölle

➤ *À 35 km au N-O d'Helsingborg et à 11 km de Höganäs.* ***Informations pratiques*** *p. 84.*

Cette station balnéaire eut son heure de gloire au début du siècle, quand l'empereur d'Allemagne Guillaume II y fit des séjours. Depuis Mölle, il est possible de faire une **promenade en mer** le long du cap de Kullaberg *(t.l.j. de juin à août; le w.-e. en mai et sept. ☎ (042) 34.79.25).*

La réserve naturelle de Kullaberg*

➤ ***Kullarbergs naturreservat****; visites guidées,* ***rens.*** *☎ (042) 347.384 ou à l'*ℹ.

Si la route 111 s'arrête à Mölle, à une dizaine de kilomètres, des **sentiers balisés** permettent de découvrir la « **montagne sacrée** » de Scanie où, selon Selma Lagerlöf *(voir encadré p. 214)*, les animaux tiendraient leur parlement annuel. De nombreuses criques permettent la **baignade**, et la **pêche** est libre. Sur ce terrain accidenté, botanistes, ornithologues *(voir encadré p. 36)* et même alpinistes amateurs trouveront de quoi alimenter leur passion.

L'auberge de Margretetorp

➤ ***Margretetorps Gästgifvaregård****; à 10 km au N d'Ängelholm sur la route 105.* ***Informations pratiques*** *p. 84.*

Cet établissement, que l'on appelle aussi « Ferme de Margrete », a été construit au XIVe s. à l'initiative de cette reine *(voir encadré ci-dessus).* Depuis, toujours exploitée, elle a reçu la visite d'autres têtes couronnées.

Båstad*

➤ *À 10 km de Margretetorp par la route 105.* ***Informations pratiques*** *p. 82.*

Au Moyen Âge, la pêche fit la prospérité de cette petite ville. Au tournant du siècle, elle a trouvé une seconde vocation, comme **station balnéaire** et centre sportif, notam-

danoise, incendiée par les Suédois pendant la guerre de Kalmar (1612) a disparu, mais l'**église**** du XIIe s. subsiste, et ses **fresques** romanes sont réputées.

Kristianstad*

➤ *À 95 km de Malmö par la route directe (E22).* ***Informations pratiques*** *p. 82.*

Appelée à remplacer Vä, la ville fut fondée en 1614 par Christian IV de Danemark.

➤ **L'ÉGLISE DE LA STE-TRINITÉ*** *(**Trefaldighetskyrkan**; Vastra Storgatan 6; ouv. t.l.j. de 10h à 16h).* Construite quelques années après la fondation de Kristianstad dans le style de la Renaissance du Nord, elle présente des façades ocre en brique et grès de Gotland, un **clocher** en cuivre vert-de-grisé. À l'intérieur, on découvre des **épitaphes** sculptées et un **mobilier** du XVIIe s.

➤ **LE MUSÉE DU FILM** *(**Filmmuseet**; Östra Storgatan 53; ouv. du mar. au ven. et dim. de 13h à 16h ☎ (044) 13.57.29).* Kristianstad est la seule ville de Suède à posséder un musée consacré au septième art, et plus particulièrement à l'âge d'or du cinéma suédois *(voir aussi p. 178).* Il est logé dans un studio qui a été utilisé dès 1910.

Culte de la personnalité

Dans les rues de Kristianstad, vous découvrirez sur de nombreux édifices le monogramme « C4 ». Il désigne le fondateur de la ville, Christian IV. Roi bâtisseur par excellence, le souverain danois a systématiquement inscrit son nom dans ses créations : Kristiansand et Kristiansund en Norvège, Kristianopel dans le Blekinge, etc. Ville royale danoise à l'origine, Kristianstad (« la ville de Christian ») est devenue suédoise en 1658, dix ans après la mort de son fondateur.

Vers Lund

➤ *Depuis Kristianstad, on peut rejoindre directement Malmö, situé à 95 km (E22), ou faire un détour de 160 km par Höör et Dalby.*

Le parc zoologique de Höör

➤ ***Skånes djurpark**; à 14 km au N de Hörby par la route 13. Ouv. t.l.j. de l'année à partir de 9h ☎ (0413) 55.30.60.*

Ce parc est avant tout centré sur la **faune** nordique *(voir aussi pp. 258-259)* et compte 700 animaux au total : loups, ours, lynx, phoques, chouettes, etc. Le parc se prolonge en réserve naturelle qui comporte 70 km de sentiers, dans un paysage de forêts et de lacs.

Le château de Bosjökloster**

➤ *À 6 km de Höör sur la route 23 en direction de Lund.* ***Château**: ouv. de fin avr. à fin oct.* ***Parc** et **jardins**: ouv. t.l.j. de 8h à 20 h.* ***Cafétéria** et **expositions**: de 10h à 18h ☎ (0413) 250.48.*

Ce château, dont les fondations datent d'environ 1080, a été construit sur le site d'un ancien couvent médiéval. Restauré entre 1760 et 1870, il porte encore la trace de ses origines religieuses. À l'**intérieur**, les voûtes qui subsistent sont décorées de **tapisseries** d'Aubusson et des Gobelins.

Le château de Bosjökloster, un magnifique domaine très visité.

Le château d'Övedskloster*

➤ *Par la route E22, puis la route 13, enfin à dr. par la route 104.*

Ce château est construit au bord du **lac Vombsjön**, dont on dit qu'il est le plus poissonneux d'Europe du Nord: la sandre et l'anguille, notamment, y abondent *(location de barques ☎ (040) 787.21)*. Ce bâtiment rococo fut construit dans la deuxième moitié du XVIIIe s., d'après les plans de **Carl Hårleman**. C'est un modèle d'harmonie et d'équilibre, mis en valeur par un environnement exceptionnel. Le **parc** est inspiré de celui de Versailles *(ouv. t.l.j. de mai à sept. de 10h à 17h ☎ (046) 630.02)*.

L'église de Dalby**

➤ *Sur la route 11.*

Cette basilique à trois nefs est le premier édifice religieux construit en pierre. Élevée sur un site exceptionnel, l'église date de 1060, époque où le christianisme n'avait pas encore définitivement triomphé. Elle a été remaniée à plusieurs reprises. À l'intérieur, les **fonts baptismaux** du XIIe s. sont décorés d'animaux étranges.

Lund**

➤ *À 10 km de Dalby par la route 16.* ***Informations pratiques** p. 83.*

La cité fut probablement fondée en 990 par le roi viking Svend à la Barbe fourchue, maître du Danemark et de l'Angleterre. Elle est devenue, à l'époque de la christianisation définitive de la Scandinavie, le siège du premier archevêché installé dans les pays nordiques (1104). Suédoise en 1658, Lund a souffert des guerres nordiques qui se prolongèrent jusqu'au début du XVIIIe s. Fondée en 1668, l'université est aujourd'hui la plus grande institution de la ville.

♥ La cathédrale***

Inaugurée en 1145, cette cathédrale (***Domkyrkan***) est un bel exemple d'architecture romane des pays nordiques. Les maîtres d'œuvre ont d'abord subi l'influence anglo-saxonne et flandrienne, puis l'influence lombarde. La basilique garde beaucoup d'éléments d'origine, dont son **chevet** roman du XIIe s.

L'**horloge astronomique** du XIVe s. est une curiosité amusante. Ne ratez pas l'heure où les **jacquemarts** font leur apparition *(à 12h* *et 15h en semaine, à 13h et 15h le dim.)* : des hérauts jouent de la trompette, et les rois mages sortent par une petite porte. Ils rendent hommage à la Vierge et à l'Enfant Jésus, puis disparaissent. Contemplez également les **sièges des chanoines**, sculptés en Allemagne vers 1375, l'autel de 1398 et surtout la **chaire**, un chef-d'œuvre de pierre, de bois et d'albâtre (1592). Dans l'**abside**, une **mosaïque** du Danois Joakim Skovgaard représente le Christ (1923).

La **crypte**** mérite aussi la visite: son plafond est soutenu par 28 piliers de pierre, tous différents. Parmi les figures sculptées sur les fûts, certains identifient le géant Finn *(voir encadré p. 78)* qui, selon la légende, aurait construit la cathédrale.

LE PARC DE LUNDAGÅRD*

➤ ***Lundagård****; entre l'université et la cathédrale.*

Ce parc, qui abritait au Moyen Âge la résidence fortifiée des évêques, a été redessiné au XVIIIe s. Cet ensemble est constitué d'édifices qui datent de la deuxième moitié du XIXe s. **Kungshuset*** est une résidence en brique rouge construite dans la deuxième moitié du XVIe s. pour le souverain danois Frédéric II. Plus tard, Charles XI en fit don à l'université.

LE MUSÉE DES ESQUISSES**

➤ ***Skissernas museum****; Finngatan 2. Ouv. du mar. au sam. de 12h à 16h; dim. de 13 à 17h ☎ (046) 222.72.83.*

Située à proximité immédiate de Lundagård, ce musée particulièrement original évoque la genèse de l´œuvre d´art. Sorte d´atelier de la création artistique, il possède **23 000 esquisses et ébauches**: différents matériaux et techniques. Ses collections comptent notamment des œuvres de Fernand Léger, Henri Matisse, Sonia et Robert Delaunay. La **salle de sculpture** présente des expositions temporaires.

LE MUSÉE DES ARTS ET TRADITIONS POPULAIRES**

➤ ***Kulturhistoriska museet****; entrée par Tegnérplatsen. Ouv. t.l.j. de 11h à 17h entre mai et sept.; de 12h à 16h sf lun. le reste de l'année ☎ (046) 35.04.00.*

Ce musée, également appelé *Kulturen*, est l'un des hauts lieux de la ville. Fondé en 1882, c'est une des meilleures réussites du genre en Suède. Il est constitué de 36 bâtiments d'époque et de style différents. Ses riches collections, permanentes ou temporaires, sont constituées d'argenterie, de textiles, de **costumes régionaux**, de verrerie, de céramique, d'objets d'**art populaire** et de meubles anciens. Un **village scanien** a même été reconstitué autour d'anciennes maisons construites à cet endroit.

Des **pierres runiques** sont dressées dans le **jardin**. Gravées aux alentours de l'an mil, elles marquent la transition entre paganisme et christianisme.

LE MUSÉE HISTORIQUE*

➤ ***Historiska museet****; Krafts torg 1. Ouv. du mar. au ven. de 11h à 16h, dim. de 13h à 16h ☎ (046) 222.79.44.*

Proche de la cathédrale, il expose des **vestiges préhistoriques**, des épées et des objets en argent de l'époque des **Vikings**, ainsi que des médailles et des monnaies. Un «**cabinet de curiosités**» regroupe des objets insolites.

Un peu plus au S, ne manquez pas **Mårtenstorget** dont le marché *(sam. matin)* est très animé.

ℹ *Office régional,* ***Skånes Turistråd****, Skiffervägen 38, 22478 Lund ☎ (046) 12.43.50 ; fax 12.23.72.* ***E-mail :*** *info@skanetur.se*

Arrivée

➤ **Depuis le Danemark.** Par **ferry** (Dragør-Limhamn, 55 mn de traversée) ou par catamaran sur la même ligne (25 mn). Des **hydroglisseurs** relient **Copenhague** (embarcadère de Havnegade) à Malmö (Skeppbron) en 45 mn. La compagnie **SAS** *(voir encadré p. 22)* propose également un service d'hydroglisseurs reliant directement l'aéroport de Copenhague-Kastrup au centre de Malmö (Skeppsbron).

➤ **Depuis Stockholm.** La E4 relie la capitale à Helsingborg ; la E22 à Malmö.

➤ **Depuis Göteborg.** La E6/E20 conduit à Malmö.

Båstad (26921)

Indicatif téléphonique (0431)

ℹ *Stortorget 1 ☎ 750.45 ; fax 700.55. Ouv. toute l'année.*

Hôtel

▲▲ **Skansen i Båstad**, Kyrkogatan, 2 ☎ 720.50 ; fax 700.85. *52 ch.* Un hôtel de bon confort, situé à 1,5 km de la gare. Restaurant, parking, sauna.

Auberge de jeunesse

Vandrarhem, Drivangården, Korrödsvägen ☎ 759.11. *66 lits.* Cette auberge jouit d'une situation centrale. On peut y pratiquer divers sports, dont le tennis. *Ouv. de juin à août.*

Helsingborg (25278)

Indicatif téléphonique (042)

ℹ *Knutpunkten ☎ 12.03.10 ; fax 12.78.76. Ouv. toute l'année.*

Hôtels

▲▲▲ **Marina Plaza**, Kungstorget 6 ☎ 19.21.00 ; fax 14.96.16. *190 ch.* Ce bel hôtel récent est situé à deux pas du port des ferries. Restaurant, night-club, boutiques.

▲▲▲ **Mollberg**, Stortorget 18 ☎ 12.02.70 ; fax 14.96.18. *100 ch.* Hôtel confortable situé à 300 m de la gare. Il possède notamment un restaurant et un sauna.

▲▲ **Viking**, Fågelsångsgatan 1 ☎ 14.44.20 ; fax 18.43.20. *33 ch.* Cet hôtel central est confortable et simple. Parking dans la cour.

▲ **Stadsmotellet i Helsingborg**, Hantverkaregatan 11 ☎ 12.79.55. *26 ch.* On trouvera des chambres simples mais convenables dans ce motel où l'on peut aussi se restaurer.

Camping

Råå vallar ☎ 10.76.80. Situé en bord de mer à 5 km au S. Il est possible d'y pratiquer des sports nautiques et de pêcher en mer.

Téléphones utiles

➤ **Aéroport. Ängelholm**, à 30 km au N d'Helsingborg ☎ (0431) 58.000. Vols nationaux.

➤ **Gares maritimes. Scandlines** ☎ 18.63.00. **HH Ferries** ☎ 19.80.00.

Kristianstad (29132)

Indicatif téléphonique (044)

ℹ *Stora torg ☎ 12.19.88 et 13.53.35 ; fax 12.08.98. Ouv. toute l'année.*

Hôtels

▲▲▲ **Grand Hotel**, Västra Storgatan 15 ☎ 10.36.00 ; fax 12.57.82. *148 ch.* Un palace cossu de style 1900, à la fois vieillot et très confortable. Cet établissement de premier ordre est situé tout près de la gare. Restaurant, garage, parking, sauna, soirées dansantes.

▲ **Turisten**, Västra Storgatan 17 ☎ 12.61.50. *41 ch.* Un établissement simple et convenable, avec sauna. Petit déj. seulement.

Camping

Charlottsborg ☎ 21.07.67. À 3 km à l'O de la ville, proche de la route E22, ce terrain de camping fait également office d'auberge de jeunesse.

Fêtes et manifestations

➤ **JUIN. Festival de musique** de Kristianstad : classique, musique populaire, jazz, rock (la 1re quinzaine du mois). **Festival de musique de chambre** de Båstad (la 2e quinzaine du mois).

➤ **JUILLET. Musique d'été** à Skanör/Falsterbo. **Saison d'opéra** à Ystad. **Fête du château de Sofiero** (la 2e quinzaine du mois).

➤ **AOÛT. Festival de Malmö** (la 1re quinzaine du mois).

Landskrona (26131)

Indicatif téléphonique (0418)

Rådhusgatan 3 ☎ 782.00; fax 782.02. Ouv. toute l'année.

Hôtel

▲▲ **Öresund**, Kungsgatan 15 ☎ 290.00; fax 203.52. *138 ch.* Cet hôtel confortable, situé à 1 km de la gare, possède restaurant, piscine et sauna.

Auberge de jeunesse

Vandrarhem, St-Olovsgatan 15 ☎ 120.63. *57 lits.* Cette auberge est située à 1 km au N-E de la citadelle. On peut prendre ses repas à la taverne Österleden *(ouv. de 7h30 à 18h).*

Camping

Borstahusen ☎ 108.37. Ce terrain, très bien équipé, est situé à 2 km au N de la ville: accès par la E4/E6 direction N, sortie vers Borstahusen. Pêche, sports nautiques, beau terrain de golf.

Téléphones utiles

➤ **LIAISONS EN BATEAU. Avec Copenhague: Scandlines** ☎ 237.50 En catamaran, de 5 à 10 liaisons par jour (40 mn de trajet, voitures non acceptées). **Avec l'île de Ven: Venstrafiken** ☎ 473.473.

Lund (22122)

Indicatif téléphonique (046)

Kyrkogatan 11 ☎ 35.50.40; fax 12.59.63. Ouv. toute l'année.

Hôtels

▲▲▲ **Grand Hôtel**, Bantorget 1 ☎ 211.70.10; fax 280.61.50. *80 ch.* À 100 m de la gare. Il se dégage de cet hôtel très confortable un charme suranné des palaces d'autrefois.

▲ **Good Morning**, Förhandlingsvägen 4 ☎ 30.31.20; fax 30.76.84. *138 ch.* Située à 3 km de la gare, cet hôtel simple mais convenable ne fait pas restaurant.

Auberge de jeunesse

Vandrarhem Tåget, Vävaregatan 22, Bjeredsparken ☎ 14.28.20; fax 32.05.68. *150 lits.* Une auberge de jeunesse centrale et bien située.

Malmö (21120)

Indicatif téléphonique (040)

Centralstationen, Skeppsbron ☎ 30.01.50; fax 611.18.34. Ouv. toute l'année.

Hôtels

▲▲▲▲ **Kramer**, Stortorget 7 ☎ 20.88.00; fax 12.69.41. *110 ch.* Cet hôtel classique, sorte de château flanqué de deux tours, est situé en plein centre. Il a été joliment rénové en 1994. Deux styles de chambres vous sont proposés: « club » et « classiques ». Restaurants, night-club.

▲▲▲▲ **St Jörgen**, Stora Nygatan 35 ☎ 773.00; fax 97.10.04. *265 ch.* Hôtel central et fonctionnel, très confortable. Restaurant avec une intéressante cave à vins.

▲▲▲ **Malmö Favorit Hotel**, Jörgen Kochsgatan 3 ☎ 10.18.00. *101 ch.* Cet hôtel très confortable jouit d'une bonne situation en plein centre.

▲▲▲ **Residens**, Adelgatan 7 ☎ 611.25.30; fax 30.09.60. *69 ch.* À 100 m de la gare. Son élégance sobre et sa bibliothèque confèrent à cet hôtel des allures de club anglais.

▲▲▲ **Savoy** ♥, Norra Vallgatan 62 ☎ 702.30; fax 97.85.51. *108 ch.* Riche de traditions, cet hôtel cossu, proche de la gare, possède un restaurant réputé qui propose une cuisine suédoise et internationale, ainsi qu'un pub à l'anglaise, où l'on sert des plats légers.

▲▲ **Royal**, Norra Vallgatan 94 ☎ 664.25.00; fax 12.77.12. *28 ch.* Un petit bâtiment ancien, à colombages, bien situé au centre de la ville, avec une cour intérieure fleurie. Restauration simple.

Auberge de jeunesse

Vandrarhem, Backavägen 18 ☎ 822.20. L'auberge, qui est accessible par le bus 36, se trouve à 5 km au S de la gare, près de la route européenne E6/E22. *150 lits.*

Camping

Sibbarp, Strandgatan 101 ☎ 15.51.65. Situé à Limhamn, sur la côte en direction du S. Bus n° 11A vers Sibbarp. Il accueille aussi bien les caravaniers que les cyclistes et les randonneurs.

Restaurants

Goûtez les spécialités régionales comme le hareng, l'anguille et le saumon, l'oie accommodée de diverses manières, sans oublier la quiche scanienne aux airelles *(**äggkaka med fläsk och lingon**)* et le ***spättekaka***, un gâteau du pays.

♦♦♦ **Amiralen**, Amiralsgatan 35 ☎ 12.02.40. Un grand restaurant qui propose des spécialités suédoises et de la cuisine internationale. Menu à la carte ou buffet. Soirées dansantes les ven. et sam. toute l'année.

♦♦♦ **Thott's steakhouse**, SAS Royal Hotel, Östergatan 10 ☎ 23.92.00. Restaurant cossu, joliment situé dans une demeure à colombages du milieu du XVIe s.

♦ **Olgas restaurang** ♥, Pildammsvägen ☎ 12.55.26. Cet établissement, joliment situé près d'un étang, propose une sympathique carte de plats d'inspiration régionale ou française. Service à l'extérieur l'été.

Téléphones utiles

➤ **Aéroport Sturup** ☎ 613.11.00.

➤ **Gare ferroviaire** ☎ (08) 696.75.09.

➤ **Gare maritime avec voiture. Flygbåtarna** ☎ 10.39.30. **Scandlines** ☎ 36.20.41. Sans voiture.

■ Mölle (26042)

Indicatif téléphonique (042)

Hôtels

▲▲ **Grand Hotel**, Bökebolsvägen 11 ☎ 34.72.80. *50 ch.* Sympathique établissement avec restaurant, parking, sauna.

▲▲ **Kullagårdens Wärdshus** ♥ ☎ 34.74.20. Le charme de cette petite auberge tient à sa situation au cœur de la réserve naturelle de Kullaberg et à son restaurant. Baignade, pêche et golf.

▲ **Turisthotellet**, Kullabergsvägen 32, box 6 ☎ 34.70.84; fax 34.74.84. Établissement simple mais confortable. Restaurant.

Aux environs

▲▲ **Margretetorps Gästgifvaregård** ♥, Hjärnarp ☎ (0431) 544.50. *11 ch.* À 10 km au N d'Ängelholm, sur la route 105. Cette auberge historique peut constituer une très agréable étape. Le restaurant est très réputé pour son buffet servi chaque jour, mais on peut aussi choisir, à la carte, une des nombreuses spécialités régionales.

■ Simrishamn (27231)

Indicatif téléphonique (0414)

ⓘ *Tullhusgatan 2 ☎ 160.60; fax 163.64. Ouv. toute l'année.*

Hôtel

▲▲ **Svea**, Strandvägen 3 ☎ 41.17.20; fax 143.41. *60 ch.* Cet établissement, proche de la gare et situé en bord de mer, possède restaurant et sauna.

Camping

Tobiksvik ☎ 192.98. Ce camping est situé en bord de mer, à la sortie N de la ville par la route 9. Baignade, pêche en mer, golf.

Trelleborg (23142)

Indicatif téléphonique (0410)

Hamngatan 4 ☎ 533.20; fax 134.86.

Hôtel

▲▲ **Stadshotellet**, CB Friisgatan 3 ☎ 152.50; fax 485.01. *42 ch.* Cet établissement central, au décor cossu de style Belle Époque, comporte un restaurant et un sauna.

Camping

Dalabadet ☎ 149.05. Situé à l'E de Trelleborg, entre la route 9 et la mer. Baignade, pêche, sports nautiques, golf.

Téléphones utiles

➤ **LIAISONS MARITIMES.** Avec Travemünde, Saßnitz, Rostock (Allemagne) : **Scandlines** ☎ 65.000. **TT Line** ☎ 56.000.

Ystad (27139)

Indicatif téléphonique (0411)

Konstmuseet, St-Knuts torg ☎ 776.81. Ouv. lun. au ven. de 9h à 19h, sam. de 11h à 19h, dim. de 13h à 18 h.

Hôtels

▲▲▲ **Ystads Saltsjöbad**, Saltsjöbadsvägen 6 ☎ 136.30; fax 55.58.35. *108 ch.* Moderne et bien équipé, cet hôtel en bord de mer permet de pratiquer tous les sports nautiques. Golf, tennis, équitation.

▲▲ **Continental**, Hamngatan 13 ☎ 137.00; fax 125.70. *52 ch.* Un hôtel moderne situé en plein centre. Restaurant, café, parking.

▲▲ **Prins Carl**, Hamngatan 8 ☎ 737.50; fax 665.30. *20 ch.* Récemment modernisé, cet établissement central offre de nombreux services: bar, salle de conférences, sauna, solarium, tennis, golf.

Auberge de jeunesse

Vandrarhem Sandskogen, Fritidsvägen ☎ 665.66, *82 lits.* Accessible par la route 9, 2 km à l'E d'Ystad, cette charmante villa est située en bord de mer. Baignade, pêche à l'anguille, minigolf, manège.

Camping

Sandskogen ☎ 192.70. Situé à 2 km à l'E de la ville, par les bus n°s 322, 572, 573. Ce terrain en bord de mer permet de pratiquer la pêche et les sports nautiques. *Ouv. de mi-avril à mi-sept.*

Téléphones utiles

➤ **LIAISONS EN BATEAU. Bornholmtrafiken** ☎ 180.6 dessert Bornholm, Copenhague (Danemark) et Mukran (Allemagne) via Bornholm. **Scandlines** dessert Bornholm et **Pol Line** Swinoujscie (Pologne) ☎ 160.10.

LA CÔTE OUEST

La mer du Nord et le lac Vänern donnent au sud-ouest de la Suède sa physionomie particulière : appel du large à Göteborg, traditions culturelles anciennes dans le Värmland. De part et d'autre de Göteborg, la côte présente deux visages assez différents. Au sud, les grandes plages de sable du Halland sont depuis longtemps des lieux de villégiature, alors que le Bohuslän, au nord, est une terre à la beauté âpre, avec ses formations granitiques, ses îles et ses récifs.

À ne pas manquer

Le **Musée municipal****, *p. 90.*

La **maison de la Couronne****, *p. 90.*

Le ♥ **musée des Arts décoratifs****, *p. 91.*

Le ♥ **musée des Beaux-Arts****, *p. 91.*

Le **Musée ethnographique****, *p. 93.*

Göteborg**

Informations pratiques p. 106.

Premier port de Suède, deuxième ville du royaume, Göteborg compte un peu moins de 500 000 hab. mais l'agglomération urbaine avoisine les 800 000 hab. Elle est construite sur un site accidenté à l'embouchure du Göta älv, et sa position centrale en Scandinavie, à distance à peu près égale de Stockholm, Copenhague et Oslo, en fait un carrefour privilégié. Cette cité vivante et cosmopolite garde la trace des empreintes hollandaises et anglaises qu'elle a reçues à ses origines.

« La petite Londres »

Dès l'époque des Vikings, l'embouchure du Göta älv est une région de passage. Longtemps, les Suédois n'ont accès à la mer du Nord que par une étroite bande côtière. En 1603, ils y fondent Göteborg. Si la guerre de Kalmar (1611-1613) porte à celle-ci un coup fatal, elle est reconstruite sur ordre de **Gustave II Adolphe** qui lui accorde ses privilèges municipaux le 4 juin 1621. Les Hollandais élèvent la nouvelle cité, dont les canaux évoquent Amsterdam. Des entrepreneurs anglais et écossais lui donnent une impulsion commerciale, et les bâtiments qu'ils font construire évoquent leur patrie d'origine. Du reste, Göteborg est parfois surnommée *Lilla London*: « la petite Londres ». Des émigrés allemands viennent encore renforcer son caractère cosmopolite. Par son port transitent le minerai de fer, le bois et les céréales de l'arrière-pays ainsi que le hareng provenant des côtes voisines. Les vaisseaux de la Compagnie des Indes orientales, fondée en 1731, se livrent à un commerce lucratif, comme en témoignent les trésors ramenés de Chine, aujourd'hui dans les musées *(p. 169)*. Pourtant, Göteborg ne connaît la vraie prospérité qu'assez tardivement, lorsque le canal de Trollhättan, inauguré en 1800, vient relier le port à l'intérieur du pays.

Grande ville industrielle et siège d'importantes compagnies maritimes, Göteborg compte aujourd'hui de très grandes entreprises, dont Volvo et SKF. La « porte de l'ouest » est également une capitale intellectuelle.

Se repérer

L'artère principale est **Kungsportsavenyn C2** ou **Avenyn**. Au nord, cette belle avenue débute à **Kungsportsplatsen**, en lisière de la vieille cité qui se déploie en demi-cercle jusqu'au fleuve Göta älv. À l'extrémité Sud, l'artère débouche sur **Götaplatsen D2**, non loin du **parc d'attractions Liseberg D3**. La plupart des musées se trouvent dans le quartier ancien ou autour de Götaplatsen *(p. 91)*.

Les quartiers anciens

B-C1 À l'ouest de la gare, on atteint tout de suite **Nordstadstorget** et son important centre commercial, **Nordstan**, le plus grand de Suède. L'office de tourisme *(p. 106)* y a installé un bureau. En obliquant vers le sud, on parvient à **Gustav Adolfs Torg**, centre administratif. Devant la Bourse se dresse la statue de **Gustave II Adolphe**, qui fut le

A
B
1
2
3
Keillers Park
Ramberget
Myntg.
Lundbykajen
Lundbyleden
Frihamnen
Cityvarvet
Karlavagnsgatan
LINDHOLMEN
Lindholmens varvet
Lindholmshamnen
GÖTA
ÄLV
Packhuskajen
Göteborgs Maritima Centrum
Göteborgs Stadsmuseum
PACKHUS PLATSEN
SKOPPSBR. PL.
Norra
Södra
LILLA TORGET
Ekerg.
Magasinsgatan
Skeppsbrokajen
Skeppsbrong.
Badhusgatan
Stora
ESPERANTO PL.
Kungsgatan
Masthuggskajen
HEURLINS PL.
Folk Teatern
Järntorgsg.
Rosenlundsg.
Feske Kyrkan
HVITFELDT PL.
Haga Kyrkan
PALMES PL.
Andreeg.
Hamnsg.
Emigrantvägen
Mast -
Oskarsgatan
Stigbergsliden
Första
Långgatan
JÄRNTORGET
Norra
Södra
Allegatan
Alleg.
Haga
Östergatan
MASTHUGGS TORGET
Andra
Långgatan
Haga
Nygatan
HAGA KYRKO PL.
Tredje
Långgatan
Masthuggs Kyrkan
MASTHUGGET
Fjärde
Långgatan
Frigång.
Pilgatan
Sprängkullsg.
Hagakyrkog.
Oscar Fredriks Kyrkan
Skans Parken
Lilla Risåsg.
SKANS TORGET
Bangatan
Fjällgatan
Jungmansgatan
Vegagatan
Nordhemsgatan
Linnégatan
Sveagatan
Risåsgatan
Husargatan
Brunngatan
Gatan
Grimbergsg.
DJURGÅRDS PL.
Nordenskiöldsg.
SVEA PL.
Olivedalsg.
Väster
Övre
Seminarieg.
Carl
Ekedalsgatan
Slottsskogsot
LINNÉ PL.
Hälekärrsgatan
Parken
Naturhistoriska museet
Fiskhamnen, Sjöfartsmuseet
Botaniska trädgården

GÖTEBORG.

OSLO, ELFSBORGS GLÄSTNING
C
D
TROLLHÄTTAN-ALINGSÅS
0
200
400 m
GÖTAÄLV BRON
Krakowgatan
GULLBERGSVASS
Mårten
Kruthusgatan
Friggagatan
Stampgatan
Gare ferroviaire
N. ERICSONS PLATSEN
Nils Ericssonsg.
Östra Hamn
Nordstan
ODINS-PLATSEN
Odinsgatan
Folkungag.
Anders Perssonsg.
DROTTNING-TORGET
POLHEMS PLATSEN
GUSTAF ADOLFS TORG
mansg.
Stampgatan
Gatan
Ullevi
Slussg.
HOTELLPL.
Dammev
Ullevi (Stade)
Vallgraven
Nygatan
Larmg.
Stora
Tradgårds Föreningens Park
Allen
Skåne
Smålandsg.
Levgrensvägen
Gårdav
KUNGS-TORGET PLATS
Bohusgatan
Sten
Nya
Parkgatan
Sturegatan
Gatan
Burgårds Parken
Åvägen
Fabriksgatan
Basarg
Stora Teatern
Kungsparken
Allen
Storgatan
Kungsports
Södra
Vägen
Gatan
Etnografiska museet
Nya
arkgatan
Götabergsg.
Gatan
Röhsska museet
Scandinavium
Erik
VASA PL.
Universitet
Avenyn
Berzeliigatan
Vasa
Brekts
Vasaparken
Stadsteatern
Svenska Mässan
Dahlbergsgatan
Engel
Könserthuset
GÖTA PL.
KORSVÄGEN PL.
Örgrytevägen
Lisebergs Teatern
Örgryte gamla Kyrka
Vasakyrkan
Aschebergs
Konstmuseet
Föreningg.
Kapellgatan
Viktor
Liseberg
Södra
Vägen
LANDALA PL.
Lärareg.
L. Torstensg.
Amund
Gref.g
KAPELL PL.
Gatan
Rydbergs
Gibraltar
CARLANDER PL.
Landalagatan
Eklanda
LANDALA
JOHANNEBERG
1
2
3
Mölndalsväg.
Gatan
Gatan
Gatan
MALMÖ
Kolonigatan
WAVRINSKYS PL.
C
D

promoteur de la cité moderne. Les bâtiments qui l'entourent évoquent différentes étapes du développement de la ville: le **palais de justice** (***Rådhuset***) date du XVIIe s., l'**hôtel de ville** (***Stadshuset***) du XVIIIe s. et la **Bourse** (***Börsen***) du milieu du XIXe s.

L'église Christine

B1 ***Christinæ kyrka***; *ouv. du lun. au ven. de 12 h à 15 h.* ***Carillon*** *à 8 h, 12 h, 18 h et 20 h.*

Cette église allemande est située derrière le palais de justice. Au bâtiment primitif de 1648, dévasté par plusieurs incendies, a succédé en 1748 l'édifice actuel, de style baroque, qu'une tour complète depuis 1783. Tous les jours, vous pouvez écouter ses **42 cloches**.

Le Musée municipal**

B1 ***Göteborgs stadsmuseum***; *Norra Hamngatan 12. Ouv. de mai à août t.l.j. de 11 h à 16 h, le reste de l'année t.l.j. sf lun. de 11 h à 16 h, jusqu'à 20 h le mer. ☎ (031) 61.27.70.*

En bordure du canal, la maison de la **Compagnie suédoise des Indes**, qui abrite ce musée, fut construite entre 1750 et 1762 par **Hårleman** et **Carlberg** pour loger les bureaux et les magasins de la puissante compagnie de commerce. C'est là qu'avait lieu la vente aux enchères des produits exotiques qui attiraient des acheteurs de toute l'Europe. La **salle des enchères** a été reconstituée.

LE MUSÉE ARCHÉOLOGIQUE (***Arkeologiska museet***). Il expose des **vestiges** préhistoriques et protohistoriques (de la fin de l'ère glaciaire à l'époque des Vikings) dont l'essentiel provient de la région et de la Suède de l'ouest. On peut y voir l'**unique bateau viking** retrouvé en Suède, ***Äskekärrsskeppet.***

LE MUSÉE HISTORIQUE (***Historiska museet***). Il est consacré à la ville de Göteborg et à l'histoire culturelle des provinces de l'ouest. Les **reconstitutions d'intérieurs** du début du XVIIe s. à la fin du XIXe s. évoquent le mode de vie des différentes classes sociales. L'**art populaire** et **religieux** ainsi que l'histoire de la Compagnie y sont représentés.

La Maison de la Couronne**

B1 ***Kronhuset***; *Postgatan 6-8. Ouv. de 12 h à 18 h du lun. au ven., sam. et dim. de 11 h à 17 h; f. lun. de sept. à avr.*

Bâtie en 1643, c'est l'édifice le plus ancien de Göteborg. Aujourd'hui, cette maison abrite une partie des collections du Musée historique relatives à l'histoire de la ville.

Le Centre maritime de Göteborg

B1 ***Göteborgs Maritima Centrum***; *Packhuskajen 8. Ouv. de mai à août du lun. au ven. de 9 h à 16 h, le sam. et dim. de 10 h à 17 h; mêmes horaires le reste de l'année, mais f. le lun. et jusqu'à 21 h le mer. ☎ (031) 10.59.50.*

Dans ce musée de plein air sont présentés de nombreux **bateaux** depuis l'âge de pierre à nos jours *(voir encadré ci-contre)*. Juste à côté, la **tour** de 86 m, **Göteborgsutsikten**, offre un superbe **panorama** sur le front de mer et la ville.

Avenyn

C2 Cette avenue, bordée de belles **maisons bourgeoises** du siècle dernier qui alternent avec des boutiques, des restaurants et des hôtels, forme les « Champs-Élysées » de Göteborg. Les **parcs** actuels ont remplacé les fortifications qui défendaient la cité. Faites un tour dans les **jardins de la Société horticole** *(**Trädgårdsföreningen**; ouv. de 7h à 21h, les serres de 10h à 20h).*

♥ Le musée des Arts décoratifs**

➤ **C2** ***Röhsska museet***; *Vasagatan 37-39. Ouv. de mai à août t.l.j. de 12h à 16h, jusqu'à 17h les sam. et dim.; mêmes horaires le reste de l'année, mais f. le lun., et jusqu'à 21h le mer. ☎ (031) 61.10.00.*

En partie consacré au **design industriel**, ce musée réunit des meubles, textiles, orfèvrerie, verre, céramique du monde entier, datant du **XVIIe s. à nos jours**. On y trouve aussi bien des objets de Chine, du Japon ou de Corée que du Moyen-Orient ou de la Grèce antique.

Götaplatsen

D2 À l'extrémité sud d'Avenyn, c'est le centre artistique et intellectuel de la ville. On y trouve le musée des Beaux-Arts et la galerie attenante, la salle de concerts, le théâtre municipal. Du haut des marches, on découvre une belle **vue** sur la ville. Au premier plan se dresse la **statue de *Poséidon**** qui domine la monumentale **fontaine** de **Carl Milles** (1927).

♥ Le musée des Beaux-Arts**

➤ **D2** ***Konstmuseum***; *Götaplatsen. Ouv. de mai à août t.l.j. de 11h à 16h, jusqu'à 17h sam. et dim.; mêmes horaires le reste de l'année mais f. le lun. et jusqu'à 21h le mer. ☎ (031) 61.29.80.*

Ce musée, qui présente des collections de peintures et de sculptures du XVe s. à nos jours, recèle quelques chefs-d'œuvre: le ***Cavalier au faucon**** de **Rembrandt**, le ***Bois d'oliviers**** de **Van Gogh**, de très belles toiles **impressionnistes** et **postimpressionnistes** (Sisley, Pissarro, Renoir, Monet, Gauguin, Cézanne, etc.). Dans la salle consacrée à **Picasso**, on peut, entre autres, admirer la ***Famille d'acrobates**** (1905). L'**art moderne** est largement représenté par des œuvres importantes de Henry Moore, Francis Bacon, Allen Jones. Enfin, le musée offre un large panorama de l'**art scandinave** des 200 dernières années: Larsson *(voir encadré p. 214)*, Munch, Zorn, Bergh, Edelfelt, Hammershøi, les peintres de l'école de Skagen et leurs contemporains, les coloristes de Göteborg...

Le musée flottant, un lieu convivial

Au Centre maritime de Göteborg, tout près du nouvel opéra, treize superbes bateaux de notre siècle, dont beaucoup sont parés pour appareiller, forment le musée flottant le plus grand de ce type au monde. Un **café** est installé à bord du ferry *Dan Broström*, tandis que le *S/S Marieholm*, un **vapeur** de 1934, propose **restaurant et bar** *(ouv. toute l'année)*. L'été, un buffet de fruits de mer attend le visiteur. On peut même loger dans un des bateaux, le *Seaside*.

Rens. Packhuskajen 8 ☎ *(031) 10.59.70)*

Le ♥ Göta kanal, pour un voyage romantique

Le ♥ Göta kanal qui relie Stockholm à Göteborg, est sans doute la plus belle voie d'eau de Suède. De la **mi-mai à la mi-sept.** env., des bateaux de style Belle Époque – le plus ancien, le *Juno*, date de 1874 – remontent le cours du temps. Les voyagistes spécialisés Scanditours et Bennett Voyages *(p. 22)* proposent différentes formules. Le trajet complet dure 3 à 4 j., voire 6 j., avec un programme de visites plus étoffé. Les cabines sont petites mais charmantes et confortables, et la cuisine du bord est réputée. Le prix est très élevé. **Rens. Göta Kanal Rederi AB** ☎ (031) 80.63.15.

Une alternative (moins chère et plus courte) consiste à parcourir le tronçon **Mariestad-Sjötorp-Töreboda**, mais il s'agit cette fois de bateaux modernes. **Durée** : 1 j. ; 18 écluses. **Rens. Mariestads Skärgårdstrafik** ☎ (0501) 514.70. On peut enfin louer un bateau pour remonter le canal à sa guise (**rens.** ℹ).

À voir aussi

La forteresse d'Elfsborg*

➤ **Hors plan par C1** *Elfsborgs fästning. Accès par bateau depuis Lilla Bommen : départs t.l.j. entre 9h30 et 16h20 de juil. à mi-août ; retour d'Elfsborg t.l.j. de 11h20 à 18h15 de mai à mi-août. Env. 30 mn de traversée.* ***Rens. Börjessons utflyktsbåtar*** ☎ *(031) 60.96.60.*

Pièce maîtresse du système défensif contre les Danois, la forteresse est tombée par deux fois entre leurs mains, et les Suédois ont dû payer de fortes rançons pour la recouvrer, comme en 1612, au cours de la guerre de Kalmar. Au XIXe s., on y emprisonnait les condamnés à perpétuité. Dans le bâtiment, qui présente de belles voûtes, on visite l'**ancien hôpital** et la **salle des officiers** où sont organisés des dîners aux chandelles (***rens.*** ℹ *p. 106*).

L'archipel de Göteborg

Il serait dommage de séjourner à Göteborg sans faire un tour en bateau dans l'archipel. Les possibilités sont nombreuses, notamment à partir de **Lilla Bommen hors plan par C1** et, pour la partie N, au départ de **Hjuvik**, à la pointe occidentale de Hisingen. Rens. ℹ sur les diverses formules proposées : croisières en soirée, excursions sur l'île de Marstrand *(voir encadré p. 108)*, etc.

Le Musée ethnographique**

➤ **D2** ***Etnografiska museet****; Åvägen 24. Ouv. de mar. à ven. de 11h à 16h; jusqu'à 21h le mer.; sam. et dim. de 11h à 17h ☎ (031) 703.77.30.*

L'Afrique, l'Indonésie, l'Océanie sont bien représentées, mais le musée possède surtout un fonds unique d'**Amérique du Sud****: nombreux objets indiens, notamment des **tissus précolombiens** de Paracas (Pérou) qui ont plus de 2 000 ans, urnes funéraires... La section consacrée aux **Sâmes** *(pp. 236-237)* retrace de manière très évocatrice l'évolution du mode de vie lapon.

Le musée d'Histoire naturelle*

➤ **AB-3** ***Naturhistoriska museet****; Slottskogen.* ***Tramway****: n° 1 (direction Frölunda) ou 2 (Högsbotorp). Ouv. de mai à août de 9h à 16h du lun. au ven. et de 11h à 17h les sam. et dim.; mêmes horaires le reste de l'année, mais f. le lun. ☎ (031) 775.24.00.*

Ce musée est situé à la lisière de **Slottsskogen**, le plus grand parc de la ville. Destiné à évoquer la nature suédoise et les animaux du monde entier, il présente un grand nombre d'**animaux naturalisés**, y compris une **baleine bleue**. Il se propose aussi de montrer les équilibres écologiques dans la nature, les forces qui contribuent à façonner notre planète et l'influence de l'homme sur l'environnement.

Le Jardin botanique**

➤ **Hors plan par B3** ***Botaniska trädgården****; Carl Skottbergsgatan 22.* ***Tramway****: n° 1, 2 et 7.* ***Jardin****: ouv. de 9h à 18h, jusqu'à 21h l'été.* ***Serres****: ouv. de 10h à 15h et de 11h à 15h sam. et dim.*

Avec ses rhododendrons, ses rocailles, sa **vallée japonaise** et sa **forêt de bambou**, et près de 14 000 arbres du monde entier, c'est un but de balade agréable. Les serres abritent un grand nombre d'**orchidées** et de **cactées**.

♥ Le parc d'attractions Liseberg*

➤ **D2-3** *Sofierovägen 5 ☎ (031) 40.01.00.* ***Tramway****: n° 4 ou 5. Ouv. de mi-avr. à fin sept.; t.l.j. de mi-mai au 20 août env., sam. et dim. le reste de la saison.*

C'est le plus grand parc d'attractions de Scandinavie; l'ambiance de fête foraine qui y règne et la qualité de l'environnement, notamment la décoration florale, rallient tous les suffrages. Trois millions de visiteurs s'y rendent chaque année. Restaurants et snacks pour tous les goûts.

Le Musée maritime*

➤ **Hors plan par A2** ***Sjöfartsmuseet****; Karl Johansgatan 1-3, à 10 mn à pied du centre ville.* ***Tramway****: n° 3 (direction Marklandsgatan), n° 4 (Saltholmen) ou n° 9 (Kungssten). Ouv. de mai à août de 9h à 16h du lun. au ven. et de 10h à 17h les sam. et dim.; le reste de l'année: de 9h à 16h de mar. à ven., jusqu'à 21h le mer., de 11h à 17h le sam. et dim., f. le lun. ☎ (031) 61.29.01.*

Ce musée reconstitue l'histoire de la **navigation**, de la **marine de guerre** et de la **pêche** depuis l'époque des Vikings jusqu'à nos jours. Un **vivarium** complète le musée, ainsi qu'un **aquarium** où évoluent des poissons de la mer du Nord.

Le long de la mer du Nord

Le Halland

➤ *Itinéraire de 163 km au départ de Göteborg; 1 ou 2 jours.*

Le long du Kattegat, au sud de Göteborg, cet arrière-pays boisé est parsemé de lacs et de cours d'eau. Des plateaux ondulés s'y déploient, couverts de bruyère. Dunes et plages s'étendent à perte de vue… Comme l'atteste parfois la toponymie, cette province fut longtemps infestée par des bandits de grands chemins que les postillons redoutaient encore à la fin du XIXe s. Tjuvhult, par exemple, signifie « le boqueteau des voleurs »… L'itinéraire ci-dessous constitue un trait d'union entre la région de Göteborg et la Scanie *(p. 68).*

Varberg*

➤ *À 70 km de Göteborg par la route E6/E20.* ***Informations pratiques*** *p. 112.*

Fondée au XVIe s. par les Danois à l'abri d'une solide forteresse, la ville est devenue un **lieu de cure** très populaire, tout en développant des activités industrielles et maritimes.

➤ **La forteresse**** *(**Varbergs fästning**; ouv. de la mi-juin à la mi-août de 10h à 17h).* Elle présente des fortifications qui datent pour l'essentiel du XVIIe s. L'importance militaire du bâtiment déclina après l'époque des guerres nordiques. Elle abrite aujourd'hui le **musée de Varberg** *(ouv. t.l.j. de la mi-juin à la mi-août de 10h à 19h)* qui évoque la culture et les arts populaires et réunit des vestiges archéologiques, dont l'**homme de Bocksten***, décédé au XIVe s. : remarquablement conservé, son corps fut

À ne pas manquer

La **forteresse** de Varberg**, *p. 94.*

Le **Bohuslän*****, *p. 96.*

Le ♥ **manoir de Rottneros****, *p. 101.*

La **maison de Selma Lagerlöf**** à Mårbacka, *p. 102.*

Le ♥ **plateau de Kinnekulle****, *p. 103.*

Le ♥ **château**** **de Läckö**, *p. 104.*

découvert en 1936 dans une tourbière des environs, revêtu des ses vêtements du Moyen Âge.

Falkenberg

➤ *À 36 km de Varberg par la E6/E20.*

Située à l'embouchure de la rivière Ätran, très poissonneuse, cette petite cité est appelée « la ville des joyeux saumons ». Nombreux sont ceux qui lancent leurs lignes depuis **Tullbron**, le pont du XVIIIe s. qui enjambe la rivière.

➤ **La vieille ville.** Fondée au XIIIe s., elle conserve des rues étroites et des bâtiments en bois, dont beaucoup datent du XVIIIe s. L'**église St-Laurent*** (***St-Laurenti kyrka**; Storgatan)* remonte au XIVe s. La **poterie Törngren** *(**Törngrens krukmakeri**; Krukmakaregatan 4; visite uniquement sur réservation ☎ (346) 10.354)* est exploitée par la même famille depuis la fin du XVIIIe s. C'est la septième génération de potiers !

De la côte ouest au Värmland.

➤ **Les plages** invitent à la baignade, notamment celle de **Skrea**, au sud. Peu avant Halmstad, la **réserve naturelle de Haverdal** possède des dunes intéressantes pour le naturaliste amateur.

Halmstad*

➤ *À 40 km de Falkenberg par la E6/E20.* ***Informations pratiques*** *p. 110.*

Magnifiquement située en bord de mer à l'embouchure de la rivière Nissan, la ville compte environ 80 000 hab. Cité édifiée en 1327, c'est aussi un port industriel et un centre artistique et culturel.

➤ STORA TORG. Sur cette place animée, remarquez la **maison à colombages** et l'**église St-Nicolas** *(**Nikolai kyrkan**)*, qui fait office de cathédrale depuis le XIVe s. Une statue de **Carl Milles**, ***Europe et le Taureau****, surmonte une fontaine en bronze. À deux pas, dans **Kapsylparken**, on découvre une sculpture de **Picasso**, ***Homme et Femme****. Autour de la place, l'hôtel de ville, le théâtre et la bibliothèque sont ornés de décorations superbes dues aux artistes du pays, notamment au « **groupe de Halmstad** » : six peintres qui, à partir de 1929, opérèrent la synthèse entre des courants esthétiques internationaux et les traditions locales *(voir encadré ci-contre)*.

➤ LE CHÂTEAU *(**Halmstad Slott**; Ascheebergsgatan, à env. 100 m à l'E de Stora torg; f. au public)*. De style Renaissance, il fut construit en 1615 et date de l'époque où Danois et Suédois se disputaient cette région du Halland.

Mjällby Konstgård

➤ *à 5 km au N de Halmstad par la route de l'aéroport. Ouv. t.l.j. sf lun. de 13h à 18h de juil. à août; jusqu'à 17h de mars à juin et de sept. à oct.; les w.-e. en nov. et en déc. ☎ (035) 31.619.*

Les amateurs d'art moderne seront ici comblés: le musée expose les tableaux les plus significatifs du groupe de Halmstad, mais aussi des œuvres de Bazaine, Manessier, Sonia Delaunay, Vieira da Silva, Zao Wou-Ki, Carl Fredrik Reutersward, etc.

Les rivages du Bohuslän***

➤ *Itinéraire de 182 km au départ de Göteborg; 2 jours.*

Le Bohuslän est une province aux côtes dentelées et aux petites **plages**, refuges des oiseaux de mer. On découvre de nombreuses îles à la roche arrondie, polie comme un galet. Dans la partie la plus éloignée de l'archipel, on peut même apercevoir des colonies de **phoques**. La pêche a toujours été la ressource majeure de cette province. Aujourd'hui, elle se fait à bord de grands navires-usines.

Kungälv

➤ LA VIEILLE VILLE. Kungälv a été reconstruite à la fin du XVIIe s. sur un site habité depuis le début du XIIe s. Ne ratez pas **Västra Gatan** et ses maisons des XVIIIe et XIXe s. Bâtie en 1679, l'**église en bois** *(**Kungälvs kyrka**; Gamla torget)* possède un intérieur baroque très coloré. Sur la place **Nytorget**, la statue des *Trois Rois* (1959) célèbre le millénaire d'une rencontre de paix entre les rois de Suède, de Danemark et de Norvège.

➤ LA FORTERESSE DE BOHUS* *(**Fästningsholmen**, non loin du centre; ouv. t.l.j. de mai à août, les w.-e. en sept.)*. Construite en 1308 par le roi de Norvège, elle a donné son nom à la province. Les ruines actuelles témoignent de l'art des **fortifications** aux XVe et XVIIe s. Le bâtiment, pris dans la tourmente des guerres nordiques, a résisté à 14 sièges.

Le groupe de Halmstad

Tableau d'Erik Olson, Figure bleue, *1922, musée Mjällby Konstgård. Son auteur, le plus engagé des peintres du « groupe de Halmstad », a été l'élève de Fernand Léger.*

Tout a commencé comme une affaire de famille : les frères Olson, Axel et Erik, forment dès 1915 avec leur cousin Waldemar Lorentzon un petit groupe appelé l'Étincelle *(Gnistan)*. Bientôt, ces jeunes artistes décident d'élargir leur horizon. Axel se rend à Berlin, tandis qu'en 1924, Erik et Waldemar choisissent Paris et l'Académie moderne de Fernand Léger et se trouvent ainsi plongés dans l'avant-garde européenne. De retour à Halmstad, ils se lient avec trois autres artistes, Esaias Thorén, Sven Jonson et Stellan Mörner. En 1929 est constitué le groupe des Six de Halmstad *(Halmstadsgruppen)*.

Attachés à leur liberté, les membres du groupe sauront évoluer tout en restant fidèles à eux-mêmes, chacun avec son génie propre. Les frères Olson subissent l'influence du surréalisme : Axel est proche de la nature ; Erik, engagé, véhément, intègre à son art des éléments cubistes. Lorentzon puise dans la Bible une vision cosmique qui sous-tend son idéal universaliste de réconciliation. Thorén, surréaliste spontané, laisse son imagination transfigurer les côtes de son Halland natal. Mörner, grand expérimentateur, est fasciné par le monde du théâtre tandis que Jonson se met à l'écoute du « silence éternel des espaces infinis ».

Le groupe des Six de Halmstad est remarquable par sa cohésion et sa longévité (un bon demi-siècle). Le dernier de ces artistes, Axel Olson, est mort en 1986.

♥ L'île de Marstrand*

➤ ***Accès par bac*** *: à 26 km de Kungälv, sur la route 168. L'un des 2 bacs embarque les voitures, mais l'île est interdite à la circulation. On peut aussi atteindre Marstrand en bateau depuis Göteborg. Excursion d'une journée.*

Fondée au XIIIe s., l'île fut longtemps un comptoir commercial important. Au milieu du XVIe s., elle atteint l'apogée de sa prospérité grâce à ses pêches exceptionnelles de hareng. Chaque été, des **régates** sont organisées depuis l'île.

Les gravures rupestres

Gravures rupestres du musée de Vitlycke. Le culte de la fécondité-fertilité et les rites de chasse occupaient une place centrale dans les représentations des hommes de la préhistoire.

Les pétroglyphes de Tanum constituent un ensemble unique, récemment inscrit par l'UNESCO au patrimoine mondial de l'humanité. Elles mettent en scène la vie quotidienne et les grandes énigmes de l'existence, aussi actuelles aujourd'hui qu'il y a 3 000 ans. Sur la plus gigantesque des pierres gravées (20 m de long, 7 m de large), le culte de la Fécondité est célébré par un couple amoureux : la femme est caractérisée par une longue chevelure ondoyante et l'homme par un imposant phallus.

➤ ♥ **La Societetshuset** (*Kungsplan*). Ce restaurant au charme rétro date de la fin du siècle dernier, époque où l'île était l'une des villégiatures les plus élégantes de Suède : chaque année, Oscar II venait y séjourner avec sa suite. Un buste du roi se dresse devant l'établissement.

➤ **La forteresse de Carlsten*** (***Carlstens fästning***; *ouv. t.l.j. de juin à août, de 12h à 17h; le w.-e. uniquement le reste de l'année; visites guidées ☎ (303) 60.265).* Construite au XVIIe s., elle devint la prison la plus redoutée de Suède aux XVIIIe et XIXe s. On visite les **cellules** où les prisonniers enchaînés croupissaient quand ils ne travaillaient pas dans les carrières de pierre. Le plus célèbre d'entre eux fut Lasse-Maja, qui se déguisait en femme pour réaliser les escroqueries les plus rocambolesques. De la tour ronde, on découvre une **vue*** superbe de la région.

Tanumshede*

➤ *À 151 km de Göteborg par la route E6.* ***Informations pratiques*** *p. 112.*

➤ **Tanum**** *(à 2 km du centre ville).* Ce site compte plus de 400 champs de pétroglyphes, gravures rupestres de l'**âge du bronze**, ce qui constitue le plus grand ensemble du monde *(suivre les panneaux « Hällristningar » ou « Fornminne »).*

➤ **Le musée de Vitlycke** (***Vitlycke museum***; *Västerby, Tanumshede; ouv. t.l.j. de 10 h à 18 h d'avr. à sept.; d'oct. à déc. du jeu. au dim. de 11 h à 17 h; de jan. à mars le w.-e. de 11 h à 17 h).* Ce musée fournit des explications sur les gravures de Tanum, leurs auteurs et leur mode de vie, notamment à travers la reconstitution d'une ferme de l'âge du bronze.

Aspeberget

➤ *À 2 km de Vitlycke.*

On y découvre d'autres **gravures rupestres**, qui représentent un paysan et ses bêtes de trait, ainsi que de puissants taureaux. Elles donnent une image de la vie rurale, mais le sacré affleure partout derrière le quotidien.

Le tour du lac Vänern

Le Värmland et le Västergötland présentent un grand intérêt culturel, dans un environnement superbe. Le trait d'union qui relie ces provinces est le Vänern, le plus grand lac de Scandinavie (5 600 km², 140 km de long et 75 km de large). C'est une véritable mer intérieure avec ses archipels, ses plages de sable mais aussi ses tempêtes au cours desquelles bien des navigateurs ont fait naufrage.

Le Värmland**

➤ *Itinéraire de 245 km au départ de Göteborg; 3 jours.*

Le Värmland est comparable à la Dalécarlie pour ses traditions folkloriques, son artisanat vivant, ses fêtes populaires et ses festivals. Les manoirs, disséminés un peu partout, constituent autant de vestiges attachants de la vieille Suède. Le bois, l'eau, le minerai de fer ont permis l'éclosion d'une industrie moderne sans que les traditions séculaires ne soient jamais reniées. Le Värmland possède 41 réserves naturelles *(**rens.** ℹ p. 106).* Elles attirent plus que jamais les amateurs de nature et les randonneurs.

Trollhättan

➤ *À 74 km de Göteborg par la route 45 qui longe le Göta älv.* ***Informations pratiques*** *p. 112.*

Cette localité est célèbre pour ses six **écluses***, construites entre 1800 et 1916: elles constituent une des grandes attractions touristiques sur le parcours du Göta Kanal. C'est un site extraordinaire où nature et technique se conjuguent. Les eaux sont lâchées en été *(sam. et dim. de mai à juin; mer. et dim. de juil. à août entre 14 h et*

Le retour du loup

Jadis très répandu en Suède, le loup, victime de la chasse, avait presque disparu dans les années 1960. On en vint à protéger cette espèce menacée d'extermination, une mesure qui porta ses fruits : aujourd'hui, on compte dans le pays une soixantaine de loups, essentiellement dans les provinces du Värmland, les régions montagneuses du N-O de la Dalécarlie, le Dalsland et le Härjedalen – mais leur localisation très précise reste difficile, car ces animaux peuvent se déplacer sur de très vastes territoires. Selon les calculs de l'ordinateur, le nombre de loups devrait atteindre d'ici dix ans quelque 1 200 bêtes. Bien entendu, les éleveurs s'en alarment, et des voix s'élèvent pour que la chasse soit à nouveau autorisée. Selon l'administration de la protection de la nature, la présence d'une centaine d'individus suffirait à assurer la survie de l'espèce dans le pays.

15h) et une «**journée des chutes d'eau**» est organisée vers la mi-juillet *(**rens.** ℹ p. 112)*.

Säffle et le cap du Värmland

➤ *À 116 km de Trollhättan sur la route 45.*

Si vous disposez d'un peu de temps, vous pouvez effectuer une boucle par des petites routes sur le cap du Värmland. Peuplé bien avant notre ère, il offre de riches terres agricoles. Des églises du XIIe s. se dressent à **Botilsäter**, **Millesvik** et **Eskilsäter**. Entre cette dernière localité et Ekenäs, à **Rosenborg**, on trouve des **gravures rupestres** dont l'une représente un navire de plus de 20 m de long. Au sud de Ekenäs, l'**archipel de Lurö** est une réserve naturelle intéressante pour sa faune et sa flore *(au départ d'Ekenäs, de petits bateaux peuvent vous y conduire, **rens.** sur place)*.

Karlstad*

➤ *À 55 km de Säffle, par les routes 45 et E18.* ***Informations pratiques*** *p. 110.*

Karlstad est la capitale administrative du Värmland, ville épiscopale et centre culturel. Ce **port intérieur** sur le Vänern compte près de 80 000 hab. Si quelques belles demeures du XVIIIe s. ont été préservées, le plus vieux quartier d'habitation, **Almen**, date seulement du XIXe s. Le charme de cette «ville delta», construite sur 7 bras du Klaraälv, tient à la beauté du site.

➤ **LA CATHÉDRALE** *(**Domkyrkan**; Västra Kyrkogatan; à 100 m à l'E de Stora Torget)*. Édifiée entre 1723 et 1730, elle a été remaniée après l'incendie de 1865. La **tour** date de la fin du XIXe s. L'intérieur, en revanche, est inchangé. Deux jolies **sculptures** d'anges sont des copies d'œuvres de Sergel.

➤ **LE PONT ÖSTRA BRON** *(à 300 m au N-E de la cathédrale)*. Cet ouvrage d'art, d'une grande élégance, a été construit en 1797. Avec ses 12 arches, c'est sans doute la plus belle curiosité de la ville.

➤ **LE MUSÉE DU VÄRMLAND** *(**Värmlandsmuseet**; Sandgrundsudden; ouv. de début juin à mi-août t.l.j. de 11h à 18h; le reste de l'année : du lun. au mer. de 9h à 18h, jeu. de 9h à 21h, de ven. à dim. de 11h à 17h ☎ (054) 14.31.00)*. Ce musée

Ce magnifique château se dresse sur l'**île de Kålland**, reliée par un pont à la terre ferme. Il compte près de 250 pièces. La partie la plus ancienne date de 1298. Le fastueux Magnus Gabriel de la Gardie lui a donné sa configuration actuelle au XVIIe s. et en a fait un **foyer culturel** et **artistique.** Musique classique, opéra, jazz pendant l'été.

Skara*

➤ *À 22 km au S de Lidköping par la route 184.*

Ville épiscopale depuis 1150, la cité n'a jamais cessé d'être un centre culturel en dépit des guerres. Jetez un coup d'œil sur la **cathédrale*** *(**Domkyrkan**; Järnvägsgatan; en cours de rénovation)*. Consacrée en 1150, elle a été incendiée et reconstruite. De son style roman d'origine, elle n'a gardé que les 2 **tours** et le **portail** sculpté.

➤ **LE MUSÉE DE PLEIN AIR DE FORNBYN** *(au centre ville; ouv. de mai à sept. ☎ (511) 260.00)*. Il présente, dans un parc, une trentaine de bâtiments anciens récupérés dans toute la région et reconstruits ici, dont une **église**, un **moulin à vent** et des **échoppes**. En saison, le musée propose des représentations folkloriques, des concerts, et une vente d'objets artisanaux.

Le parc d'attractions Sommarland

➤ *À 8 km, à Axvall, sur la route 49. Ouv. t.l.j. de 10h à 18h depuis la fin mai jusqu'à la mi-août ☎ (510) 640.00.*

Les attractions se répartissent autour de trois thèmes: un **parc à eau** (chutes d'eau, baignade), un **parc d'attractions** et un **parc à moteurs** (karting, cross, etc.). On y trouve une grande aire de jeux pour les petits.

L'abbaye de Varnhem*

➤ *À 26 km de Skara sur la route 49.*

Fondé au milieu du XIIIe s., cet édifice harmonieux a été remarquablement restauré au XVIIe s. par Magnus Gabriel de la Gardie. Il repose ici, de même que quelques grands personnages, dont Birger Jarl, le fondateur de Stockholm.

Göteborg (41110)

Indicatif téléphonique (031)

ℹ *Kungsportsplatsen 2* **C2** ☎ *61.25.00. Antenne à Nordstan* **C1** ☎ *61.53.71.*

***Centrale de réservation d'hôtels**: Aktiv hotellbokning* ☎ *12.42.12.*

Arrivée

➤ **En avion.** De l'**aéroport Landvetter,** bus pour le centre ville tous les 1/4 h en semaine (trajet d'une 1/2 h).

➤ **En voiture.** À 275 km au N de **Malmö** par l'autoroute E6/E20 ; à 490 km à l'O de **Stockholm** par la E20.

Circuler

Avec ses zones piétonnes et ses nombreux espaces verts, Göteborg est une ville où il fait bon se promener. Les distances peuvent être assez grandes, mais tramways et autobus permettent de se déplacer facilement. **Informations** sur leur trafic en ville et les environs: **Tidpunkten** ☎ 80.12.35.

Hôtels

▲▲▲▲ **Radisson SAS Park Aveny,** Kungsportsavenyn 36 **C2** ☎ 17.65.20; fax 16.95.68. *318 ch.* Cet hôtel international de 1re classe est situé au centre ville, sur l'artère la plus vivante. Plusieurs restaurants, night-club, coiffeur, piscine, sauna, solarium.

▲▲▲▲ **Sheraton,** Södra Hamngatan 59-65 **C2** ☎ 80.60.00; fax 15.98.88. *345 ch.* Un hôtel de luxe situé juste en face de la gare centrale. Air conditionné et minibar, restaurant, bar, cafétéria, casino.

▲▲▲ **Eggers** ♥, Drottningtorget **C1** ☎ 80.60.70; fax 15.42.43. *67 ch.* Bien situé à proximité de la gare centrale, cet hôtel fraîchement rénové allie le charme Belle Époque au confort d'un établissement moderne. Il ne comporte ni restaurant ni bar.

▲▲▲ **Liseberg Heden,** Sten Sturegatan **D2** ☎ 75.06.910; fax 75.06.930. *172 ch.* Proche de tout, cet hôtel central niché dans la verdure dispose d'un restaurant agréable. Ch. très confortables, décoration plaisante.

ℹ Offices de tourisme régionaux

➤ **Bohus Turist**, Box 182, 45116 **Uddevalla** ☎ (0522) 140.55; fax 51.17.96. **E-mail**: info@bohusturist.se **Internet**: www.bohusland.com

➤ **Göteborg**, Kungsportsplatsen 2, **Göteborg** ☎ (031) 61.25.00 ; fax 13.21.84. **E-mail** : turistinfo@gbg-co.se **Internet**: www.gbg-co.se

➤ **Hallands Turist**, Box 68, 30103 **Halmstad** ☎ (035) 10.95.60 ; fax 12.12.37. **E-mail** : info@hallandsturist.se **Internet**: www.hallandsturist.se

➤ **Värmlands Turistråd**, Tage Erlandergatan 10B, 65220 Karlstad ☎ (054) 22.25.50 ; fax 10.16.22. **E-mail** : info@varmland.org **Internet**: www.varmland.org

➤ **Västergötlands Turisträd**, Box 213, 54125 **Skövde** ☎ (0500) 41.80.50; fax 48.40.86. **E-mail** : tourism@vastergotland.com **Internet**: www.vastergotland.com

▲▲▲ **Mornington,** Kungsportsavenyn 6 **C2** ☎ 17.65.40; fax 71.13.439. *92 ch.* Situé sur l'artère principale de Göteborg, cet hôtel rénové en 1990 possède l'un des restaurants les plus populaires de la ville, la Brasserie Lipp *(p. 108)*. Bar.

▲▲▲ **Novotel,** Klippan I **hors plan par A2** ☎ 14.90.00 ; fax 42.22.32. *150 ch.* À 4 km au S-O de la gare. L'hôtel offre un panorama superbe sur le Göta älv, le pont et la vieille forteresse d'Elfsborg. Restaurant, cafétéria, bar. Les enfants de moins de 16 ans sont logés gratuitement dans la chambre de leurs parents.

▲▲▲ **Opalen**, Engelbrektsgatan 73 **D2** ☎ 81.03.00. *244 ch.* Situé tout près de Skandinavium *(p. 109)*, cet hôtel moderne propose des dîners dansants.

▲▲▲ **Panorama**, Eklandagatan 51-53 **D3** ☎ 767.70.00; fax 76.77.70. *339 ch.* Un grand hôtel situé non loin du parc d'attractions de Liseberg. Excellent restaurant et tous les services d'un hôtel de 1re classe.

▲▲▲ **Riverton**, Stora Badhusgatan 26 **B2** ☎ 10.12.00. *191 ch.* Cet hôtel de 1re classe, plutôt familial, se situe au centre-ville. Restaurant panoramique au 12e étage, piano-bar.

▲▲ **Gårda**, Norra kustbanegatan 13-17 **hors plan par D1** ☎ 80.15.00. *172 ch.* Situé à 1 km au N de la gare, ce grand hôtel moderne propose des chambres confortables et de nombreux services: restaurant avec cuisine internationale, night-club, bar, dancing, casino.

▲▲ **Lorensberg**, Berzeliigatan 15 **D2** ☎ 81.06.00; fax 20.50.73. *115 ch.* Très bien situé, proche de tout, le Lorensberg est un hôtel calme et confortable. On n'y trouve ni restaurant ni bar.

▲▲ **Rica City Hotel Göteborg**, Burggrevegatan 25 **C1** ☎ 771.00.80; fax 771.00.89. *90 ch.* Édifié en 1939, modernisé en 1997, l'hôtel est situé tout près de la gare et du terminal des autocars desservant l'aéroport. Les ch. sont confortables, mais il n'y a pas de restaurant.

Auberges de jeunesse (Vandrarhem)

Masthuggsterrassens, Masthuggstorget **A2** ☎ 42.48.20. *41 lits.* Toutes les ch. de cette auberge située en ville (et réservée aux non-fumeurs) ont vue sur le Göta älv. *Ouv. toute l'année.*

Partille, Landvettervägen, Åstebo **hors plan par D1** ☎ 44.65.00. *150 lits.* À 15 km à l'E de Göteborg, proche de la E20. Baignade, canotage, golf dans les environs immédiats. *Ouv. toute l'année.*

Torrekulla, Kållered **hors plan par D3** ☎ 795.14.95. *12 lits.* L'établissement est situé à 11 km au S du Göteborg, à proximité de la E6. *Ouv. toute l'année.*

Campings

Lilleby Havsbad, Lillebyvägen Torslanda ☎ 56.50.66. Proche de la côte rocheuse, au N de la ville par la route 155. Baignade en mer. *Ouv. de mi-mai à début sept.*

Lisebergs Camping & Stugby Askim Strand, Marsholmsvägen ☎ 28.62.61. À 10 km du S du centre ville, dans la baie d'Askim: prenez le «Bleu Express», en face de la gare. En voiture: route E6 sortie à Obramotet. Ce camping loue également des bungalows bien équipés. Plage et golf à proximité. *Ouv. l'été.*

Lisebergs Camping & Stugbyar Kärralund Olbergsgatan 1 ☎ 84.02.00; fax 84.05.00. Situé à 2,5 km à l'E du centre ville, accessible par la ligne 5 du tramway, station de Welandersgatan. En **voiture**: route E3, sortie Munkebackstorg. Ce beau terrain, proche de l'aire de loisirs de Delsjö, propose des bungalows et des ch. Nombreuses activités sportives.

Göteborg à prix doux

Procurez-vous la carte de Göteborg *(Göteborgskort)*. Valable de 1 à 3 j., elle permet la libre circulation dans les transports publics (tramway, bus et bateau). Elle permet aussi l'accès gratuit à la plupart des musées, au parc d'attractions de Liseberg et offre de nombreux autres avantages: croisière gratuite à Frederikshavn au Danemark à certaines heures, libre accès à différentes installations sportives, droit de pêche dans les lacs autour de Göteborg, parcmètres gratuits, etc. La carte est disponible dans les bureaux de tourisme, les hôtels et kiosques à journaux indiqués par le panonceau *Pressbyrån*, ainsi que dans les campings et à bord des grands ferries.

Restaurants

♦♦ **Bistro chez Amis**, Parkgatan 17 **C2** ☎ 711.44.04. Un lieu à la mode où l'on peut savourer une cuisine soignée dans un cadre intime.

♦♦ **Brasserie Lipp**, Kungsportsavenyn 8 **C2** ☎ 10.58.30. La popularité de cette brasserie tient autant à la qualité de la cuisine qu'à l'ambiance vivante qui y règne. Service à l'extérieur l'été.

♦♦ **L'Escalier**, Övre Majorsgatan 4 **B3** ☎ 14.48.00. Une brasserie française dans un cadre agréable. Bonne cave.

♦♦ **Källarkrogen**, Östra Larmgatan 20 **C2** ☎ 711.85.40. Ce restaurant offre une atmosphère plaisante sous des voûtes rénovées du XVIIe s. Cuisines suédoise et française.

♦♦ **Sjömagasinet** ♥, Klippans kulturreservat **hors plan par A2** ☎ 24.65.10; fax 24.55.39. Ce restaurant de poissons est aménagé dans les entrepôts XVIIIe s. de la Compagnie des Indes. Belle terrasse. **Vue** magnifique sur l'embouchure du Göta älv.

♦♦ **Tidbloms**, Olskroksgatan 23 **hors plan par D1** ☎ 19.20.70. Le restaurant est installé au sous-sol de l'hôtel du XIXe s. qui porte le même nom. Décor exquis, bonne cuisine.

♦ **A Hereford Beefstouw**, Linnégatan 5 **B2** ☎ 775.04.41. Dans l'une des rues les plus animées de la ville, ce restaurant comblera les amateurs d'excellents steaks à l'américaine.

♦ **Brasserie Julien**, Götaplatsen 9 **D2** ☎ 20.39.00. Ambiance sympathique et décontractée. Un lieu de rencontres très populaire.

♦ **Le Cyrano** ♥, Prinsgatan 7 **A2** ☎ 14.31.10. Un bistrot français recommandable en tout point, bon rapport qualité/prix. Endroit convivial et sympathique.

Shopping

➤ **Antiquités et brocante. Antikhallarna**, Västra Hamngatan 6 **B1**. À Kronhusbodarna, dans la partie ancienne de la ville, des artisans travaillent et vendent leurs produits dans des échoppes du XVIIe s. *T.l.j. sf dim. de 10 h à 18 h et de 10 h à 14 h le sam.*

➤ **CENTRES COMMERCIAUX**. Outre les grands magasins comme **Åhléns**, **Domus** ou **NK**, les principaux centres commerciaux sont: **Citypassagen C1** dans la rue piétonne Citypassagen entre Östra Hamngatan et Drottninggatan; **Nordstadstorget C1** tout près de la gare centrale; la rue piétonne **Fredsgatan C1-2** avec ses galeries couvertes; **Kungsgatan B-C2** et les rues piétonnes avoisinantes; **Kungsportsavenyn C2** l'artère principale de la ville; **Linnégatan B2-3** et les rues adjacentes.

➤ **MARCHÉS**. Certains marchés sont de véritables attractions touristiques. **Stora saluhallen**, la grande halle, est située à **Kungstorget C2** *Ouv. du lun.*

Liaisons maritimes depuis Göteborg

➤ **ALLEMAGNE. Kiel**: Stena Line ☎ 704.00.00. *Liaisons t.l.j.*

➤ **ARCHIPEL DE GÖTEBORG. Ångaren Bohuslän** ☎ 61.25.00. **Bohus Line** ☎ 13.30.37. **Börjessons utflyktsbåtar** ☎ 60.96.60.

➤ **DANEMARK. Copenhague**: **Scandinavian Seaways** ☎ 65.06.50. **Frederikshavn**: **Stena Line** ☎ 704.00.00; **Sea Cat** ☎ 720.08.00.

➤ **ÎLE DE MARSTRAND. Börjessons restaurang & utflyktsbåtar** ☎ 60.96.60. *T.l.j. de juillet à mi-août et les dim. de mai à fin août.*

➤ **STOCKHOLM. Göta Kanal Rederi** AB ☎ 80.63.15. Liaisons par le Göta Kanal (embarquement à Lilla Bommen **C1**).

Feskekörka, « l'église aux poissons ». Cette halle, construite sur le modèle d'une église, constitue l'une des attractions touristiques de Göteborg.

au jeu. de 9h à 18h; de 8h à 18h le ven. et de 8h à 14h le sam. **Feskekörka B2** dans **Rosenlundsgatan** signifie littéralement le « temple du poisson ». Dans cette halle, construite comme une église en 1873, arrive la marée toute fraîche. *Ouv. du mar. au ven. de 9h à 17h et de 9h à 13h30 le sam.*; *en été ouv. aussi lun.* **La criée au poisson** se tient le matin à **Fiskhamnen**, le grand port de pêche en aval sur le Göta älv **hors plan par A2** *À partir de 7h du lun. au jeu., 6h30 le ven.*

Vie nocturne

➤ **Discothèques.** Les **grands hôtels** (Radisson SAS, Opalen, Panorama, etc.) ont souvent une boîte de nuit, mais les noctambules en quête d'animation s'orienteront plutôt vers **Valand**, à l'angle d'Avenyn et de Vasagatan **C2**.

➤ **Musique.** La vie musicale est intense à Göteborg. Construit sur le front de mer, le nouvel opéra évoque un navire prêt à appareiller : **Göteborgs Operan**, Christina Nilssons gata **B1** ☎ 10.80.00. L'orchestre symphonique de la ville, très réputé, se produit à **Konserthallen**, une salle située sur Götaplatsen **D2 Le Skandinavium D2** a une vocation polyvalente : concerts, hockey sur glace, concours hippiques y alternent. Concerts et rencontres internationales de football à Ullevi **D1**.

Adresses utiles

➤ **Aéroport.** Landvetter flygplats, 43880 Landvetter ☎ 94.10.00; fax 94.10.99.

➤ **Bateaux-mouches.** Au départ de Kungsportsbron **C2** ☎ 60.96.60. Croisière de 55 mn. Les bateaux passent sous 20 ponts et font un petit tour dans le port. *T.l.j. de mai à fin sept. de 10h à 17h; jusqu'à 21h de fin juin à mi-août.*

➤ **Change.** **Forex**, gare centrale **C1** ☎ 15.65.16. **XChange**, Kungsportsplatsen 1 **C2** ☎ 10.11.11.

➤ **Compagnies aériennes.** **Air France** ☎ 94.65.05. **SAS** ☎ 94.20.00.

➤ **Consignes.** **Gare centrale**, Drottningtorget **C1** ☎ 10.44.06.

➤ **Consulat français.** **Franska Konsulatet**, Kungstorget 2 **C2** ☎ 774.28.90; fax 774.35.29.

➤ **Gare.** **Centralstationen**, Drottningtorget **C1** ☎ 10.44.45

➤ **Hôpital.** **Sahlgrenska Universitetssjukhuset**, Änggården 41345, **hors plan par C3** ☎ 60.10.00.

➤ **Pharmacie.** **Apoteket Vasen**, Nordstan, Götgatan 12 **C1** ☎ 80.20.53. *Ouv. t.l.j. de 8h à 22 h.*

➤ **POSTE.** Bureau principal : Nordstan, Götgatan 13 **C1** ☎ 62.39.03.

➤ **RÉSERVATION DE BILLETS DE SPECTACLES. Bengans** ☎ 24.24.00. Skandinavium ☎ 81.10.20.

➤ **TAXIS. Taxi Göteborg** ☎ 650.000. **Taxikurir** ☎ 27.27.27.

➤ **URGENCES** ☎ 112.

Halmstad (30102)

Indicatif téléphonique (035)

ⓘ *Österkrans* ☎ *10.93.45.*

Hôtels

▲▲▲ **Grand Hotell**, Stationsgatan 44 ☎ 21.91.40 ; fax 14.96.20. *118 ch.* À 100 m de la gare, cet excellent hôtel comporte parking, restaurant et sauna.

▲▲▲ **Mårtenson**, Storgatan 52 ☎ 21.80.70 ; fax 12.58.75. *98 ch.* Confortable et bien équipé, cet hôtel n'est ouvert que l'été. Restaurant, garage, parking. *De mi-juin à mi-août.*

▲▲ **Continental**, Kungsgatan 5 ☎ 21.85.75 ; fax 12.86.04. *33 ch.* Établissement très central, confortable, avec bar et sauna mais sans restaurant.

Camping

Hagön, Östra Stranden ☎ 12.53.63. À 6 km au S-O de la ville, ce terrain bien équipé est situé en lisière d'une réserve naturelle et à proximité d'une plage naturiste. Possibilités de pêche en mer. *Ouv. de fin avr. à début sept.*

Sports et loisirs

➤ **PLAGES. Östra stranden** *(à env. 3 km)* et **Tylösand** *(10 km)* sont des plages magnifiques. Elles se prêtent particulièrement à la baignade, à la pêche et à tous les sports nautiques.

➤ **SPORTS.** Possibilités de belles promenades à bicyclette. On peut également pratiquer le golf, le tennis et l'équitation. Une **compétition de natation** dans la rivière Nissan est organisée chaque année, mais il faut une âme de Viking pour y participer, car l'eau est glaciale !

Karlstad (65220)

Indicatif téléphonique (054)

ⓘ *Frykmansvägen 1, Bergviks köpcentrum* ☎ *14.90.55.*

Hôtels

▲▲▲ **Stadshotellet**, Kungsgatan 22 ☎ 21.52.20 ; fax 18.82.11. *137 ch.* Imposant et cossu, joliment situé au bord du Klarälven, cet hôtel est agrémenté d'une piscine. Restaurant et parking.

▲▲ **Gösta Berling**, Drottninggatan 1 ☎ 15.01.90. *66 ch.* Ici, c'est le héros de Selma Lagerlöf qui est à l'honneur. Situé à 500 m de la gare, cet hôtel rénové en 1990 comporte restaurant, garage, parking, sauna.

▲▲ **Gustaf Fröding**, Höjdgatan 3 ☎ 83.10.00. *165 ch.* À 4 km du centre par la route E18 en direction de Stockholm, cet hôtel rend hommage au grand poète suédois né dans la région. Il offre un excellent confort et des services multiples. Restaurant et cafétéria, piscine de plein air.

▲▲ **Scandic Hotel Karlstad Nord**, Sandbäcksgatan 6 ☎ 18.71.20. *143 ch.* À 1 km de la gare, un hôtel de bon confort avec restaurant, parking, salle de gymnastique, sauna et piscine intérieure.

▲ **Wåxnäs**, Ventilgatan 1 ☎ 56.00.80 ; fax 56.00.80. *39 ch.* À 1 km de la gare, simple et convenable, avec restaurant, parking et sauna.

Auberge de jeunesse

Ulleberg Vandrarhem ☎ 56.68.40. *112 lits.* À 3 km env. à l'O, non loin de la route E18. Environnement calme et agréable.

Camping

Skutberget ☎ 53.51.39. Un camping moderne et très bien équipé, situé au bord du lac Vänern env. 7 km à l'O de Karlstad. Prendre la E18. Nombreuses activités sportives, port de plaisance, restaurant. *Ouv. toute l'année.*

Sports et loisirs

➤ **Parc de loisirs de Mariebergsskogen** ☎ 15.92.00. *Ouv. de 13 h à 18 h du* *lun. au sam., de 12 h à 18 h le dim., et le parc d'animaux pour enfants t.l.j. de 11 h à 18 h.* On trouve également dans cette aire de récréation un théâtre, un musée de plein air et un restaurant *(ouv. de 11 h à 18 h).*

➤ **Sports.** Outre la **piscine d'Örholmsbadet**, vous trouverez un **golf** à 27 trous à Skutberget, près de l'hôtel Gustaf Fröding *(ci-contre)*. D'autres sports sont proposés : pêche, baignade, tennis, patinage *(**rens.** ⓘ ci-contre).*

Kristinehamn (68184)

Indicatif téléphonique (0550)

ⓘ Västerlånggatan 22 ☎ 881.87.

Hôtel

▲▲ **Stadshotellet**, Kungsgatan 27 ☎ 150.30. *40 ch.* Bon hôtel de tourisme, situation centrale, restaurant.

Auberge de jeunesse

Vandrarhem Kvarndammen ☎ 147.71. *16 lits.* À 2 km du centre par la route E18 vers Örebro, puis par la route 64. *Ouv. de mi-mai à fin août.*

Camping

Kvarndammen ☎ 147.71. À 100 m de l'auberge de jeunesse. *Ouv. de mi-avr. à sept.*

Lidköping (53102)

Indicatif téléphonique (0510)

ⓘ Stationshuset, Bangatan 3 ☎ 77.05.00.

Hôtels

▲▲ **Stadshotellet**, Gamla Stadens Torg 1 ☎ 220.85 ; fax 215.32. *67 ch.* Cet hôtel, situé au cœur de la vieille ville, est très confortable. Restaurant avec danse, parking.

Auberge de jeunesse

Vandrarhem, Nicolaigatan 2 ☎ 664.30. *50 lits.* Cet établissement bien équipé est situé en plein centre dans la vieille ville, près de Gamla Stadens Torg.

Camping

Krono Camping Lidköping Vänern Läckögatan, Framnäs ☎ 268.04. À 1 km au N de la vieille cité, sur la rive du lac Vänern. Bains, pêche, planche à voile, piscine chauffée. *Ouv. de mi-avr. à début sept.*

Shopping

Rörstrands porslinsfabrik, Fabriksgatan ☎ 823.46. Cette fabrique de porcelaine a été créée en 1730 : on y découvre des objets décoratifs et de nombreux services de table, dont la célèbre « série bleue », créée en 1951 par Hertha Bengtson. *Ouv. du lun. au ven. de 10 h à 18 h, sam. de 10 h à 14 h, dim. de 12 h à 16 h.*

Rottneros (68694)

Indicatif téléphonique (0565)

Restaurant

Rottneroshallen ☎ 602.95. Pour déjeuner sans façon dans le parc. Snack, magasin de souvenirs.

Sunne (68660)

Indicatif téléphonique (0565)

ⓘ Mejerigatan 2 ☎ 164.00.

Descente en eaux vives

Le Klarälven est un cours d'eau de 500 km de long, dont 270 km se trouvent en Suède. Il se jette dans le Vänern à Karlstad. C'était jadis la voie qu'empruntaient les pèlerins qui se rendaient sur le lieu de sépulture de saint Olav, à Nidaros en Norvège (l'actuel Trondheim). Ce fleuve est apprécié des sportifs : il procure aux amateurs de descente en eau vive toutes les émotions fortes dont ils peuvent rêver. Nombreuses sont les agences de location de matériel pour ce sport (rens. ⓘ p. 110).

Fêtes et manifestations

➤ **JANVIER. Festival du film** de Göteborg (à la fin du mois).

➤ **JUIN. Semaine internationale de musique** à Halmstad (à la fin du mois). **Swedish Match Cup** (voile) à Marstrand (à la fin du mois).

➤ **JUILLET. Swedish open** (tennis) à Båstad (la 1re quinzaine du mois). **Journée des chutes d'eau** à Trollhättan (au milieu du mois).

➤ **AOÛT. Semaine culturelle de Sunne** (au début du mois). **« Göteborgs Kalaset »**, fête populaire à Göteborg (la 1re quinzaine du mois). **Festival de jazz** à Göteborg (la 3e semaine du mois). **Festival d'été des orchestres symphoniques** à Helsingborg (la 3e semaine du mois). **Festival classique du Värmland,** à Karlstad.

Hôtels

▲▲ **Länsmansgården**, Ulfsby Herrgård ☎ 140.10. *30 ch.* Aménagé dans le cadre séduisant d'un manoir. Restaurant.

▲▲ **Selma Lagerlöf**, Ekebyvägen ☎ 166.00. *156 ch.* Bon hôtel moderne et plaisant, avec restaurant, piscine, golf à 9 trous.

▲ **Sunne**, Storgatan 20 ☎ 1.11.80. *28 ch.* Sans prétention, fait restaurant.

Auberge de jeunesse

Vandrarhem Hembygdsgården, Hembygdsvägen 7 ☎ 107.88. *65 lits.* À 1 km du centre ville, possède notamment un sauna.

Camping

Kolsnäsudden ☎ 71.13.12. Un terrain parfaitement équipé, au bord du lac Mellan Fryken. Restaurant. Piscine à proximité. *Ouv. de mai à mi-sept.*

■ Tanumshede (45791)

Indicatif téléphonique (0525)

ℹ *Stora Oppen 5 ☎ 204.00.*

Hôtel

▲▲▲ **Tanums Gästgifveri** ♥, Apoteksvägen 7 ☎ 290.10 ; fax 295.71. *22 ch.* À 81 m d'altitude, près de la tombe d'un roi viking, une auberge réputée pour ses poissons et fruits de mer.

■ Trollhättan (46155)

Indicatif téléphonique (0520)

ℹ *Åkersjövägen 10 ☎ 876.54.*

■ Varberg (43224)

Indicatif téléphonique (0340)

ℹ *Brunnsparken ☎ 887.70.*

Hôtels

▲▲▲ **Stadshotell**, Kungsgatan 24-26 ☎ 161.00. *124 ch.* Très central, cet hôtel de première classe possède restaurant, bar et centre de relaxation.

▲▲ **Gästis** ♥, Borgmästaregatan 1B ☎ 180.50 ; fax 138.50. *28 ch.* Non loin de la gare, un bon hôtel simple. Petit déj. et sympathique buffet le soir.

▲▲ **Strandgården**, Getterön ☎ 168.55. *26 ch.* À 4 km au N-O, cet hôtel simple, dans une presqu'île, plaira aux estivants privilégiant l'environnement.

Auberge de jeunesse

Vandrarhem Varberg, Vare 325 ☎ 411.73. *45 lits.* À 8 km au S de Varberg par la E6, vers Himle. Équitation et tennis proches. *Ouv. d'avr. à sept.*

Camping

Getteröns, presqu'île de Getterön ☎ 168.85. À 4,5 km au N-O de Varberg. Beau cadre naturel de rochers et de plages de sable. *Ouv. de mi-avr. à sept.*

LA CÔTE EST

Luminosité des paysages de la Baltique, traditions du Småland, trésors culturels de l'Östergötland : les provinces du Sud-Est forment comme un raccourci de la Suède tout entière.

Cet itinéraire permet de découvrir la Suède traditionnelle à travers les provinces très différentes du Blekinge, du Småland, de l'Östergötland et les îles d'Öland et de Götland. On y rencontre aussi bien des vestiges préhistoriques que des monuments médiévaux, des châteaux Renaissance ou des manoirs des XVIIIe ou XIXe s.

À ne pas manquer

Le ♥ **musée de la Marine**** **à Karlskrona**, *p. 116.*

Le **château***** **de Kalmar**, *p. 117.*

Les **gravures rupestres**** **à Norrköping**, *p. 137.*

La ♥ **cathédrale*****, *p. 137* et le ♥ **musée du vieux Linköping****, *p. 138.*

L'**abbaye***** **et le château**** **de Vadstena**, *p. 138.*

Le ♥ **mont Omberg****, *p. 139.*

Le Blekinge**

➤ *Itinéraire de 100 km au départ de Kristianstad; 1 à 2 jours.*

De Kristianstad *(p. 79)* à Karlskrona, la route côtière conduit à cette région appelée le « jardin de la Suède » mais qui fut danoise jusqu´en 1658. D'allure méridionale malgré sa latitude, elle a inspiré de nombreux artistes dont Harry Martinson, prix Nobel de littérature en 1971. La région présente deux visages : la côte est semée de maisonnettes rouges et basses ; l'arrière-pays réunit forêts de feuillus, chênaies, hêtraies ainsi que de nombreux lacs et cours d'eau. Rivières et torrents font le bonheur des pêcheurs : 15 t de saumon sont tirées chaque année des eaux de la seule Mörrumsån ! La pêche sportive du Blekinge est célèbre dans le monde entier. Les marchés et festivals qui se tiennent un peu partout donnent à cette région son animation populaire.

Sölvesborg

➤ *À 20 km de Kristianstad par la route E22.* ***Informations pratiques*** *p. 150.*

Animé l'été, ce vieux **village de pêcheurs** aux maisons de pierre très basses aurait été fondé au VIIIe s. par un roi nommé Sölve. On y trouve de grandes **plages** de sable et des criques désertes à proximité.

➤ **LE CHÂTEAU.** Aujourd'hui ruiné, il a été construit au XIIIe s. Conquis par les Suédois au début du XIVe s., il a été rapidement repris par le souverain danois Valdemar Atterdag qui entreprit la construction d'une grande **tour** de défense (30 m de haut, 17 m de diamètre).

➤ **L'ÉGLISE ST-NICOLAS*** *(**Sankt Nikolai kyrkan**).* Construite au début du XIVe s. au centre de la ville, elle est décorée d'un grand **crucifix** et de **fresques** du XVe s. Le retable et la chaire datent du règne de Gustave Adolphe.

Mörrum

➤ *À 18 km de Sölvesborg par la route E22.*

Plus au N, ce village est un haut lieu de la pêche au saumon *(à partir du 1er avr.).* Jetez un coup d'œil à l'**église**. Blanche et élégante, elle a été reconstruite en 1845-1847 sur le site d'une ancienne église du XIIIe s. Rejoignez ensuite la **maison du Saumon** *(**Laxens hus**; Parkvägen; ouv. t.l.j. de début avr. à fin oct. de 9 h à 17 h, en oct. ouv. de 9 h à 16 h ☎ (0454) 501.23).* Vous pourrez voir évoluer ces poissons et y déguster du saumon fumé à l´ancienne : **expositions** sur la vie des salmonidés et les techniques de pêche ; grand **aquarium**.

Karlshamn

➤ *À 6 km de Mörrum par la route E22.* ***Informations pratiques*** *p. 145.*

Cette petite ville marchande est d'abord renommée pour son punch, complément traditionnel de la soupe aux pois jaunes *(**ärtsoppa**)* du jeudi.

➤ **LE MUSÉE DE KARLSHAMN** *(**Karlshamns Museum**; Vinkelgatan 8; ouv. t l.j. l'été de 12 h à 17 h, le reste de l'année du lun. au ven. de 13 h à 16 h).* Auparavant intitulé « musée du Punch », l'établissement reconstitue dans tous ses détails la technique de fabrication traditionnelle de ce spiritueux.

(Åfors glasbruk; Eriksmåla ☎ (0471) 412.80) où l'on peut assister au travail des souffleurs de verre.

La verrerie de Kosta

➤ ***Kosta glasbruk****; sur la route 28.* ***Atelier*** *ouv. du lun. au ven. de 9 h à 15 h, ;* ***boutique*** *jusqu'à 18 h en semaine, sam. de 10 h à 16 h, dim. de 12 h à 16 h ☎ (0478) 345.00.*

Elle a été fondée en 1742. Elle expose un assortiment impressionnant d'objets en **cristal**, de **verres d'art** des XVIIIe et XIXe s., ainsi que des objets fabriqués aujourd'hui.

La verrerie de Måleràs

➤ ***Måleràs glasbruk****; sur la route 31.* ***Atelier*** *ouv. t.l.j. du lun. au ven. de 6 h à 15 h;* ***boutique*** *ouv. de 10 h à 18 h, sam. de 9 h à 16 h et dim. de 11 h à 16 h ☎ (0481) 311.00.*

Cette verrerie, avec son designer **Mats Jonasson**, s'est fait une spécialité de reproduire en verre des **espèces animales** menacées d'extinction.

♥ La verrerie d'Orrefors*

➤ ***Orrefors glasbruk****; sur la route 31, à env. 20 km de Måleràs.* ***Atelier*** *ouv. du lun. au ven. de 9 h à 15 h;* ***boutique*** *jusqu'à 18 h en semaine, sam. de 9 h à 16 h, dim. de 11 h à 16 h ☎ (0481) 341.95.* ***Informations pratiques*** *p. 149.*

Cette verrerie de réputation internationale est peut-être la plus intéressante de toute la région. Elle a succédé à un complexe métallurgique qui avait reçu ses privilèges en 1726. Le portraitiste et paysagiste **Simon Gate** y fut engagé en 1916, ainsi que **Edward Hald**, artiste plus résolument moderne, l'année suivante. Aujourd'hui, la verrerie consacre plus de la moitié de sa production à l'exportation. Dans l'**atelier**, on peut suivre le travail de fabrication, de polissage et de gravure du verre. Le **musée** évoque les créations des grands designers de la verrerie.

Totem, *réalisé par l'artiste Mats Jonasson de Måleràs glasbruk, une des verreries renommées du Småland.*

Du verre au hareng

Les maîtres verriers ont découvert dès le XVIIIe s. que la chaleur de leur four permettait de cuire le hareng de manière délicieuse. Accompagné de pommes de terre au four, ce *hyttsill* préparé dans un réceptacle en verre se dégustait dans une atmosphère conviviale, en musique et en chansons. La tradition se poursuit dans certaines verreries, notamment à Orrefors *(presque t.l.j. à 19 h de juin à août)*. Songez à réserver *(****rens.*** *auprès des ℹ ou de Glasriket ☎ (0481) 452.15; fax 452.01).*

L'île d'Öland**

➤ *Itinéraire de 335 km au départ du pont d'Öland; 2 jours.* ***Informations pratiques*** *p. 148.*

Linné jugeait « l'île du soleil et des vents » tout à fait différente des autres provinces de Suède. On y rencontre aussi bien une végétation de toundra que des plantes du midi européen. L'île possède une trentaine d'espèces d'orchidées. C'est au printemps qu'on appréciera le mieux toute la richesse de la flore. Les côtes sont également contrastées : l'ouest, face au détroit de Kalmar, est coupé de falaises abruptes, alors que le plateau calcaire vient mourir sur les rivages de l'est. Si Öland n'est pas faite pour les citadins impénitents, les amoureux de la nature et du plein air seront comblés. Inauguré en 1972, le pont de 6 km reliant Kalmar à l'île a mis fin au va-et-vient des bacs qui assuraient la traversée du détroit.

L'ÎLE D'ÖLAND.

Le nord de l'île

➤ *Circuit de 125 km sur la route 136.*

Le château de Solliden

➤ *À 23 km du pont d'Öland.*

Cette belle demeure blanche, construite en 1906, accueille la famille royale en été. Le superbe **parc**, où alternent les styles anglais, italien et hollandais, est ouvert au public *(t.l.j. de mi-mai à mi sept. de 13 h à 18 h, entrée jusqu'à 17 h).*

Au S de Solliden, le **parc naturel de Borga hage** s'étend sur 100 ha sillonnés de sentiers, à travers une nature presque méridionale où dominent les chênes et les tapis de lierre.

Borgholm

➤ *À 1 km au N de Solliden.* ***Informations pratiques*** *p. 148.*

Cette station balnéaire de 3 000 hab. est bordée de grandes **plages** de sable, dont la plus renommée est **Köpingsvik**. Le **château en ruine*** domine le détroit de Kalmar, au S de la ville *(**Borgholms slottsruin**; ouv. t.l.j. de mai à août de 9 h à 18 h, jusqu'à 21 h en juillet; d'avril à sept t.l.j. de 10 h à 16 h ☎ (0485) 102.32)*. Il prend une apparence romantique, voire fantastique, au coucher du soleil ou au clair de lune. Bâti en 1290, il fut reconstruit aux XVIe et XVIIe s., puis ravagé par un incendie en 1806. Avant d'accéder au trône en 1654, le futur Charles X Gustave y menait grand train. Partiellement restauré, il accueille l'été des **concerts** de rock, des **expositions** et des rencontres avec des écrivains.

Sandvik et ses environs

➤ *À 25 km au N de Borgholm.*

Ce village conserve un superbe **moulin*** de type hollandais, avec sa machinerie en bois (1885). Au N de Sandvik, à g. de la route 136, se dressent à **Vi Alvar** plus de 150 pierres mortuaires datant de l'âge du fer.

Une dizaine de kilomètres plus loin, l'**église de Källa** remonte au XIIe s. Fortifiée et percée de meurtrières, elle évoque une forteresse : il est vrai que l'insécurité régna longtemps sur cette île exposée à tous les dangers (piraterie, exactions militaires…).

Byxelkrok

➤ *À 72 km au N de Borgholm et env. 20 km de Källa.* ***Informations pratiques*** *p. 148.*

Ce port de pêche est apprécié des plaisanciers et des baigneurs. Sur la plage de **Forgalla** se trouve un imposant **tombeau préhistorique** en forme de navire *(**Forgallaskeppet**)*. Il se dresse à proximité d'un décor naturel étrange baptisé par Linné « les champs de Neptune » *(**Neptuni åkrar**)*.

♥ L'île de la Vierge bleue

➤ ***Blå Jungfrun****. Accès en bateau depuis Byxelkrok (p. 148) ou Oskarshamn (p. 149).*

L'île est classée **parc national** *(sentiers balisés)*. Repaire de sorcières selon la légende, elle présente d'étranges **formations rocheuses** de granit rouge qui atteignent 86 m de haut. La flore et la faune

À ne pas manquer

L'♥ **église* de Gärdslösa**, *p. 121.*

La ♥ **lande de Stora Alvaret****, *p. 122.*

L'**église** de Kastlösa**, *p. 124.*

(guillemots et cormorans notamment) y sont particulièrement riches. De nombreuses **grottes** et un grand **labyrinthe** ajoutent au mystère de cet étrange îlot.

Le cap nord d'Öland

➤ ***Ölands norra udde.***

En lisière de la route 136, baladez-vous dans la **forêt des Trolls** *(**Trollsskogen**; à 5 km de Byxelkrok)*. Tapissée de lierre, de chênes et de conifères, elle offre de belles balades *(**information** à l'entrée de la réserve)*. Le **parc de la Couronne de Böda** *(**Böda kronopark**)* est situé un peu plus au S. Il recèle une bonne cinquantaine d'essences forestières dont de nombreux **conifères** : thuyas, cyprès ou mélèzes.

La côte est*

➤ *Circuit de 140 km au départ de Böda.*

Suivez la route 136 jusqu'à **Föra** dont l'**église fortifiée** date de la fin du XIIe s., puis quittez l'axe principal pour longer la côte.

♥ L'église* de Gärdslösa

➤ *À 28 km de Föra.*

C'est l'une des plus belles d'Öland. Bâtie aux XIIe et XIIIe s. dans les styles roman et gothique, elle pos-

Sanctuaire végétal, l'île d'Öland jouit d'un ensoleillement remarquable propice aux développements de nombreuses espèces botaniques.

sède un décor intérieur baroque et rococo. Les différentes **fresques** du chœur ont été peintes du XVe au XVIIe s. On y voit le ***Calmare Nyckel***, bateau qui, en 1638, aborda à Delaware, en Amérique, où allait être fondée la Nouvelle-Suède. Le grand poète romantique **Stagnelius** est né en 1793 dans le presbytère attenant. Une **stèle** rappelle son souvenir.

Autour de Långlöt

➤ **HIMMELSBERGA BY*** *(à 5 km au S de Gärdslösa)*. Près de Långlöt, cet ancien **village**, très préservé, donne une idée de ce qu'était l'habitat traditionnel de l'île. Alignées sagement le long de la rue principale, les fermes abritent un mobilier typique du XIXe s.

➤ **ISMANSTORP*** *(à 4 km à l'O de Långlöt)*. Cette puissante **forteresse préhistorique** a été édifiée à l'âge du fer, vers 400. Elle a conservé son mur d'enceinte de 411 m, haut de 3 à 4 m. Des fondations de maisons sont visibles sur le site.

➤ **GRÅBORG*** *(à 12 km au S de Långlöt)*. Ce **fort**, le plus grand de l'île, date du début du Ve s. Ses remparts atteignent 6 m de hauteur et 11 m d'épaisseur. L'arche d'une porte demeure le dernier vestige des fortifications édifiées à la fin du XIIIe s.

♥ La lande de Stora Alvaret**

➤ *À env. 20 km au S de Norra Möckleby. Pour profiter de beaux panoramas, engagez-vous sur les routes transversales qui atteignent le centre.*

À partir de **Stenåsa**, on longe la grande lande de **Stora Alvaret**. Ce plateau calcaire long de 40 km, dépourvu d'arbres et coupé de murs de pierres sèches, n'a pas d'équivalent en Europe. Ce décor étrange où flotte le parfum du thym sauvage est rehaussé par des **pierres runiques** ou sacrificielles et quelques **moulins à vent**. Monotone de prime abord, la nature recèle une végétation exceptionnelle : **orchidées** et autres **fleurs rares**, sibériennes et alpines notamment. L'**hélianthème** *(solvända)* qui pousse à Öland est unique au monde.

Segerstad

➤ *À 16 km de Stora Alvaret.*

C'est le village natal de **Per Ekström** (1848-1935), le « peintre du soleil », dont plusieurs œuvres figurent au musée d'art de Kalmar *(p. 118)*. Il a contribué à la décoration de l'**église** locale.

Eketorp*

➤ *À 8 km de Segerstad. Musée ouv. t.l.j. l'été de 10 h à 17 h, jusqu'à 18 h en juil.*

Du IVe au VIIIe s., ce fut à l'âge du fer un **village fortifié**. Puis, pourvu d'une forteresse, il a servi de garnison militaire aux XIIe et XIIIe s. C'était alors une petite ville. Ses **ruelles** et ses **maisonnettes en bois** ont été reconstituées. Un **musée**, où l'on voit des bijoux, des armes et des objets de la vie quotidienne, accompagne cette reconstitution.

La pointe sud

➤ *À 10 km d'Eketorp par la route côtière.*

En se dirigeant vers le cap sud, on remarque l'**église fortifiée** de **Ås**, dont la tour remonte au Moyen

Des moulins à profusion

Sur l'île d'Öland, l'habitat rural n'a pratiquement pas changé depuis le Moyen Âge, surtout au centre et au sud du territoire. En 1900, on comptait environ 2 000 moulins à vent, chaque ferme ayant le sien. Aujourd'hui encore, on dénombre 400 moulins à vent, dont certains ont été reconvertis en restaurants ou en gîtes.

Âge. Agrandie en 1733, elle a fait l'objet d'une importante restauration en 1935.

La réserve d'Ottenby

À l'entrée de cette réserve de 1 000 ha se trouve la **ferme royale** *(Ottenbys kungsgård)*. Avec ses terres attenantes, c'est le plus grand domaine de l'île, il renferme aujourd'hui une réserve naturelle. Dans cette nature étrange s'étend un **champ funéraire** de 250 tombes datant de l'âge du fer *(suivre les flèches)*. La réserve abrite une **station ornithologique** *(en activité de juin à octobre)* et le **musée des Oiseaux** *(ouv. à belle saison)*. On peut y observer le passage de nombreux **migrateurs** au printemps et à l'automne.

Le phare « Grand Jean »

➤ ***Långe Jan****. Accessible l'été de 13 h à 16 h.*

Ce phare, qui se dresse à l'extrémité S de l'île, a été construit en 1784. C'est le plus haut de Scandinavie avec ses 42 m. Au sommet, on découvre un magnifique **panorama***.

La côte ouest

➤ *Itinéraire de 60 km jusqu'au pont d'Öland.*

➤ **L'ÉGLISE DE KASTLÖSA****. Édifiée au siècle dernier, elle a été décorée dans les années 1950 d'une belle **fresque** de **Valdemar Lorentzon**, artiste appartenant au groupe de Halmstad *(voir encadré p. 97)*.

➤ **RESMO***. Ce village, qui offre une **vue*** superbe sur la grande lande, possède une **église** du XIIe s. ornée de belles fresques des XIIIe et XIVe s.

➤ **VICKLEBY**. Doté d'une **église** du XIIe s., le site est apprécié des artistes, des botanistes et des ornithologues amateurs.

➤ **KARLEVISTENEN***. Un peu plus haut, sur la belle **plage d'Eriksöre**, se dresse cette remarquable **pierre runique** de la fin du Xe s.

De Kalmar à Söderköping

➤ *Itinéraire de 150 km au départ de Kalmar; 1 jour.*

La route qui relie ces deux villes ne s'éloigne jamais beaucoup de la côte. Le paysage est donc très marqué par la proximité de la mer. Profitez-en pour faire une halte dans les petites villes côtières ou pour découvrir des coins de nature intacte dans les îles voisines.

Les églises* de Kläckeberga et Ryssby

Peu après Kalmar, deux **églises*** méritent une halte. Celle de **Kläckeberga** *(à 4 km de Kalmar sur la route E22)* a été construite au XIIIe s. Admirez le **retable** polonais de 1606 et les belles **fresques** de plafond peintes dans la seconde moitié du XVIIIe s. 10 km plus loin, à **Ryssby**, l'église du XVIIIe s. abrite un **plafond** décoré par **Valdemar Lorentzon** sur le thème du Jugement Dernier.

Oskarshamn

➤ *À env. 50 km de Ryssby par la route E22.* ***Informations pratiques*** *p. 149.*

➤ **LE DÖDERHULTARMUSEET*** *(Hantverkargatan 18; ouv. de mi-mai à mi-août, du lun. au sam. de 9h à 18h, dim. de 11h à 16h; le reste de l'année du mar. au jeu. de 11h à 17h, ven. et dim. de 12h à 16h, sam. de 11h à 15h ☎ (0491) 880.40).* Ce musée présente plus de 200 figurines et sculptures en bois d'**Axel Petersson** (1868-1925), un artiste qui a su représenter avec truculence et humour la vie quotidienne dans le terroir smålandais au début du XXe s.

➤ **VERS LES ÎLES.** Oskarhamn est le plus important **port** d'embarquement pour Gotland *(p. 126)* après Nynäshamn. Par beau temps, vous pouvez aussi faire une excursion à l'île de la Vierge bleue, si vous ne l'avez pas abordée depuis Byxelkrok *(p. 121).*

♥ Västervik*

➤ *À 72 km d'Oskarshamn par la route E22.* ***Informations pratiques*** *p. 150.*

Nichée dans une baie de la Baltique, la «perle de la côte est» est une petite ville idyllique de 25000 hab. qui s'anime l'été *(voir encadré p. 147).* Son **archipel** qui comporte des milliers d'îles, d'îlots et de récifs, est très apprécié des plaisanciers: on y trouve de belles plages, et l'on peut y faire d'intéressantes excursions en bateau.

➤ **LE VIEUX QUARTIER.** Les habitations anciennes en bois sont groupées autour de l'**église Ste-Gertrude** *(**Sankta Gertruds kyrka**; Östra Kyrkogatan)*, construite au XVe s. La plus belle maison, **Cederflychtska huset**, a été dessinée par **Hårleman** au XVIIIe s. Contemplez aussi les maisonnettes de pêcheurs datant des années 1740 dans la **ruelle du Pêcheur** *(**Båtmansgränd**)*, à deux pas de la **place du Marché** *(**Fiskartorget**).*

➤ **LE SITE DE KULBACKEN** *(**Kulbacken** ☎ (0490) 211.77 ou 122.76).* Située sur une colline, la **tour** (34 m au-dessus du niveau de la mer) offre une **vue*** superbe sur la ville et la baie. Ce site comprend un **mini-zoo** et un **musée** retraçant l'histoire de la ville: maquettes de navires issus de l'arsenal, des fermes et demeures typiques de la région...

Le monde d'Astrid Lindgren

Ville natale d'Astrid Lindgren, Vimmerby a consacré un parc d'attractions évoquant l'œuvre de cette dernière, célèbre écrivain pour enfants, née en 1907. Inspiré par ses personnages (Fifi Brindacier, Zozo la Tornade, etc.), ce vaste théâtre vivant permet à chacun de devenir acteur. Chant, danse et pantomime dominent, et l'obstacle de la langue n'est pas rédhibitoire.

Astrid Lindgrens värld, *Vimmerby; à env. 50 km de Västervik, route 33. Ouv. t l.j. de mai à août de 10h à 17h, jusqu'à 18h de début juin à mi-août ☎ (0492) 798.00.*

L'île de Gotland**

➤ *Itinéraire de 275 km au départ de Visby; 3 jours.* ***Informations pratiques*** *p. 143.*

Lieu de villégiature très prisé des Suédois, l'île de 3 100 km^2 jouit d'un climat particulièrement doux qui lui vaut sa végétation verdoyante. Selon les fouilles archéologiques, Gotland est peuplée depuis environ 7 000 ans comme l'attestent de nombreux vestiges préhistoriques. Aujourd'hui, l'île vit avant tout du tourisme. Les quelque 60 000 Gotlandais, dont la moitié habite à Visby, tirent aussi leurs ressources de la **pêche** et de la **terre** (cultures maraîchères et florales, **élevage** de moutons). Inépuisable matière première, le calcaire alimente d'importantes cimenteries et explique la fertilité des terres agricoles.

Une plaque tournante du commerce international

Selon la légende, l'île ensorcelée émergeait la nuit puis disparaissait dans les flots au lever du soleil. **Tjelvar**, le premier Gotlandais, brisa le sort qui pesait sur elle, 2 264 ans après la création du monde, en allumant un feu sur la grève. À l'époque des **Vikings**, alors que la mer Baltique est la plaque tournante des échanges entre l'Orient et l'Occident, Gotland est un centre de commerce important : en témoignent les abondantes **monnaies d'or** et **d'argent** mises au jour. Le roi norvégien **Olav Haraldsson** – le futur saint Olav – passe le dernier hiver de sa vie sur l'île (1029-1030) qu'il christianise *manu militari.* Gotland connaît son époque de grandeur entre le XIIe et le XIVe s. À la fin du XIIIe s., **Visby** devient l'une des pièces maîtresses du réseau commercial de la puissante **Ligue hanséatique** qui contrôlait les échanges dans la Baltique. Quoique liée à la Suède, l'île dispose d'une large autonomie politique. Son opulence se manifeste notamment à travers ses 92 **églises médiévales**, véritables cathédrales rurales à la riche décoration *(pp. 130-131).* La conquête des Danois, en 1361, entraîne le déclin de Gotland, dont le destin se confond désormais avec celui de Visby. Il faudra attendre les traités de **1645** et **1679** pour qu'elle redevienne suédoise.

Programme

La plupart des visiteurs affluent l'été, mais les amateurs de botanique ou d'ornithologie préféreront le printemps ou l'automne. L'arrière-saison, qui a beaucoup de charme, est particulièrement propice à la pêche.

En une journée, on peut visiter Visby et faire un tour dans les environs. Prévoyez deux jours supplémentaires si vous voulez effectuer le circuit dans l'île que nous proposons.

Visby***

➤ ***Informations pratiques*** *p. 144.*

Avec ses vestiges grandioses, ses jardins fleuris et ses rues étroites, « la ville des roses et des ruines » possède un charme ensorcelant que l'on ressent particulièrement au lever et au coucher du soleil ou quand les tempêtes d'équinoxe viennent battre ses remparts.

L'Île de Gotland.

Héritière d'un passé vivant – elle a été classée par l'UNESCO au patrimoine mondial –, la cité attire de nombreux artisans et artistes.

Des Vikings aux Danois

Son ancien port, où s'étend aujourd'hui le parc d'Almedalen, constituait jadis une base pour les Vikings qui se lançaient dans des expéditions lointaines *(pp. 42-43)*. Quand est créée la Ligue hanséatique, à la fin du XIIIe s., Visby devient un centre important de commerce. Mais ses remparts de 3,4 km ne peuvent la protéger contre l'invasion de l'armée danoise de **Valdemar Atterdag** en 1361. Par la suite, la cité décline. À la fin du XIVe s., l'île tombe aux mains des **chevaliers teutoniques**, puis ceux-ci la cèdent à **Erik de Poméranie**, roi de l'Union scandinave. Des pirates puissamment organisés s'installent alors dans Visby. Devenue suédoise en 1645, elle est reprise par les Danois en

À ne pas manquer

Visby***, pour sa **cathédrale****, *p. 128*, ses **églises**** et le ♥ **musée historique de Gotland****, *p. 129*.

L'**église**** **de Bunge**, *p. 132*.

L'**église**** **de Gothem**, *p. 133*.

La **forteresse de Torsburgen****, *p. 133*.

L'**église**** **d'Öja**, *p. 134*.

L'**église**** **de Vamlingbo**, *p. 134*.

Le **vieil homme de Hoburg***, *p. 134*.

L'**église**** **de Hablingbo**, *p. 135*.

1676, jusqu'à ce que la **paix de Lund**, qui met fin à la guerre de Scanie, l'attribue définitivement à la Suède en 1679.

➤ **DONNERSPLATSEN** *(à la pointe sud du parc d'Almedalen)*. Située non loin du port, cette place constitue un bon point de départ pour une promenade. À l'angle de Strandgatan, remarquez **Burmeisterska huset**, une **maison à colombages** datant de 1650. **Mellangatan**, parallèle à Strandgatan, est sans doute la rue la plus pittoresque de Visby.

➤ **LES REMPARTS*** *(**ringmuren**)*. Construits à partir de la fin du XIIIe s., ils forment un mur d'enceinte qui, pendant des siècles, a séparé Visby du reste de l'île. Le bâtiment le plus ancien, l'un des mieux conservés aussi, est **Kruttornet** *(près de Fiskarporten)*, une **tour de garde** édifiée au début du XIIe s., qui servit d'entrepôt de munitions au XVIIIe s., d'où son nom de « tour de la poudre ». Plus au N, tendez l'oreille vers la **tour de la Vierge** *(**Jungfrutornet**)* : selon la légende, Visby aurait été trahie en 1361 par une jeune fille amoureuse de Valdemar Atterdag. Pour punition, elle fut emmurée vivante dans la tour où l'on entend toujours ses gémissements ! Dans cette partie N-O de la cité se trouve le **Jardin botanique** *(**Botaniska trädgården**; Studentallén; ouv. toute l'année)*.

➤ **L'ÉGLISE ST-NICOLAS**** *(**Sankt Nicolai ruin**; Smedjegatan)*. Attachée au couvent des dominicains, elle eut pour prieur **Petrus de Dacie** (probablement né en 1230 et mort en 1289), fils de paysans et personnalité intellectuelle européenne de premier plan. L'église a été bâtie entre 1225 et 1270 puis agrandie. Une partie des voûtes subsiste dans les **ruines***. On notera que la **rosace** du portail S-E a été taillée dans un seul bloc de pierre.

➤ **L'ÉGLISE DU SAINT-ESPRIT**** *(**Helgeands ruin**; Hospitalgatan)*. Une impression étrange se dégage des ruines (XIIIe s.) de la majestueuse **nef octogonale** à 2 étages.

➤ **LA CATHÉDRALE**** *(**Domkyrkan**; Västra kyrkogatan)*. Témoignage de la puissance passée de la ville commerçante, elle fut consacrée en 1225. La partie haute servait de magasin pour le sel, le poisson, le goudron et les cordages. Son apparence actuelle témoigne des aménagements successifs qu'elle a subis. Ainsi, ses 3 **tours** sont romanes à la base, gothiques dans la partie haute et surmontées de flèches datant de l'époque baroque, tout comme la décoration intérieure, excepté les **fonts baptismaux** en marbre rouge du XIIIe s. Des **concerts** sont organisés régulièrement dans la cathédrale.

Visby et ses remparts. La fière cité hanséatique fut une plaque tournante du commerce entre l'Orient et l'Occident.

➤ **L'ÉGLISE STE-CATHERINE**** *(**Sankta Katarina kyrkan**; Stora Torget)*. Cet édifice des Franciscains élevé en 1233, et de style **roman** à l'origine, fut par la suite modifié en style **gothique**. Le chœur date probablement du XIIe s.

➤ ♥ **LE MUSÉE HISTORIQUE DE GOTLAND**** *(**Gotlands Fornsal**; Strandgatan 14; ouv. de 11h à 18h t.l.j. de la mi-mai à août; le reste de l'année: de 12h à 16h t.l.j. sf lun. ☎ (0498) 29.27.00)*. Situé dans un beau cadre ancien, il retrace l'histoire de l'île et de Visby depuis la préhistoire jusqu'aux temps modernes. Les deux tiers des trésors vikings de Suède ont été retrouvés dans l'île. Par ailleurs, ce sont ses habitants qui, les premiers, ont frappé systématiquement des monnaies. C'est dire si Gotland, malgré sa modeste superficie, a joué un rôle important par le passé. Le musée s'est enrichi d'une « **chambre au trésor** » *(**Skattkammare**)*, dont certains objets, notamment en or et en argent de l'époque viking proviennent du musée historique de Stockholm *(p. 168)*. Parmi les sculptures sur bois, admirez la **vierge d'Öja****. Les **pierres gravées** (du Ve s. au IXe s.), les collections de **vitraux** et d'**armes** du XIVe s., retiennent l'attention.

➤ **LA FALAISE AU GIBET** *(**Galgberget**; par la route 149)*. Au N-E de la ville se dresse cette falaise où subsistent les supports en pierre de ce qui fut un lieu d'exécution jusqu'en 1840.

Lummelunda

➤ *À 15 km de Visby par la route 149.*

Les **grottes de Lummelunda*** *(ouv. de mai à sept. visite guidée ☎ (0498) 27.30.90 ou 27.30.50)* aux impressionnantes formations rocheuses, comporteraient quelque 7 km de galeries. Dans le village même, ne manquez pas de jeter un coup d'œil sur la charmante **église*** : portail sculpté, fresques de la fin du XVe s., retable baroque.

Gotland, terre d'art sacré

La Madone d'Öja, (XIIIe s.), exposée au musée historique de Visby. Son sourire, mystérieurement mélancolique, rappelle celui de la Joconde.

Les pays nordiques offrent des trésors, souvent méconnus, d'art sacré médiéval. En Suède même, l'île de Gotland, malgré ses dimensions réduites, se taille la part du lion.

L'âge d'or : du XIIe au XIVe s.

Après l'évangélisation musclée opérée par le roi norvégien saint Olav, mort en 1030, le christianisme s'implante solidement à Gotland. Toutefois, c'est à la fin du siècle suivant que l'architecture religieuse connaît un véritable essor. Dès 1164, des moines cisterciens, rattachés à Clairvaux, fondent à Roma le monastère de Guthnalia, à 20 km au sud de Visby. Par la suite, les églises se multiplient, souvent à proximité d'un ancien lieu de culte païen, et cette fièvre bâtisseuse se prolonge jusqu'au milieu du XIVe s.

Une ère de prospérité

Ce remarquable essor va bien entendu de pair avec une situation économique longtemps florissante. Visby l'opulente, plaque tournante du commerce international, figure parmi les toutes premières cités du monde à la fin du XIIe s. La richesse engendrant la richesse, rien n'est plus naturel, en cette période de foi intense, que d'en réinvestir une partie à des fins religieuses. Rien qu'à Visby, se dressent 17 églises. Hors des murs de la ville, les paysans-négociants, prospères eux aussi, ne veulent pas être en reste. Les églises paroissiales qu'il font édifier revêtent souvent l'aspect de petites cathédrales rurales, richement décorées. Les villages rivalisent à qui détiendrait la plus grande église ou l'intérieur le plus somptueux. Toutes ou presque sont reconstruites ou agrandies, moins par nécessité que sous l'effet de cette émulation. De hautes tours à galeries, et parfois des tours de défense, viennent s'ajouter à l'édifice primitif.

Église St-Nicolas à Visby. Il se dégage une atmosphère puissante des ruines de cette église qui fut rattachée à l'origine à un monastère dominicain.

Une succession de styles

Roman d'abord, gothique ensuite, enrichi ultérieurement par des apports baroques, l'art sacré gotlandais est constamment soumis aux influences internationales, et

Cathédrale de Visby. Ses tours résument l´évolution de l´architecture religieuse de l'île de Gotland : romanes à la base, gothiques dans la partie supérieure, baroques au niveau des clochers.

reflète l´évolution de l´architecture religieuse européenne. La période qui marque la transition du roman au gothique, à partir de 1230 env., est particulièrement intéressante. L´île connaît alors la paix, l´argent coule à flots, et l´on construit des églises plus claires, plus élancées avec des voûtes en arc brisé.

Fresques et vitraux

Livres d´images destinés à l´éducation du peuple, les fresques murales qui ornent la plupart des édifices présentent un mélange savoureux de motifs bibliques et de scènes réalistes de la vie quotidienne. Les fonts baptismaux, exécutés en grès, constituent également une spécialité gotlandaise qui s'exporte dans toute l'Europe du Nord. Les vitraux, autre point fort des artistes gotlandais, ornent le plus souvent les larges ouvertures pratiquées dans les murs sud et ouest, la facade nord étant en général aveugle, car c´est du septentrion que souffle l´esprit du mal.

Un patrimoine à sauver

Par la suite les églises se détériorent et tombent dans l'oubli. On les utilise comme magasins, granges ou porcheries, et l´on ne fait guère cas des objets qu´elles renferment. La Madone d´Öja, exposée aujourd'hui au musée historique de Gotland *(p. 129)*, aurait ainsi été recouverte de peinture marron au XIXe s. Pourtant, c´est également à cette époque que s´opère la redécouverte de ce patrimoine unique. Un travail de restauration s´amorce, parfois mené à la hussarde, le plus souvent respectueux des trésors qu´il faut sauver. Aujourd´hui, chacun reconnaît à l´art gotlandais une place de choix dans l´héritage culturel suédois et européen. Reste à assurer le financement nécessaire à son maintien.

Christ en croix de l'église d'Öja (fin du XIIIe s.).

Le nord de l'île

➤ *Circuit de 60 km au départ de Visby par la route 148; 1 jour.*

L'église de Bro** et ses environs

Son **portail****, sculpté vers 1300, est de toute beauté. Le **chœur** date du milieu du XIIIe s. À l'**intérieur**, contemplez les **fresques** autour de l'arc triomphal.

À 2 km de Bro, **Tingstäde*** possède l'une des 16 plus grandes églises de l'île, construite de 1169 à 1300 environ. Le style **roman** y est dominant. La **tour** est ornée de **fresques** et de galeries à arcades. Admirez les **fonts baptismaux** sculptés du XVIIe s.

L'église de Lärbro*

➤ *À 24 km de Tingstäde par la route 148.*

Édifiée dans la deuxième moitié du XIIIe s. en style **gothique**, elle comporte une étonnante **tour** octogonale. Une autre tour fortifiée, située à l'extérieur, faisait fonction de beffroi.

L'église de Bunge**

Elle abrite d'admirables ♥ **fresques*****, probablement peintes par un artiste balte à l'époque des chevaliers teutoniques. On reconnaît notamment la Passion, la Jérusalem céleste, l'Homme de Douleurs, saint Christophe, le Christ en majesté. Le village possède également un **musée de plein air*** (***Friluftsmuseum****; ouv. t.l.j. de juin à août)* composé de fermes, moulins, forges, scieries, granges qui évoquent bien la vie traditionnelle à Gotland. On peut y voir aussi d'intéressantes **pierres gravées** de l'époque viking.

Fårösund

Vous voici dans une ancienne zone militaire dont l'accès était limité. On peut désormais y prendre le bac pour l'île de **Fårö,** chère à Ingmar Bergman *(voir encadré ci-dessous).*

Fårö, île envoûtante

Fårö est une petite île venteuse, au charme ensorcelant, sur laquelle ont résidé des célébrités comme **Olof Palme** ou **Ingmar Bergman**. Ce dernier y a tourné certains de ses films. Ces terres déchiquetées et parsemées de lacs offrent au regard d'impressionnants ***raukar*** (aiguilles rocheuses de calcaire), de longues plages bordées de dunes et de pins, des bergeries et de nombreux moutons à poil long, typiques de l'île. En chemin vers l'**église**, des **bateaux-tombes** de l'âge du bronze renforcent l'atmosphère étrange du paysage. L'**église** elle-même, dont la fondation remonte au XIIe s., ne ressemble pas à celles de Gotland. Située sur une hauteur, elle occupe un très beau site. Seule la **tour** date du Moyen Âge, le reste du bâtiment ayant été construit en 1858. À l'**intérieur**, contemplez les **tableaux votifs** des XVIIe et XVIIIe s. : ils racontent notamment comment des chasseurs de phoques dérivant sur des glaces flottantes furent miraculeusement sauvés.

Bac au départ de Fårösund, départ toutes les 1/2 h, toute l'année.

La côte est

➤ *Circuit de 100 km au départ de Lärbro par la route 147.*

Autour de Slite

Slite est la deuxième ville de Gotland, elle abrite un **port** important et des cimenteries. La côte offre une dizaine de sites de ***raukar***, étranges aiguilles rocheuses constituées de calcaire corallien, dont **Sankt Olofström**, **Lergrav** et **Kyllaj** : découvrez-les de préférence au lever et au coucher du soleil.

En suivant la route 146 au S de Slite, on passe à proximité d'une **tombe** *(**Tjelvars grav**)*, vestige de l'âge du bronze remontant à la période 1000-300 av. J.-C.

L'église** de Gothem et ses environs

Fortifiée au XIIIe s., elle est ornée de remarquables **fresques** où l'on reconnaîtra le sphinx, l'aigle, le centaure enfonçant un pieu dans le corps du dragon, des scènes de l'enfance du Christ et de la Passion, des représentations des mois de l'année.

Entre la route 146 et la côte, le site de **Trullhalsar*** occupe une pinède. Il s'agit du plus **grand champ de tombes** de l'île : celles-ci datent du début de notre ère. Plus au sud, les **églises d'Anga*** et de **Kräklingbo** renferment plusieurs **fresques.** Du XIIIe s. et du XVe s., celles d'Anga évoquent l'enfance du Christ, saint Georges et le dragon, les Apôtres… Celles de Kräklingbo ont souffert d'une restauration brutale.

La forteresse de Torsburgen**

➤ *Sur la route qui mène à Katthammarsvik, par un chemin à dr.*

Au milieu de la forêt, on découvre les **ruines** imposantes de cette forteresse, construite sur un éperon rocheux et protégée sur 2 km par un mur de près de 7 m de haut et de 24 m de large. Elle a probablement été édifiée à l'âge des grandes migrations, au VIe s.

♥ Katthammarsvik

Ce charmant port de pêche occupe un cadre idyllique. Ne manquez pas d'y déguster du hareng de la Baltique à l'oignon et aux épices.

Vers Ljugarn

Au N de Ljugarn, par la route côtière, **Folhammar** présente d'impressionnants champs de ***raukar*** *(aiguilles rocheuses)*. Peu après, on atteint la plus ancienne station balnéaire de l'île.

L'église de Lau**

➤ *Par la route 144, puis prendre, à g., la route secondaire.*

Construite au XIIIe s., agrandie au XIVe s., elle conserve un **intérieur**** somptueux, de la taille d'une cathédrale, qui paraît inchangé depuis le Moyen Âge. L'**autel**** et le **crucifix**** du XIIIe s. sont remarquables.

Stånga

➤ *à 10 km de Lau ; sur la route 144.*

Ce village est le théâtre des olympiades de Gotland *(**Stångaspelen**)*, le 2e week-end de juillet *(voir aussi encadré p. 144)*. Ce **pentathlon** archaïque est issu d'une ancienne tradition. Intérêt ethnographique et ambiance garantis !

L'église de Rone*

Construite au XIIIe s., c'est l'une des plus charmantes de l'île. Elle marque la transition entre le

Formations rocheuses tourmentées, les raukar *donnent aux rivages de l'île de Gotland une allure étrange, voire fantastique sous certains éclairages. Ici, Hoburgen.*

roman et la gothique. Son élégance, l'allure de ses hautes **voûtes**, son **portail** finement ouvragé la rendent infiniment séduisante.

L'église de Grötlingbo*

Le sanctuaire (XIVe s.) abrite des **statues** et des **vitraux** de la même époque. Sa façade est décorée de **bas-reliefs** du XIIe s., donc antérieurs à sa construction.

Kattlundsgård*

Au S de Grötlingbo, cette grande ferme date du XIIIe s. C'est l'une des plus anciennes de Suède. Elle a été agrandie à la Belle Époque. Par le mélange des styles, elle présente la synthèse un peu monstrueuse, mais assez fascinante, de l'**architecture gotlandaise** à travers les âges.

L'église d'Öja**

➤ *À 10 km de Kattlundsgård par la route 142.* Elle conserve des **fresques** et un **crucifix**** de la fin du XIIIe s. La **nef** et les collatéraux datent du XIIIe s. On n'y verra que la copie de la célèbre ***Vierge d'Öja*** *(voir illustration p. 129)*, l'original étant exposé à Visby, au musée historique de Gotland *(p. 129)*.

L'église de Vamlingbo**

Cet impressionnant sanctuaire à **trois nefs** fut bâti au XIIIe s. On y verra des **fresques** monumentales et un **retable** du XIVe s.

Le vieil homme de Hoburg* (Hoburgsgubben)

À la pointe S de l'île se dresse un superbe ***rauk***, qui évoque une silhouette humaine. Nombreuses sont ces formations calcaires dans le paysage du Gotland. Selon la légende, un vieil homme habitant dans une grotte avoisinante aurait été frappé d'un mauvais sort et pétrifié.

La côte ouest

➤ *Circuit de 80 km au départ de Burgsvik par la route 140; 1 jour.*

L'église d'Hablingbo**

À l'origine romane, elle fut remplacée par un édifice plus vaste. On peut y voir de beaux **portails** sculptés par le tailleur de pierre Egypticus (milieu du XIVe s.). Sur le **tympan**, on distingue le Christ en majesté et Caïn et Abel. À l'**intérieur**, des chapiteaux évoquent Hathor en Égypte.

L'église de Fröjel*

Elle abrite un **crucifix triomphal**** joliment sculpté et de très anciens **fonts baptismaux** (XIIe s. et XIVe s.). La **nef** date du XIIe s., la tour du **clocher** du XIIIe s. Les murs et les voûtes sont ornés de fresques.

Klintehamn

➤ *Informations pratiques* p. 143.

Cette petite station balnéaire permet de relier en 45 mn l'île de **Stora Karlsö** *(excursion d'1 journée, de début mai à fin août, départ t.l.j.; rens.* ***Karlsötrafiken*** *☎ (0498) 24.05.00)*, une **réserve naturelle** qui ravira les amateurs de botanique et d'ornithologie.

Précieuses orchidées

Multiplicité et diversité caractérisent la flore suédoise. C'est surtout au printemps qu'on peut voir le plus de fleurs sauvages : hépatiques, anémones des bois, ficaires, muguets, lupins... Dans les îles d'Öland et de Gotland, ainsi que dans certaines parties des *fjälls*, poussent de nombreuses espèces d'orchidées, favorisées par des sols rocheux calcaires et un climat doux. On ne compte pas moins de 35 variétés différentes à Gotland.

Tofta

➤ *Informations pratiques* p. 144.

À 15 km de Klintehamn et 18 km de Visby, cette **plage** est très populaire. On y pratique la planche à voile et le tennis (logement à proximité immédiate).

L'Östergötland***

➤ *Itinéraire de 250 km au départ de Söderköping; 2 jours.*

La province d'Östergötland, ou Gothie orientale, débute à Söderköping. Elle est bordée, à l'est, par la mer Baltique et, à l'ouest, par le magnifique lac Vättern. Deux canaux permettent de se faire une idée de la variété des paysages. Le Göta Kanal, entre Söderköping et Motala, traverse champs et prairies; le Kinda Kanal pénètre dans des paysages parsemés de manoirs où dominent les lacs et les forêts. L'Östergötland est une vieille terre de culture, ce dont témoigne son patrimoine, notamment le château de Lövstad et les cités de Vadstena et Linköping, capitale administrative de la province.

Söderköping*

➤ *À 100 km de Västervik par la route E 22.* ***Informations pratiques*** *p. 149.*

Cette petite ville d'eau d'Östergötland a joué un rôle historique, religieux et commercial important au Moyen Âge. Elle a gardé son cachet ancien, et une promenade s'impose dans ses ruelles bordées de canaux.

➤ **Le musée de plein air** (***St Ragnhilds Gille stadshistoriska museum****; Gamla Skolgatan 6; ouv. t.l.j. de mi-juin à mi-août de 11 h à 17 h; le reste de l'année du lun. au jeu. de 9 h à 12 h ☎ (0121) 214.84).* Au cœur de la cité, il donne un intérêt supplémentaire à cette balade: il présente de vieilles fermes et les traditions populaires locales.

➤ **L'église St-Lars** (***Sankt Laurentii kyrka****; Prästgatan).* Construite au XIIIe s. en style gothique de type hanséatique, elle présente des **pignons** sculptés très ouvragés. L'impressionnant campanile date du XVIe s., tout comme l'autel.

➤ **L'église de Drothem** (***Drothemskyrkan****; Drothemsgatan).* Plus modeste, et probablement un peu plus ancienne, elle abrite un intéressant **retable** du XVe s.

Norrköping*

➤ *À 17 km de Söderköping par la route E22.* ***Informations pratiques*** *p. 147.*

La ville est devenue au XVIIe s. la capitale du textile sous l'impulsion de **Louis de Geer**, entrepreneur et maître de forges, originaire d'Amsterdam. Au XIXe s., Norrköping assurait jusqu'à 80 % de la production du pays. Les filatures ont quasiment disparu dans les années 1970, mais la ville a su se reconvertir en se tournant vers l'exportation.

➤ **Le parc Karl-Johan*** *(à la sortie de la gare).* Orné d'une statue de Bernadotte *(voir encadré p. 50)*, il est célèbre pour ses quelque 25 000 cactées. Sur la droite, l'**hôtel de ville** (***Stadshuset***) a été construit en 1802.

➤ **Drottninggatan**. Passé la rivière Motala Ström, c'est l'artère principale la plus animée. À mi-chemin, à dr. sur **Gamla Torget**, se dresse la statue du grand manufacturier Louis de Geer, sculptée par Carl Milles.

➤ **Le Musée municipal*** (***Stadsmuseet****; Västgötagatan 19; ouv. du mar. au ven. de 10 h à 17 h, jeu. jusqu'à 20 h, sam. et dim. de 11 h à 17 h ☎ (011) 15.26.20).* Installé sur un site où s'élevaient jadis des usines, il retrace l'évolution industrielle de la ville.

➤ **LE MUSÉE DU TRAVAIL*** *(**Arbetets museum**; Laxholmen; ouv. t.l.j. de 11h à 17h ☎ (011) 18.98.00).* Situé face au musée précédent, cet établissement constitue une sorte d'écomusée le long de la rivière. Il évoque la vie du travail et ses conflits dans cette ville que l'on a appelée la « Manchester suédoise » *(plan du musée à l'ℹ p. 147).*

➤ **LE MUSÉE D'ART*** *(**Konstmuseet**; Kristinaplatsen; ouv. de juin à août du mar. au dim. de 12h à 16h, jusqu'à 20h le mer.; le reste de l'année: du mar. au dim. de 11h à 17h, jusqu'à 20h mar. et jeu. ☎ (011) 15.26.00).* Il recouvre plusieurs départements: **archéologie** et histoire locales, **ethnographie** des mers du Sud, **peinture** et **sculpture** suédoises du XVIIIe s. à nos jours. Les pionniers du **modernisme** au début du siècle, Carl Larsson, Grünewald, Dardel, Arosenius, sont particulièrement bien représentés.

➤ **HIMMELSTALUNDSPARKEN**** *(à 5 km du centre ville; tramway n° 3).* Situé dans les faubourgs O de la ville, ce **parc** présente d'intéressantes **gravures rupestres**** de l'âge du bronze: près de 1 700 représentations de bateaux, personnages et animaux qui remontent à 3 000 ans.

Aux environs de Norrköping

À 20 km de Norrköping au N-E, le **parc naturel de Kolmården*** est un but de promenade très populaire et bénéficie d'un superbe cadre naturel. Dans le ♥ **zoo***, les animaux vivent sur de vastes espaces bien adaptés à leur mode de vie *(ouv. t.l.j. de 10h à 18h en pleine saison ☎ (011) 24.90.00).* On y trouve le seul parc « safari » de Suède, où l'on peut voir les lions de près. Le **delphinarium** est très apprécié des enfants.

Le château de Lövstad*

➤ ***Lövstad slott.** De Norrköping, suivez la route E4 sur env. 10 km, puis prenez à dr. Ouv. t.l.j. de juin à mi-août; le w.-e. en mai et durant la 2e quinzaine d'août. **Visites guidées** de 12h à 16 h.*

Achevé en 1686, il a été reconstruit au milieu du XVIIIe s. à la suite d'un incendie. Dans son **parc à l'anglaise** se dresse un monument à la mémoire d'Axel von Fersen qui essaya de sauver Louis XVI et sa famille. Les archives du château contiennent des documents historiques, dont des **lettres de Marie-Antoinette**. Les intérieurs, superbement décorés, donnent un aperçu de trois siècles d'arts décoratifs.

Linköping**

➤ *À 33 km du château de Lövstad par la route E4. **Informations pratiques** p. 146.*

Si le premier noyau urbain remonte à environ 700 ans, le site est occupé depuis le troisième millénaire. La cathédrale fut érigée dès le XIIe s. Son évêque était alors l'un des personnages importants du royaume, y compris sur le plan politique. En 1627 fut créé à Linköping l'un des premiers lycées du pays. La ville s'est modernisée en misant sur les industries du bois, du textile et de l'alimentation. Une étape décisive a été franchie dans les années 1930, avec l'implantation des **usines aéronautiques** SAAB.

♥ LA CATHÉDRALE***

➤ ***Domkyrkan**; Sankt Persgatan. Ouv. t.l.j. de 9h à 18h, sam. et dim. de 10h à 18 h.*

Il a fallu attendre la fin du XVe s. pour que la cathédrale soit achevée. De style gothique tardif, elle apparaît comme la synthèse réussie d'influences multiples: allemandes, mais aussi anglaises et picardes. Bien qu'élégante et spectaculaire, la **flèche** du XIXe s. est l'élément le moins intéressant de l'édifice. Sur le **portail** sculpté sont représentées des scènes de la vie du Christ. L'**intérieur** abrite des œuvres d'art du XIVe s. à nos jours. Les **chapiteaux** et **clés de voûte** présentent une statuaire pleine d'une imagination tempérée par un souci de réalisme. Voyez aussi le **crucifix** monumental du XIVe s., les **fonts baptismaux** du XVe s. et la **chaire** du milieu du XVIIIe s.

Les rues qui bordent la cathédrale, **Ågatan**, **Hunnebergsgatan** et **Sankt Persgatan**, ont gardé leur cachet. À l'O de l'édifice se dresse l'ancien **palais épiscopal** du XIIIe s., aujourd'hui résidence du gouverneur.

LE MUSÉE PROVINCIAL D'ÖSTERGÖTLAND**

➤ ***Östergötlands Länsmuseum**; Raoul Wallenbergs plats. Ouv. de juin à août t.l.j. sf lun. de 12h à 16h, jusqu'à 21h le jeu.; le reste de l'année: de mar. à jeu. de 12h à 21h, de ven. à dim. de 12h à 16h ☎ (013) 23.03.00.*

Il réunit des œuvres d'**art suédois et européen** de la Renaissance à nos jours: tableaux de Cranach, Rubens, Lorenzo Lotto, Boucher, Roslin, Ekström... Plusieurs départements sont consacrés à l'**archéologie** régionale, aux armes, aux meubles, aux vêtements et à l'artisanat d'art.

♥ LE MUSÉE DU VIEUX LINKÖPING**

➤ ***Gamla Linköping**; À 3 km à l'O par les **bus** n° 202 ou 211. Ouv. du lun. au ven. de 10h à 17h30, de 12h à 16h le w.-e. ☎ (013) 12.11.10.*

Ce remarquable **musée de plein air** est constitué de 70 **maisons** et **échoppes**, qui évoquent avec précision ce que fut la cité à partir du XVIIe s. jusqu'à la Belle Époque. Son charme tient pour une bonne part au fait qu'une cinquantaine d'artisans y vivent et y travaillent réellement.

LE MUSÉE DES AVIONS MILITAIRES

➤ ***Flygvapenmuseum**; Carl Cederströmsgatan, Malmslätt. **Bus** n° 213. Ouv. t.l.j. de juin à août de 10h à 17h; le reste de l'année: du mar. au dim. de 12h à 16 h.*

Ici est née SAAB, société qui était spécialisée à l'origine dans l'aviation militaire, dont le musée retrace l'évolution depuis 1912. C'est la plus importante collection de ce type en Suède, depuis les avions équipés de moteurs à hélice jusqu'aux avions actuels.

Vadstena**

➤ *À 48 km de Linköping par la route 206. **Informations pratiques** p. 150.*

Haut lieu de pèlerinage et de spiritualité, cette petite cité occupe une baie du lac Vättern. Elle a gardé son caractère médiéval, et l'on continue à y fabriquer de la **dentelle à la main**. La ville se découvre à pied, mais on peut aussi emprunter le petit **train touristique** qui démarre au château (***Slottet**; t.l.j. de juin à août*).

L'ANCIENNE ABBAYE DE STE-BRIGITTE***

L'ombre de sainte Brigitte *(voir encadré p. 44)*, grande personnalité internationale du XIVe s., canonisée en 1391 par le pape Boniface IV, plane sur Vadstena. Ses reliques furent transférées dans la cité devenue lieu de pèlerinage à partir du XVe s.

Le triptyque de sainte Brigitte, dans l'église abbatiale de Vadstena, a été réalisé à Lübeck au XVe s.

➤ **L'ÉGLISE ABBATIALE** (*Klosterkyrkan*). Consacrée en 1430, l'abbaye fondée par sainte Brigitte présente des lignes sobres. L'architecture, très dépouillée, reflète l'esprit de cet ordre, hostile à tout ornement superflu. À l'intérieur, le vaisseau à 3 nefs abrite d'admirables **sculptures*****, comme l'***Homme de douleur*** ou la ***Madone adorable***. Le retable du maître-autel vient de Bruxelles. Le **triptyque***** lübeckois (XVe s.) représente la sainte dont vous verrez le **tombeau**, derrière le maître-autel…

➤ **LE PALAIS DE LA FAMILLE BJÄLBO** (***Bjälboättens palats***; *ouv. t.l.j. de mai à sept. de 10h à 17h, jusqu'à 18h en juin et en août, jusqu'à 19h en juil.;* ***visites guidées*** *t.l.j. de juin à la 1re quinzaine d'août;* ***rens.*** ℹ ☎ *(0143) 315.70).* L'ancien fief de la famille Bjälbo fut accordé par le roi Magnus II à sainte Brigitte. Autour de l'édifice d'origine, elle fit bâtir le couvent, avec ses élégantes **salles voûtées** et ses **fresques** de la fin du XIVe s.

LE CHÂTEAU**

➤ ***Vadstena Slott.*** *Ouv. t.l.j. de 12h à 17h de juin à août, de 11h à 18h en juil.*

Gustave Vasa, le premier souverain luthérien, celui qui ordonna la sécularisation et la fermeture des couvents, jeta paradoxalement son dévolu sur la cité de Brigitte la catholique. À partir de 1545, il fit construire ce superbe monument Renaissance de style hollandais qui surplombe le lac à l'O. Le château abrite aujourd'hui les archives de la province et sert, en été, de **scène lyrique**.

Le long du lac Vättern

➤ *Par les routes 50 puis E4. Attention aux sens uniques, la route 50 qui suit le lac doit être empruntée dans le sens S-N.*

La nature déploie ses charmes entre Vadstena et Ödeshög. À g., le lac Tåkern intéressera les amateurs d'oiseaux, surtout au moment des grandes migrations de printemps et d'automne, car il sert d'étape à près de 250 espèces.

♥ Le mont Omberg**

➤ ℹ *et cartes au Naturum Omberg. Ouv. t.l.j. en mai de 10h à 16h et de juin à août t.l.j. de 12h à 18h* ☎ *(0144) 33.245.*

➤ **Borghamn** *(à 12 km de Vadstena; quittez la route 50 à Rogslösa).* Ce joli petit village s'est fait une spécialité du **lavaret fumé** *(**rökt sik**).* Vous voici au pied du mont Omberg (263 m), l'une de ces montagnes magiques qui a suscité de nombreuses légendes. Cette zone naturelle est l'une des plus belles de toute la Suède méridionale. De nombreux **sentiers balisés** sillonnent le massif où l'on découvre de nombreuses **orchidées**. L'hiver, on y pratique le ski.

➤ **Alvastra** *(au S du massif, sur la route 50).* On découvre ici les **ruines d'un couvent** cistercien, fondé en 1143, qui fut pendant quatre siècles un centre ecclésiastique très actif.

➤ **La pierre de Rök*** *(**Rökstenen**; suivre la route 50 jusqu'à Väversunda, puis prendre à g. route secondaire).* Rök, dit-on, est la plus belle **pierre runique** du monde. Ce bloc de granit de 2,50 m de haut, probablement dressé au IXe s., présente une longue inscription en sept sortes de runes. Le sens en demeure énigmatique, malgré les efforts des savants.

La route E4 conduit ensuite à **Ödeshög** puis longe le **lac Vättern** à travers des paysages magnifiques. Nous pénétrons à présent dans le N du Småland.

Les plateaux du Småland

➤ *Itinéraire de 160 km au départ de Gränna; 1 jour.*

Les hautes terres du Småland constituent un vaste plateau, peu peuplé et couvert de forêts. Si l'altitude n'est jamais très élevée, les paysages rencontrés révèlent une nature plus sauvage que dans le reste de la Suède méridionale.

Gränna*

➤ *À 26 km d'Ödeshög par la route E4. **Informations pratiques** p. 145.*

Adossée à une falaise rocheuse au bord du lac Vättern, Gränna est une petite ville aux ruelles pittoresques, bordées de maisons en bois. Des artisans y ont pignon sur rue, ainsi que les confiseurs qui fabriquent le ***polkagris***, un sucre d'orge rouge et blanc.

➤ **Le musée Andrée** *(**Andréemuseet**; Brahegatan 38; ouv. t.l.j. de 10h à 17h de la mi-mai à août; le reste de l'année: t.l.j. sf sam. de 12h à 16h ☎ (0390) 410.15).* Ici sont rassemblés les documents que l'ingénieur avait sur lui, lors de son expédition mortelle au pôle Nord, en 1930. Autre manière de rendre hommage à l'explorateur: on peut survoler la ville et la région en **ballon dirigeable** *(**rens.** ⓘ, p. 145).*

➤ **Les ruines du château** *(**Brahehus**; au bord de la route E4).* Au XVIIe s., la famille Brahe régnait sur cette contrée. Per Brahe fit construire cette demeure au milieu du XVIIe s.. Le château devint un pavillon de chasse jusqu'à l'incendie de 1708. Vous découvrirez les **ruines** sur les hauteurs, où l'on jouit de très belles **vues*** sur le lac.

L'île de Visingsö*

➤ *À 6 km au large de Gränna par le bac. Nombreux départs quotidiens, 20 mn de trajet (voir p. 145).* ***Informations pratiques*** *p. 151.*

Sur le bac, vous pouvez embarquer votre voiture, à moins d'explorer Visingsö en louant un vélo ou en utilisant les vieilles voitures à cheval *(**Remmalag**)* qui proposent un tour de l'île. Près du port *(**Hamnen**)*, le microclimat a permis la création d'un remarquable jardin botanique. Aujourd'hui, un millier d'agriculteurs vivent sur l'île.

➤ **Les ruines du château de Visingsborg** *(non loin du débarcadère)*. Des prisonniers de guerre ont été enfermés dans ce château sous le règne de Charles XII (1697-1718), alors que l'île jouait un rôle important. Visingsborg fut une des pièces maîtresses de l'empire de Per Brahe, où sa famille habita à la fin du XVIIe s.

➤ **L'église Brahe** *(**Brahekyrkan**)*. Reconstruite dans les années 1630, elle conserve de beaux **objets d'art** de cette époque et d'autres plus anciens, provenant de l'église primitive.

➤ **Les ruines du château de Näs** *(**Näs slott**)*. À la pointe S de l'île, plusieurs rois ont résidé dans ce château en ruine, dont Magnus Ladulås à la fin du XIIIe s. Selon les sagas islandaises, c'est là que l'État suédois conservait une grande partie de ses richesses.

➤ **Les tombes préhistoriques.** Nombreuses, elles rappellent que Visingsö fut un lieu de peuplement très ancien. De fait, l'île compte 860 **vestiges archéologiques** datant de néolithique, de l'âge du bronze, de l'âge du fer et de la période viking.

À la conquête du pôle Nord

Gränna a vu naître l'ingénieur Andrée qui, en 1897, essaya d'atteindre le pôle Nord en ballon. Avec deux compagnons, il partit de la région du Spitzberg, mais l'expédition échoua. Dans les années 1930, on retrouva les restes parfaitement conservés des membres de l'expédition. Les carnets de route étaient intacts et on put même développer les pellicules.

Jönköping*

➤ *À 39 km de Gränna par la route E4.* ***Informations pratiques*** *p. 145.*

Carrefour par excellence, Jönköping fut très tôt un important comptoir commercial et un foyer actif du christianisme. Le roi Magnus Ladulås lui accorda sa charte municipale en 1284. Le nom de la ville est avant tout associé à la fabrication des fameuses **allumettes** de sûreté suédoises, brevetées en 1844, exportées depuis dans le monde entier. Ne manquez pas de goûter à la spécialité locale, l'omble chevalier du Vättern *(**Vätterröding**)* qui figure sur la carte des restaurants.

➤ **Le musée des Allumettes** *(**Tändsticksmuseet**; Tändsticksgränd 27; ouv. t.l.j. de juin à août de 10h à 17h, jusqu'à 15h sam. et dim.; le reste de l'année: mar. à jeu. de 12h à 16h, sam. et dim. de 11h à 15h)*. Installé dans l'un des bâtiments historiques de la célèbre fabrique d'allumettes, il retrace l'histoire de cette invention. Jetez un coup d'œil à sa formidable collection d'**étiquettes**, souvent pleines d'originalité.

➤ **Tour de ville.** À l'est de la gare, l'**église Christine** *(**Kristina kyrkan**; Östra Storgatan)*, et la **cour d'appel** *(**Göta Hovrätt**; Hovrättstorget)* datent de la seconde moitié du XVIIe s. Leur construction fut initiée par Erik Dahlberg, gouverneur de la province et architecte de talent, adepte du style baroque. Du côté ouest, le **parc de l'hôtel de ville** *(**Rådhusparken**)* est une oasis en pleine ville, avec ses massifs et ses nombreuses sculptures. Un peu plus loin se trouve le **parc municipal** *(**Stadsparken**; ouv. t.l.j. de juin à août, de 11 h à 17 h)*. Les amateurs d'ornithologie peuvent visiter le **musée des Oiseaux** *(**Fågelmuseet**; Stadsparken ☎ (036) 10.50.00)* qui présente 1 400 spécimens d'oiseaux empaillés.

➤ **Le musée de la Province**** *(**Länsmuseet**; Dag Hammarskölds plats; ouv. t.l.j. sf lun. de 11 h à 17 h, jusqu'à 20 h le mer. ☎ (036) 30.18.00)*. Ce musée retrace l'histoire de l'**exploitation du fer** dans la région. Il expose également des **vestiges archéologiques**, de la **céramique**, ainsi que des œuvres d'art. Si vous avez une âme d'enfant, vous serez séduit par la section consacrée au peintre **John Bauer** (1882-1918), merveilleux illustrateur des légendes populaires du pays.

Le **mont Taberg*** *(à 8 km au S de la ville)* culmine à 343 m. Du sommet, on a une **vue** magnifique sur le lac et la région.

Växjö*

➤ *À 81 km au S de Jönköping par la route 30. **Informations pratiques** p. 151.* Cette ville de 70 000 hab. abrite de beaux bâtiments du XIXe s. Siège épiscopal dès 1172, Växjö eut pour évêque, au siècle dernier, le célèbre poète **Esaias Tegnér**. Autre gloire littéraire, **Pär Lagerkvist**, prix Nobel 1951, est né dans cette cité, où son père était cheminot.

➤ **La cathédrale.** Construite au début du XIIe s., elle a beaucoup de charme avec ses minces **flèches** élancées. À l'intérieur, **vitraux** et **mosaïques** modernes.

➤ **Le musée provincial du Småland*** *(**Smålands Museum**; Södra Järnvägsgatan 2 ☎ (0470) 451.45; ouv. de 11 h à 18 h, jusqu'à 16 h le w.-e., f. le lun. sf de juin à août)*. Il est consacré à l'**histoire**, à l'**archéologie**, aux **traditions populaires** et à l'artisanat, notamment au travail du verre. On trouve ici de magnifiques collections de **verrerie d'art**, étrangères et suédoises, de la fin du XVIe s. à nos jours.

➤ **La maison des Émigrants*** *(**Utvandrarnas hus**; Museiparken, Vilhelm Mobergs gata 2; ouv. de 9 h à 18 h de juin à août, de 11 h à 16 h le w.-e.; le reste de l'année: de 9 h à 16 h du lun. au ven., f. le w.-e. ☎ (0470) 201.20)*. Cette maison retrace les destinées de ceux qui ont émigré vers l'Amérique au siècle dernier. Elle abrite aussi un **centre de recherches** sur l'émigration. On y trouve de nombreux souvenirs de **Vilhelm Moberg** (1898-1973), écrivain prolétarien qui a fait revivre de manière épique l'odyssée des Smålandais contraints à l'exil.

De Växjö, vous pouvez regagner Hässleholm et la Scanie *(p. 68)* par la route 23.

Emmaboda (36121)

Indicatif téléphonique (0481)
ℹ *Emmaboda turistinformation, Stationhuset, Järnvägsgatan ☎ 181.00.*

Auberge de jeunesse

STF Vandrarhem Boda, Gamla skolan ☎ 242.30. *48 lits.* Dans une ancienne école, située près de la verrerie. Baignade, pêche et tennis dans un rayon de 500 m. *Ouv. de mai à oct.*

Camping

Boda, Bruksgatan ☎ 242.06. Baignade, pêche. *Ouv. de mai à mi-sept.*

Verrerie

Boda Glasbruk, sur la route 25 ☎ 240.30. *Ouv. du lun. au ven. de 9h à 18h, sam. de 10h à 16h, dim. de 12h à 16h.*

L'île de Gotland

Accès

➤ **En avion.** Au départ de **Stockholm-Arlanda**, une douzaine de vols par jour vers Visby (40 mn). Au départ de **Norrköping**, liaisons directes également.

➤ **En bateau.** Le port de **Nynäshamn** est relié par car et train à Stockholm. Il propose **2 départs par jour** vers Gotland, traversée en 5 h *(6 h 30 la nuit).* En outre, un **catamaran** relie Visby, en 2 h 40, 3 fois par j. en haute saison (tarif plus élevé). Depuis le port d'**Oskarshamn** *(p. 125)*, plusieurs départs par jour toute l'année, vers Visby : env. 4 h de traversée *(6 h la nuit).* **Rens. et réservation** chez tous les voyagistes et auprès de **Destination Gotland** ☎ (0498) 20.10.20.

Burgsvik

Indicatif téléphonique (0498)
ℹ *Hoburgsvägen 37 ☎ 49.78.45. Ouv. toute l'année.*

Marché

Tout près de l'église, un marché animé se tient les **sam. de juil.** : spécialités locales, artisanat, animation musicale. C'est un petit marché rural.

ℹ Offices de tourisme régionaux

➤ **Blekinge turism**, Öjavadsvägen 2, 37636 **Svängsta** ☎ (0454) 346.22 ; fax 346.11. **E-mail** : info@blekingeturist.com **Internet** : www.blekinge-turism.com

➤ **Gotlands turistförening**, Box 1403, 62125 Visby ☎ (0498) 20.17.00 ; fax 20.17.17. **E-mail** : info@gtf.i.se **Internet** : Gotland.se

➤ **Smålands turistråd**, Box 1027, 55111 **Jönköping** ☎ (036) 19.95.70, 19.95.71 ou 19.95.72 ; fax 71.43.01. **E-mail** : smalandsturistrad@f.komforb.se **Internet** : www.smalandsturism.com

Klintehamn

Indicatif téléphonique (0497)
ℹ ☎ *24.08.80. Ouv. l'été.*

Hôtel

▲ **Pensionat Warfsholm** ☎ 24.00 10. *26 ch.* Situé 1 km au N de Klintehamn en bord de mer. *Ouv de mi-mai à mi-août.* Restaurant. Pension de famille dans un beau cadre naturel, atmosphère détendue. Chambres simples mais confortables.

Camping

Warfsholm. Ce terrain est une annexe de l'hôtel du même nom ☎ 24.00.10. *Ouv de mi-mai à mi-août.* Pêche, navigation de plaisance.

Ljugarn

Indicatif téléphonique (0497)
ℹ *Hallute rastplats ☎ 49.34.60. Ouv. l'été.*

Hôtel

▲ **Ljugarns Badpensionat** ☎ 49.32.05. *22 ch. Ouv. l'été.* Petit hôtel familial en bord de mer.

Fêtes et manifestations

➤ **JUIN. Journées de la Hanse** à Visby (1re quinzaine du mois).

➤ **JUILLET. Joutes de Stånga** (1re quinzaine du mois). **Festival d'orgue** et **journées de jazz** (1re quinzaine du mois). **Festival de musique de chambre** à Visby (à la fin du mois).

➤ **AOÛT. Semaine médiévale** à Visby (1re quinzaine du mois). Lors de cette reconstitution qui évoque l'invasion danoise de 1361, les rues se remplissent de saltimbanques et musiciens costumés. Des joutes sportives rappellent les combats d'antan, et le roi Valdemar en personne fait son entrée le soir.

AUBERGE DE JEUNESSE

Vandrarhem Strandridaregården ☎ 49.31.84. *29 lits.* À 200 m du port de plaisance. Ici résida l'ancien intendant des douanes. Petit musée à l'étage (*de juin à fin août).*

Tofta Strandbad

Indicatif téléphonique (0497)

HÔTEL

▲▲ **Toftagården** ☎ 29.70.00 ; fax 26.55.66. *78 ch.* À 500 m de la plage. Bonne table, sauna, piscine.

CAMPING

Tofta ☎ 29.71.02. En bord de mer. Pêche, sports nautiques, golf. *Ouv. de mi-mai à fin août.*

Visby (62125)

Indicatif téléphonique (0498)
ℹ *Hamngatan 4* ☎ *20.17.00.*

HÔTELS

▲▲▲ **Wisby**, Strandgatan 6 ☎ 20.40.00 ; fax 21.13.20. *134 ch.* Ce bel hôtel confortable occupe une demeure historique du XIIIe s. Parking, piscine, sauna.

▲▲▲ **Strand Hotel**, Strandgatan 34 ☎ 21.26.00 ; fax 27.81.11. *110 ch.* Hôtel bien situé. Restaurant, parking, piscine, sauna. Certaines ch. avec vue sur la mer.

▲▲ **Villa Borgen**, Adelsgatan 11 ☎ 27.99.00 ; fax 24.93.00. *18 ch.* Petit hôtel plaisant situé dans une rue commerçante. Restaurant, parking, sauna.

▲▲ **Donnersplats**, Donnersplats 6 ☎ 21.49.45 ; fax 21.49.44. Au cœur de la ville. Pas de parking.

▲▲ **St-Clemens**, Smedjegatan 3 ☎ 21.90.00 ; fax 27.94.43. *32 ch.* Bon établissement central. Parking, sauna, charmant jardin. Petit déj. seulement.

▲ **Hamn Hotellet**, Färjeleden 3 ☎ 20.12.50 ; fax 20.12.70. *80 ch.* Hôtel simple, mais bien situé, sur le port. Petit déj. seulement.

AUBERGE DE JEUNESSE

Vandrarhem Västerhejde, Toftavägen ☎ 26.49.95. *60 lits.* À 5 km au S de Visby. Restaurant, barbecue. *Ouv. d'avr. à sept.*

CAMPINGS

Norderstrand ☎ 21.21.57. En bord de mer, à 2 km au N de Visby. Baignade, pêche, golf. *Ouv. de juin à août.*

Snäcks ☎ 21.17.50. À 6 km au N de Visby, en bord de mer, près d'un complexe touristique important (installations sportives). Pêche, sports nautiques, golf. *Ouv. de mai à sept.*

Fritidsanläggningen Kneippbyn ☎ 29.61.50. À 3 km au S de Visby, en bord de mer. Parc d'attractions et plusieurs piscines. Sports nautiques, pêche, golf, location de bicyclettes. *Ouv. de mai à août.*

SHOPPING

Visby demeure fidèle à sa tradition marchande comme l'atteste son **artisanat** (poterie, tricots à motifs traditionnels, peau et laine de mouton). On trouvera notamment de jolies **boutiques** dans **Adelsgatan** et **Sankt Hansgatan**. Le **marché en plein air** se tient à Stora Torget.

TÉLÉPHONE UTILE

Aéroport Visby flygplats ☎ 26.31.00. À quelques km de la ville (taxis).

Gränna (56322)

Indicatif téléphonique (0390)

Gränna Turistbyrå, Brahegatan 38 ☎ 410.10; fax 102.75. Dans le musée Andrée.

Hôtels

▲▲ **Gyllene Uttern** ☎ 108.00; fax 418.80. *53 ch.* Un sympathique hôtel à l'allure de forteresse médiévale qui surplombe le Vättern. Restaurant, parking, sauna.

▲ **Grännagården**, Hamnvägen 2 ☎ 100.91. *9 ch.* Un petit hôtel avec restaurant et parking, situé près du port.

Adresse utile

Bateaux pour l'île de Visingsö. Hamnkontoret ☎ 410.25.

Jönköping (55189)

Indicatif téléphonique (036)

Juneporten, Västra Storgatan 16 ☎ 10.50.50; fax 12.83.00.

Hôtels

▲▲▲ **Klosterkungen**, Klostergatan 28 ☎ 10.08.00; fax 12.94.01. *101 ch.* Un établissement de premier ordre, confortable mais un peu anonyme. Restaurant, garage, piscine et sauna.

▲▲▲ **Stora Hotellet**, Hotellplan ☎ 10.00.00; fax 74.88.48. *110 ch.* Ce classique de la ville jouxte la gare. Restaurant et sauna.

▲▲ **Prize Hotel City**, Västra Storgatan 23-25 ☎ 71.92.80. *70 ch.* Très central, ce bon hôtel est parfaitement confortable. Restaurant, garage, sauna.

▲ **Good Morning**, Strömnäsgatan 3 ☎ 16.41.00; fax 16.41.03. *69 ch.* Simple et très convenable, cet établissement est situé à 2 km du centre. Parking, petit déj. seulement.

Auberge de jeunesse

Vandrarhem Rosendals Turistgård, Odengatan 10, Huskvarna ☎ 14.88.70. *150 lits.* Une grande auberge située dans un faubourg oriental de Jönköping, à proximité de la E4 N et du Vättern.

Camping

Rosenlund, Lilla björkhagen ☎ 12.28.63. A 4 km du centre vers l'E, bus n° 2 ou 4. Ce terrain situé au bord du Vättern, entre Jönköping et Huskvarna, près de la E4 N, propose également chalets et chambres. Espace vert, situé près du lac.

Kalmar (39120)

Indicatif téléphonique (0480)

Larmgatan 6 ☎ 153.50; fax 174.53.

Hôtels

▲▲▲ **Calmar Stadshotell**, Stortorget 14 ☎ 49.69.00; fax 158.47. *138 ch.* Le charme Belle Époque de cet hôtel de premier ordre, situé en plein centre, s'allie à un confort très moderne. Restaurant, bar, night-club.

▲▲▲ **Kalmarsund**, Fiskaregatan 5 ☎ 181.00; fax 41.13.37. *85 ch.* Situé au centre, un bel hôtel haut de gamme: garage, sauna, piscine, solarium, restaurant, bar, terrasse au sommet.

▲▲ **Scandic**, Dragonvägen 7 ☎ 223.60. *148 ch.* Entre la gare et l'aéroport, cet hôtel très confortable est conçu avant tout pour les automobilistes. Piscine, sauna, salle de gymnastique, minigolf, solarium, restaurant, bar.

Auberge de jeunesse

Vandrarhem Svanen, Rappegatan 1C ☎ 129.28. *70 lits.* Située à 1 km au N du centre, en direction de Öland. Baignade, location de canots. Cadre agréable.

Camping

Stensö ☎ 888.03. Ce terrain est situé dans le détroit de Kalmar, 2 km au S du centre ville. Cadre verdoyant. Tous sports nautiques. *Ouv. d'avril à oct.*

Karlshamn (37481)

Indicatif téléphonique (0454)

Ronnebygatan 1 ☎ 812.03 et 812.13.

Hôtels

▲▲▲ **Carlshamn**, Varvsgatan 1 ☎ 890.00; fax 891.50. *132 ch.* Un bon hôtel central qui propose des formules de demi-pension et pension complète. Restaurant, garage, parking, sauna.

▲▲ **Scandic Hotel Karlshamn**, Jannebergsvägen 2 ☎ 166.60. *99 ch.* À 3 km du centre par la route 29 en direction de Växjö, cet hôtel comporte restaurant, parking, piscine, et sauna.

▲ **Norreport**, Drottninggatan 102-104 ☎ 142.20. *11 ch.* Un petit hôtel central, simple et confortable. Restaurant et parking.

Auberge de jeunesse

Vandrarhem, Surbrunnsvägen 1C ☎ 140.40. Un nouvel établissement situé en plein centre. Douche et W.-C. dans toutes les chambres.

Karlskrona (37121)

Indicatif téléphonique (0455)
ℹ Stortorget 2 ☎ 30.34.90.

Hôtels

▲▲▲ **Statt**, Ronnebyvägen 37-39 ☎ 192.50 ; fax 169.09. *107 ch.* Un établissement cossu, évoquant les palaces à l'ancienne, situé en centre ville. Restaurant, garage, parking et sauna.

▲▲ **First Hotel Karlskrona**, Borgmästaregatan 13 ☎ 270.00 ; fax 127.00. *86 ch.* Central et de bon standing. Restaurant, parking.

▲▲ **Sweden Hotell Carlskrona**, Skeppsbrokaien ☎ 196.30 ; fax 259.90. Bon établissement à 300 m de la gare. Parking, mais pas de restaurant.

▲ **Gästhuset Sunnavik Carlscrona**, Ronnebyvägen 1 ☎ 230.40. *96 ch.* Cet établissement possède un restaurant et un pub. Ambiance populaire (on y danse) et prix relativement modérés.

Campings

Dragsö ☎ 153.54, îlot de Saltö. Situé au S de Karlskrona. Le bus n° 7 vous laisse à 300 m du camping. Proche de la mer. *Ouv. de début avr. à fin août.*

Skönstavik ☎ 237.00. Au N de Karlskrona, proche de la route E22. Pizzéria, pêche, golf. *Ouv. de mai à août.*

Kolmården (61193)

Indicatif téléphonique (011)

Hôtel

▲▲ **Vildmarkshotell** ☎ 15.71.00 ; fax 39.50.84. *550 lits.* Adjacent au parc et au zoo, cet hôtel est situé dans un cadre naturel superbe. Restaurant, bar, activités sportives.

Kosta (36052)

Indicatif téléphonique (0478)
ℹ Kosta ☎ 508.70.

Auberge

♦♦ **Kosta Wärdshus** ♥, Stora vägen 75 ☎ 500.06. *10 ch.* Une auberge rurale traditionnelle qui maintient les traditions culinaires du Småland.

Camping

Kosta Bad & Camping, Rydvägen ☎ 505.17. Piscine. Pêche. *Ouv. de mai à mi-sept.*

Shopping

Kosta glasbruk, sur la route 28 ☎ 345.00. Célèbre verrerie fondée en 1742. *Ouv. du lun. au ven. de 9 h à 18 h, sam. de 10 h à 16 h, dim. de 12 h à 16 h.*

Linköping (58223)

Indicatif téléphonique (013)
ℹ Klostergatan 68 ☎ 20.68.35. Dans l'hôtel Ekoxen.

Hôtels

▲▲▲ **Ekoxen**, Klostergatan 68 ☎ 25.26.00 ; fax 12.19.03. *193 ch.* Établissement de 1re classe avec restaurant, bar, piscine, sauna.

▲▲▲ **Frimurarehotellet**, Sankt Larsgatan 14 ☎ 12.91.80. *208 ch.* Logé dans un bâtiment pompeux à l'allure de forteresse gothique, le « Frimis » est un classique de la ville. Proche de la gare. Restaurant, bar, casino, night-club, parking, sauna.

▲▲ **Scandic Hotel Linköping**, Rydsvägen ☎ 17.10.60. *119 ch, 8 ch. familiales.* Un excellent établissement à 5 km du centre, non loin de l'université et de Gamla Linköping. Restaurant, parking, piscine, sauna.

▲ **Good Evening Hotel**, Hantverkaregatan 1 ☎ 12.90.00 ; fax 13.88.50. *75 ch.* Cet hôtel simple mais confortable est situé au cœur de la ville. Garage. Petit déj. seulement.

▲ **Hotell du Nord** ♥, Repslagaregatan 5 ☎ 12.98.95. *23 ch.* Près de la gare. Un sympathique petit hôtel familial où l'on se sent chez soi. Parking, petit déj. seulement.

Auberge de jeunesse

Vandrarhem, Klostergatan 52A ☎ 14.90.90. Située en plein centre, à l'angle de Klostergatan et de Drottningatan.

Camping

Glyttinge, Berggårdsvägen ☎ 17.49.28. À 4 km à l'O de la ville, un terrain très moderne qui comporte aussi 9 bungalows. Minigolf, location de bicyclettes. *Ouv. de mai à sept.*

Målerås (38042)

Indicatif téléphonique (0481)

Shopping

Målerås glasbruk, sur la route 31 ☎ 311.00. *Ouv. de 10h à 18h, sam. de 9h à 16h et dim. de 11h à 16h.*

Norrköping (60181)

Indicatif téléphonique (011)

ℹ *Dalsgatan 16 ☎ 15.50.00 ; fax 15.50.74.*

Hôtels

▲▲▲ **Grand Hotel**, Tyska Torget 2 ☎ 19.71.00 ; fax 18.11.83. *205 ch.* Vaste et classique, cet établissement est situé tout près de la gare. Restaurant, parking, piscine, sauna.

▲▲ **President**, Vattengränden 11 ☎ 12.95.20 ; fax 10.07.10. *76 ch., 11 suites.* Un hôtel central avec restaurant, garage, parking et sauna. Excellent service, accueil soigné.

▲▲ **Södra Hotellet**, Södra Promenaden 142 ☎ 25.35.00 ; fax 12.46.96. *23 ch.* Un petit hôtel sympathique, non loin du musée des Beaux-Arts. Petit déj. seulement.

▲ **Alosa**, Norra Grytsgatan 10 ☎ 18.22.11. *30 ch.* Un établissement relativement abordable, situé au centre ville. Garage, parking, sauna. Pas de restaurant.

Fêtes et manifestations

➤ **MAI. Festival du saumon** à Karlshamn (au début du mois).

➤ **JUIN. International Choir Festival** à Oskarshamn (la 1re quinzaine du mois). **Festival de musique** à Gränna (à la fin du mois).

➤ **JUILLET. « Visfestivalen »**, festival de la chanson à Västervik. Début de la **saison d'opéra** au château de Vadstena.

➤ **AOÛT. Festival de musique** de Kalmar : classique, jazz, musique populaire (la 1re quinzaine du mois). **Fête du Minnesota** à Växjö (la 1re quinzaine du mois). **Carnaval de Norrköping** (au milieu du mois).

Nybro (38280)

Indicatif téléphonique (0481)

ℹ *Glasriket, Kommunhuset ☎ 452.15 et 450.85.*

Shopping

Nybro glasbruk, Sågaregatan ☎ 519.80. Verrerie artisanale. *Ouv. du lun. au ven. de 9h à 18h, sam. de 9h à 15h, dim. 12h à 16h.*

Pukebergs glasbruk, Pukebergarnas väg ☎ 800.80. Verrerie artisanale. *Ouv. du lun. au ven. de 9h à 17h, sam. de 10h à 15h, dim. 12h à 16h.*

Le verre à bon prix

Toutes les verreries de la région ont un magasin de vente où l'on peut faire des achats, parfois très intéressants. Les prix pratiqués sont nettement inférieurs à ceux des magasins en ville, mais il s'agit le plus souvent de second choix, c'est-à-dire d'objets présentant un léger défaut.

L'île d'Öland (38621)

Indicatif téléphonique (0485)

Träffpunkt Öland, Brofästet, Färjestaden ☎ 56.06.00 ; fax 56.06.05. ***E-mail*** *: info@olandsturist.se* ***Internet*** *: www. olandsland.com*

Böda

Hôtel

▲ **Böda** ☎ 220.27. *25 ch.* Cet établissement simple, rénové en 1990, est situé dans un beau cadre naturel, idéal pour la promenade et la baignade. Bon restaurant de spécialités locales.

Auberge de jeunesse

Vandrarhem Mellböda, Löttorp ☎ 220.38. *116 lits.* Au S du village de Böda, à 1 km de la plage. Location de bicyclettes. Bon accueil. *Ouv. de mai à août.*

Camping

Böda Sand ☎ 222.00. À 5 km au N de l'église de Böda, c'est l'un des plus grands terrains d'Europe. Il comporte aussi 110 chalets à louer. *Ouv. de début mai à sept.*

Borgholm (38731)

Gamla busstationen, Sandgatan 25 ☎ 890.00.

Hôtels

▲▲▲ **Strand**, Villagatan 4 ☎ 888.88 ; fax 124.27. *135 ch.* Cet établissement moderne, en bord de mer, offre une belle vue sur le détroit de Kalmar. C'est un véritable complexe touristique avec 7 restaurants et bars, discothèque, piscine, sauna, solarium, salle de gymnastique, tennis, plage et port de plaisance. Location de bateaux.

▲▲ **Guntorps Herrgård**, Guntorpsgatan ☎ 130.00 ; fax 133.19. *6 ch. et 14 appartements avec coin cuisine.* Situé à 800 m du centre, cet établissement calme comporte une piscine de plein air. Petit déj. seulement.

▲ **Borgholm**, Trädgårdsgatan 15 ☎ 770.60 ; fax 124.66. *23 ch.* Hôtel central avec restaurant, bar, dancing. Bon accueil.

Byxelkrok

Hôtel

▲ **Byxelkroks Gästhem** ☎ 286.00. *50 lits.* Un établissement simple, situé face au port. Petit déj. seulement. Les chambres sont équipées d'un coin cuisine.

Téléphone utile

Bateaux pour l'île de la Vierge ☎ 240.05. La traversée dure 1 h 45. *De juin à août.*

Le zoo d'Öland

À 600 m du pont, le zoo d'Öland accueille chaque été de nombreux visiteurs. Dans un beau cadre naturel, il abrite plus de 1 000 animaux, dont des tigres de Sibérie, des oiseaux de proie nordiques et des reptiles. On y trouve aussi un cirque pour enfants, un domaine aquatique, un parc de contes de fées et même un « dinosaurium ». Bref, une halte agréable, notamment pour les plus jeunes.

Ölands djurpark ☎ 392.22. *Ouv. t.l.j. de mai à août, à partir de 10 h.*

Färjestaden (38621)

Hôtel

▲▲ **Skansen**, Tingshusgatan ☎ 305.30; fax 348.04. *33 ch.* Ce petit établissement familial, avec restaurant, parking et sauna, propose des formules de demi-pension et de pension complète.

Campings

Möllstorp ☎ 393.88. Situé près du pont au bord de la mer, il possède 15 bungalows. Sports nautiques, golf. *Ouv. de la mi-avr. à fin sept.*

Saxnäs ☎ 357.00. Un beau terrain situé au bord du détroit de Kalmar, 2 km au N du pont. *Ouv. de mai à sept.*

■ Orrefors (38040)

Indicatif téléphonique (0481)

Auberge de jeunesse

Vandrarhem Backabyggningen, Silversparregatan 14 ☎ 300.20. *42 lits.* Près de la verrerie, une auberge entourée de pins, dans un site calme. Location de canoës-kayaks, bateaux et bicyclettes. *Ouv. de mai à août.*

Restaurant

♦♦♦ **Orrefors Wärdshus** ♥, Glasriket, Bruksområdet ☎ 300.59. Bonne table dans un beau cadre. Spécialités de coq de bruyère mariné et rôti de cerf. Le soir, buffet à base de hareng.

Shopping

Orrefors glasbruk ♥, sur la route 31 ☎ 341.95. Une verrerie de renommée internationale. *Ouv. du lun. au ven. de 9 h à 18 h, sam. de 9 h à 16 h, dim. de 11 h à 16 h.*

■ Oskarshamn (57228)

Indicatif téléphonique (0491)
ℹ Hantverksgatan 18 ☎ 881.88

Hôtels

▲▲▲ **Corallen**, Gröndalsgatan 35 ☎ 100.22; fax 140.21. *45 ch.* À l'entrée du port. Restaurant, parking, piscine de plein air, sauna, plage et port de plaisance.

▲▲ **Sjöfartshotell**, Sjöfartsgatan 13 ☎ 143.40. *32 ch.* Un hôtel central, sans restaurant. Parking, sauna.

Auberge de jeunesse

STF Vandrarhem, Åsavägen 8 ☎ 881.98. *124 lits.* Toute proche de la gare et du port des ferries, cette auberge dispose aussi de 2 annexes.

Camping

Gunnarsö ☎ 132.98. Situé en bord de mer à 3 km au S-O d'Oskarshamn, ce terrain permet la pratique des sports nautiques. *Ouv. de mai à la mi-sept.*

Téléphones utiles

➤ **Liaisons Oskarshamn-Blå Jungfrun.** De mi-juin à mi-août plusieurs départs par semaine. **Rens. M/S Solkust** ☎ (0491) 881.88.

➤ **Liaisons Oskarshamn-Visby.** Départ t.l.j. toute l'année, de mi-juin à mi-août, plusieurs départs. **Rens. Destination Gotland** ☎ (0498) 20.10.20.

■ Ronneby (37239)

Indicatif téléphonique (0457)
ℹ Kallingevägen 3 ☎ 176.50.

Hôtel

▲▲▲ **Ronneby Brunn** ☎ 750.00; fax 156.47. *263 ch.* Le grand hôtel des Thermes est un établissement de premier ordre, lumineux et moderne. Restaurant, parking, piscine de plein air, sauna.

Auberge de jeunesse

STF Vandrarhem, Övre Brunnsgatan 54 ☎ 263.00. *108 lits.* Située entre la gare et les thermes.

■ Söderköping (61480)

Indicatif téléphonique (0121)
ℹ Rådhuset ☎ 181.60.

Hôtel

▲▲▲ **Söderköpings Brunn** ♥, Skönbergagatan 35 ☎ 109.00. *103 ch.* L'hôtel des Thermes, situé dans un parc, est confortable et raffiné. Décoration de style Belle Époque. Restaurant.

Auberge de jeunesse

Vandrarhem Mangelgården, Skönbergagatan 48 ☎ 102.13. *30 lits.* Située dans une vieille maison pittoresque, au centre ville. *Ouv. de mai à sept.*

■ Sölvesborg (29480)

Indicatif téléphonique (0456)

ℹ *Sölvesborg, Stadshuset, Repslagaregatan 1 ☎ 100.88.*

Hôtels

▲▲ **Stadshotellet**, Järnvägsgatan 8 ☎ 109.10. *24 ch.* Ce bon hôtel classique est situé à 100 m de la gare. Restaurant, parking.

▲ **Edgar**, Ungersgatan 8 ☎ 102.20. *12 ch.* Un petit hôtel central très simple. Parking, petit déj. seulement.

Camping

Hällevik ☎ 527.14. À 8 km du centre ville, un très beau site en bord de mer, en direction de Nogersund. Pêche, sports nautiques, golf. *Ouv. toute l'année.*

■ Vadstena (59280)

Indicatif téléphonique (0143)

ℹ *Slottet ☎ 315.70; fax 315.79.*

Hôtel

▲▲ **Kungs Starby**, Ödeshögsvägen ☎ 751.00; fax 751.70. *60 ch.* Cet hôtel cossu est situé près de la route 50, sortie S. Restaurant, piscine, sauna, solarium.

Auberge de jeunesse

STF Vandrarhem, Skänningegatan 20 ☎ 103.02. *65 lits.* À quelques centaines de mètres de l'église abbatiale, cette auberge est située tout près de la route 50.

Camping

Vätterviksbadet ☎ 127.30. À 3 km au N de Vadstena, au bord du lac Vättern, ce camping comporte aussi des bungalows. Vue sur le lac. Sports nautiques, golf. *Ouv. de fin avril à début sept.*

■ Västervik (59330)

Indicatif téléphonique (0490)

ℹ *Strömsholmen ☎ 367.90.*

Hôtels

▲▲▲ **Västerviks Stadshotell**, Storgatan 3 ☎ 820.00; fax 820.01. *101 ch.* Ce vieil établissement, qui a été récemment modernisé, est un grand classique de la ville. Restaurant, night-club, parking, sauna.

▲▲ **Centralhotellet**, Brunnsgatan 23 ☎ 301.40. *39 ch.* Situé au centre, cet établissement de bon standing ne sert que le petit déj. Parking et sauna.

Auberge de jeunesse

Lysingsbadets Vandrarhem, Lysingsbadet ☎ 367.95. *80 lits.* Située dans le même complexe touristique que le camping de Lysingsbadet (voir ci-dessous).

Camping

Lysingsbadets Semesteranläggning ☎ 367 95. À 3 km du centre, situé sur cinq îlots de l'archipel de Västervik dans un magnifique environnement naturel, ce terrain est un complexe touristique bien équipé: piscine, golf, tennis, sports nautiques, pêche. Il comporte aussi des chalets, bungalows et ch. *Ouv. toute l'année.*

■ Växjö (35112)

Indicatif téléphonique (0470)

ℹ *Stationen, Norra Järnvägsgatan ☎ 414.10.*

Hôtels

▲▲▲ **Cardinal**, Storgatan/Bäckgatan 10 ☎ 134.30; fax 352.30. *102 ch.* Bon hôtel confortable au centre ville. Sauna, solarium, parking, restaurant. Service dans le jardin à la belle saison.

▲▲▲ **Radisson SAS Royal Corner**, Liedbergsgatan 11 ☎ 70.10.00; fax 70.10.10. *171 ch.* Moderne et central, cet hôtel est très bien équipé: piscines, sauna, solarium, garage, restaurant, piano-bar.

▲▲ **Carisma**, Dackevägen 7 ☎ 104.40. *58 ch.* Établissement central de bon standing avec restaurant, parking, sauna et piscine en plein air.

Auberge de jeunesse

Vandrarhem, Evedal ☎ 630.70. *57 lits.* L'auberge est située 6 km au N-E de Växjö : par la route 23 vers Oskarshamn, puis à g. vers Evedal.

Camping

Evedal ☎ 630.34 Même accès que l'auberge de jeunesse ci-dessus. Ce terrain est situé au bord du lac Helgasjön. Sports nautiques, pêche, location de bicyclettes.

L'île de Visingsö (56034)

Indicatif téléphonique (0390)
Hamnen ☎ 401.93. Location de chalets et de vélos.

STOCKHOLM

Construite sur quatorze îles ou îlots, la « ville sur l'eau » est bâtie à l'endroit où le lac Mälaren se déverse dans la mer Baltique. On peut se baigner en plein cœur de Stockholm, et il n'est pas rare de voir un pêcheur tirer un saumon ou un brochet des eaux bouillonnantes de Strömmen, l'embouchure du lac. Les espaces verts, qui occupent à peu près le tiers de la capitale, constituent un élément marquant du paysage. Cette présence de la nature s'ajoute à la richesse architecturale et culturelle d'une ville aux nombreux musées, certains uniques en leur genre. Stockholm a su marier avec bonheur héritage du passé et modernité. Vivante et dynamique, elle est la fenêtre de la Suède sur l'étranger, auréolée du prestige que lui confère l'attribution annuelle des prix Nobel.

Naissance d'une capitale

Birger Jarl, fondateur de la dynastie des **Folkungar**, établit en 1252 une place fortifiée sur le site qu'on allait appeler Stadsholmen. Stockholm prend son essor au XIVe s. et la Hanse allemande, alors toute puissante, y affirme son empreinte. La ville reçoit sa charte municipale en 1436. En 1520, **Christian II**, le roi du Danemark et de l'Union scandinave, fait décapiter 82 notables soupçonnés d'appartenir au parti de l'indépendance. Après ce « **bain de sang** », la Suède se détache de la tutelle danoise. Père de l'État moderne, **Gustav Vasa** (1523-1560) réside à Stockholm, qui compte alors environ 6 000 habitants. La ville prend le statut de capitale en 1634.

Essor et revers

La **guerre de Trente Ans** favorise la croissance de Stockholm. La **reine Christine**, qui veut faire de la ville une nouvelle Athènes, attire à sa cour artistes, érudits et savants étrangers, comme le philosophe René Descartes *(voir encadré p. 47)*. En 1718, la ville compte 60 000 habitants. Le feu et les épidémies constituent cependant des menaces permanentes. Pour limiter les incendies, la municipalité interdit au XVIIe s. la construction de maisons en bois. La vieille forteresse royale des Trois Couronnes (*Tre Kronor*) est pourtant détruite par le feu en 1697 *(p. 160)*. Un nouveau **château**, celui qu'on peut voir aujourd'hui, est achevé en 1754 *(p. 155)*. La peste, autre fléau, frappe à nouveau Stockholm en 1710.

Vers la modernité

Malgré ces vicissitudes, la noblesse en pleine apogée fait édifier de superbes **palais**, tel **Riddarhuset**.

À ne pas manquer

Gamla stan***, *p. 155.*

Le **Palais royal*****, *p. 155.*

La ♥ **cathédrale*****, *p. 161.*

L'**église***** **de Riddarholmen**, *p. 163.*

Le **Musée national*****, *p. 164.*

Le ♥ **Musée historique*****, *p. 168.*

Le **musée d'Art moderne*****, *p. 169.*

Le **Musée nordique*****, *p. 171.*

Le ♥ **musée Vasa*****, *p. 171.*

♥ **Skansen*****, *p. 173.*

L'**hôtel de ville****, *p. 175.*

♥ **Millesgården*****, *p. 177.*

Le **château**** et le ♥ **théâtre***** **de Drottningholm**, *p. 177.*

Le XVIIIe s. prolonge cet essor urbain. D'importantes **institutions culturelles** enrichissent la capitale, comme l'Académie royale des Sciences (1739). Sous le règne de **Gustave III**, francophile et francophone, l'Académie suédoise *(p. 162)* est bâtie, ainsi que le Théâtre royal *(p. 180)* et l'Opéra royal, où le souverain est assassiné en 1792.

Par la suite, l'histoire de Stockholm est avant tout liée aux progrès techniques. L'**industrialisation** prend son essor vers 1870, tandis que la **population** s'accroît toujours : de 75 000 habitants en 1770, elle passe à 300 000 habitants en 1900. Industries et immeubles locatifs se multiplient, le centre de la ville se déplace de **Gamla stan** à **Norrmalm**. L'éclairage au gaz apparaît en 1853, puis la lumière électrique en 1892. La première ligne de chemin de fer est inaugu-

Gravure de Stockholm, d'Edouard Boudrer. Grande puissance maritime, Stockholm affiche son opulence à travers ses hôtels bourgeois.

rée en 1860, des tramways commencent à sillonner la ville en 1877.

Au cours du XXe s., la cité poursuit son extension vers la périphérie. Le stade destiné à accueillir les jeux Olympiques est inauguré en 1912, l'hôtel de ville neuf ans plus tard *(p. 175)*. En 1930, l'Exposition internationale marque le triomphe du fonctionnalisme. La ville construit les aéroports de Bromma puis d'Arlanda, de nouveaux ponts, et le réseau de métro à partir de 1950. Les cités satellites se multiplient, telles **Farsta** et **Vällingby**. Les **gratte-ciel** de **Hötorget** et de **Sergels torg** émergent en 1965. Réalisés respectivement en 1989 et en 1998, le Globe *(p. 176)* et le musée d'Art moderne *(p. 169)*, témoignent de la vitalité de Stockholm en matière d'architecture.

Se repérer

On peut schématiquement diviser Stockholm en trois zones : voir le **plan IV** à la fin du guide.

➤ **LA VIEILLE VILLE** *(**Gamla stan**, **IV-BC3**)*. Partie centrale de Stockholm, elle comprend **Stadsholmen**, **Riddarholmen** et ses palais, **Helgeandsholmen** où se dresse le Parlement, et l'îlot de **Strömsborg**.

➤ **NORRMALM ET ÖSTERMALM IV-B2** et **IV-C2**. Au N et au N-E s'étendent ces quartiers contigus, dont le premier se prolonge par **Vasastaden IV-A1**. Sur leurs flancs respectifs, émergent les îles de **Kungsholmen IV-A2** et de **Djurgården IV-D2**.

➤ **LÅNGHOLMEN ET SÖDERMALM IV-A3** et **IV-BC3-4**. Ces quartiers forment la partie S de la ville.

Gamla stan***

➤ **Plan III** *p. 161. Une demi-journée et le double pour une visite approfondie du château.*

Le berceau de Stockholm, « **Stadsholmen** » comme on l'appelait jadis, est devenu le centre du pouvoir sous Gustave Vasa (1523-1560). Chacun reconnaît aujourd'hui que la vieille ville constitue la partie la plus intéressante de la capitale. Pourtant, au siècle dernier, il fut question de raser ce quartier insalubre à l'allure médiévale. Strindberg fut de ceux qui militèrent en faveur de sa préservation. C'est à présent le lieu d'élection des artistes. **Slottsbacken III-B1** est un bon point de départ pour son exploration.

Le Palais royal***

➤ **III-B1** *Kungliga Slottet* **M°** *Gamla stan* ☎ *(08) 402.61.30 ou (08) 587.710.00.* ***Attention***: *le château peut occasionnellement être fermé sans préavis lors de visites d'État ou de cérémonies particulières.*

Après l'incendie qui ravagea la forteresse en 1697, la construction du château actuel fut achevée en 1754. Avec ses 608 pièces, ce monument de style **Renaissance**, dessiné par **Nicodemus Tessin le Jeune**, est le plus grand château du monde, encore utilisé comme résidence officielle du roi. Le public n'est donc pas admis partout.

Les appartements de parade**

➤ ***Visningsvåningarna.*** *Accès par Slottsbacken (esplanade S). Ouv. t.l.j. de 10h à 16h de mai à août; du mar. au dim. de 12h à 15h le reste de l'année.*

➤ **Une profusion de pièces.** La silhouette imposante ne laisse pas deviner les grâces rococo des intérieurs. Parmi les galeries, appartements, chambres et salons que vous pouvez visiter, les plus remarquables sont: **la galerie Bernadotte****, qui recèle les portraits de tous les rois de la dynastie; la **salle d'audience de la reine Louise Ulrique**, le **salon rouge** et le **salon bleu**. La **salle à manger**** est ornée de portraits suédois du XVIIe s. Dans l'**appartement de fête****, le prince héritier Gustave, futur **Gustave III**, s'installa en 1766. On peut également voir la **salle du Conseil*** où chaque nouveau gouvernement prête serment en présence du roi, ainsi que la **galerie de Charles XI**** avec son plafond au décor allégorique et ses vitrines d'objets précieux.

➤ **Peintures et tapisseries.** Au cours de la visite, vous serez frappé par le rôle prépondérant qu'ont joué peintres, sculpteurs et décorateurs **français** dans l'ornementation: œuvres de **Bouchardon**, Masreliez, Thoraval, Oudry, **Fouquet**, Chauveau, **Boucher**. Admirez aussi les tapisseries de Bruxelles, Delft et des Gobelins.

L'église du château*

➤ ***Slottskyrkan.*** *Accès par Slottsbacken (esplanade S). Ouv. de 12h à 16h t.l.j. de juin à août, le dim. de 13h30 à 16 h.* Achevée en 1754, cette chapelle est l'œuvre de l'architecte **Hårleman**, qui s'entoura de collaborateurs français comme le sculpteur **Bouchardon**. Elle présente des éléments **rococo**. C'est là que les princes et princesses de Suède sont baptisés. Les fonts baptismaux royaux en argent, de

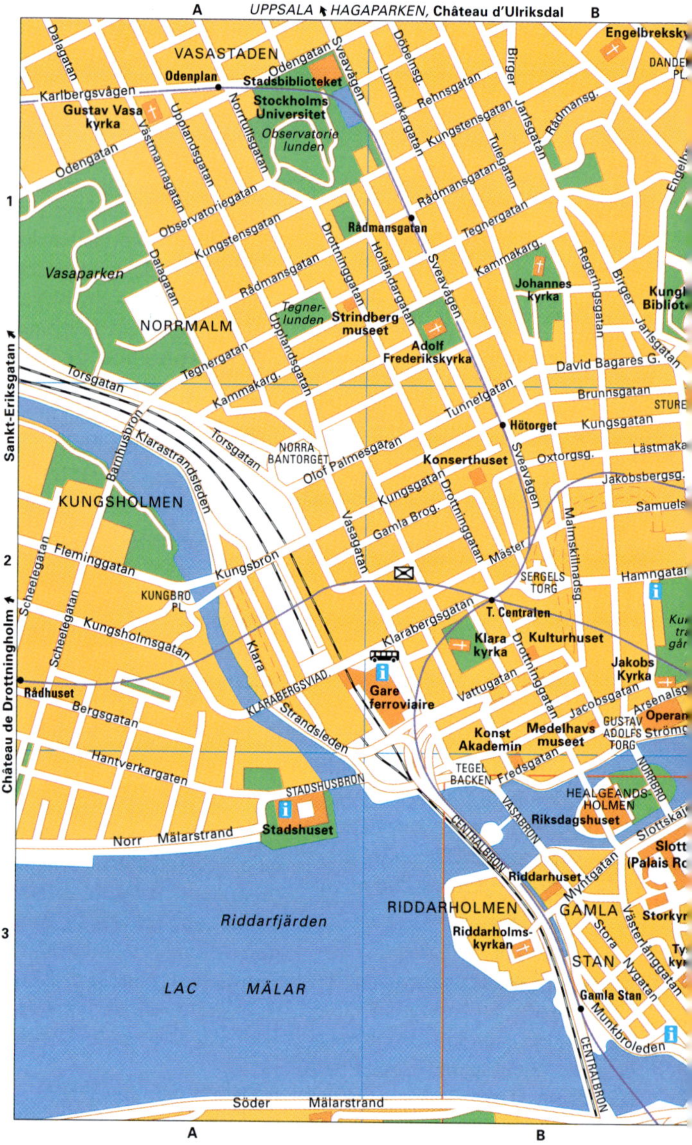

STOCKHOLM NORD — PLAN I.

l'époque de Charles XI, ont toutefois été transférés à la chambre du Trésor *(p. 157)*.

Le musée du Château*

➤ ***Tre Kronor museum****. Accès par Lejonbacken (esplanade N).*

Ici sont réunis les vestiges de l'ancienne **forteresse des Trois Couronnes** *(**Tre Kronor**)* : murs de fondation, éléments d'architecture et de décoration, objets divers. Une exposition retrace l'évolution de l'ancien château de Stockholm.

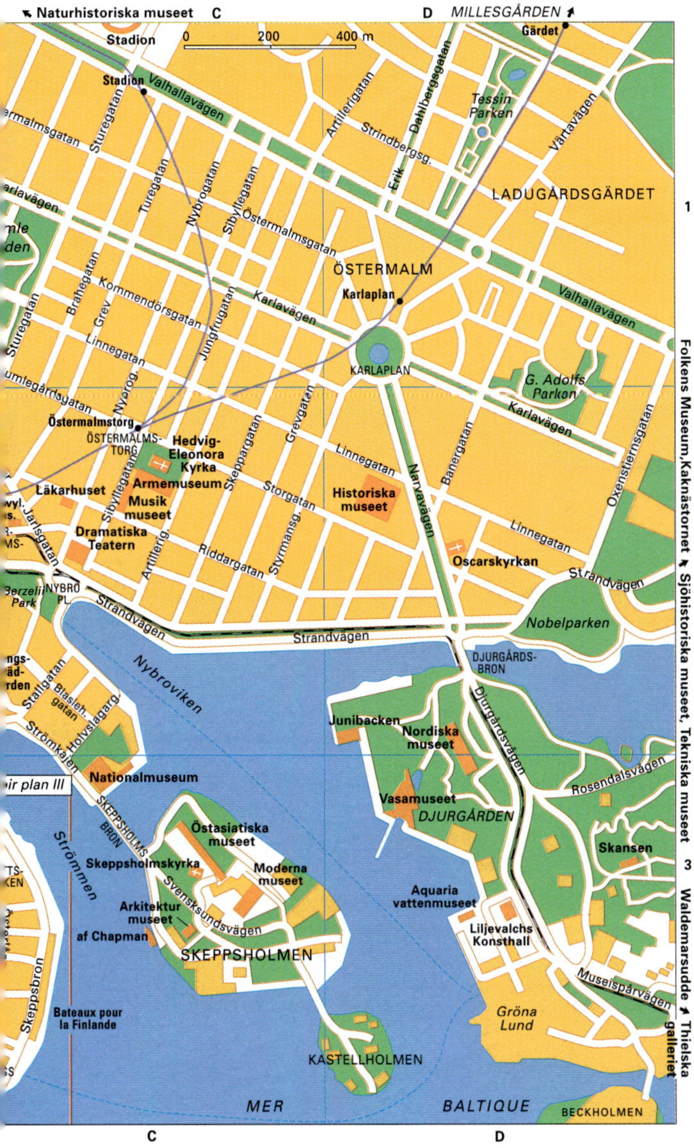

La chambre du Trésor**

➤ ***Skattkammaren****. Accès par Slottsbacken (esplanade S). Ouv. de 10h à 16h t.l.j. de juin à août; le reste de l'année t.l.j. sf lun. de 12h à 15h.* Sous les voûtes du château, les **joyaux** des rois de Suède sont présentés ainsi que les **épées**, les **couronnes**, les sceptres, les « pommes du royaume » (symbolisant le globe) et les clés ayant appartenu à chaque roi et reine. Les **fonts baptismaux***** en argent massif sont particulièrement admirables : ils

STOCKHOLM SUD — PLAN II.

ont été réalisés par le Français **J.-F. Cousinet** pour le baptême du roi Charles XI, né en 1655.

♥ La chambre des Armures***

➤ ***Livrustkammaren***. *Accès par Slottsbacken (esplanade S). Ouv. t.l.j. sf lun. de 11h à 16h de sept. à avr.* Ici sont rassemblés les **armures**, mais aussi les **habits** et **uniformes**, les armes de chasse, les vêtements de couronnement, les **carrosses de parade** (dont celui de Gustave III). Streiff, le cheval de Gustave Adolphe, est même empaillé pour l'occasion !

La salle du Trône**

➤ ***Rikssalen.*** *Accès par Slottsbacken (esplanade S). Ouv. de 11 h à 16 h t.l.j. sf lun. de sept. à avr.*

Réalisée par **Carl Hårleman** dans le style **rococo**, cette salle, achevée en 1755, est utilisée depuis le XIXe s. pour l'ouverture solennelle du **Riksdag** (Parlement). À cette occasion, le roi prend place sur le **trône d'argent** offert à la reine Christine pour son couronnement (1650). Belles **sculptures**, dont beaucoup sont l'œuvre d'artistes français.

La relève de la garde

Chaque jour, se tient la relève de la garde, une atttraction très prisée des habitants de Stockholm *(à 12 h 10 en semaine et 13 h 10 les dim. et fêtes)*. Elle a lieu sur le côté O du château, appelé **Yttre Borggården**, Les soldats arrivent par le pont Norrbro. Soyez un peu en avance pour être bien placé. Un orchestre militaire se produit t.l.j. en été *(le reste de l'année les mer., sam., dim. et j.f.)*.

Le musée des antiquités de Gustave III**

➤ ***Gustaf III: s antikmuseum.*** *Accès par Lejonbacken (esplanade N). Ouv. de 10h à 16h t.l.j. de juin à août; le reste de l'année, t.l.j. sf lun. de 12h à 15 h.*

Gustave III avait la passion de collectionner les objets antiques. Parmi les quelque 200 statues, on admirera ***Endymion et Apollon******, ***les Neuf Muses***, ***Minerve*** et bien d'autres. Dans diverses salles, sont exposés les **vases** grecs et romains rassemblés par le roi.

Le cabinet royal des Monnaies**

➤ ***Kungliga myntkabinettet;*** *Slottsbacken 6 (esplanade S). Ouv. t.l.j. sf lun. de 10h à 16 h.*

Jadis abrité par le Musée historique *(p. 168)*, le cabinet royal des Monnaies a fait peau neuvè. Dans ses nouveaux locaux, il a pris de l´ampleur et se présente comme un véritable musée de l´économie qui retrace l'histoire de l'argent, ou plus exactement celle des **moyens de paiement**, pendant quelque 2 500 ans.

Vers la cathédrale

➤ **Le palais Tessin** ***(Tessinska palatset)***. Après la visite du château du côté de Slottsbacken, se trouve, face à vous, la magnifique résidence que l'architecte **Nicodemus Tessin le Jeune** se fit construire en 1703.

Gravure de la vieille forteresse royale des Trois Couronnes, détruite par le feu en 1697, Bibliothèque nationale.

STOCKHOLM - GAMLA STAN - PLAN III.

➤ **L'ÉGLISE FINLANDAISE** ***(Finska kyrkan)***. Ce bâtiment d'allure profane servit au XVIIe s. de salle de jeu de paume, avant de devenir en 1725 la paroisse des Finlandais de Stockholm.

♥ La cathédrale***

➤ **III-B1** ***Storkyrkan****; Slottsbacken. Accès par Trångsund. Ouv. de 9h à 16h, jusqu'à 18h l'été.*

Cette superbe église a été fondée vers 1279, à l'époque de **Birger Jarl**, tout comme l'ancien château. Ici se sont souvent déroulées les cérémonies de baptême, de couronnement et de mariage des rois. Ce fut l'église de la Réforme par excellence, sous l'impulsion d'**Olaus Petri**. La première grand-messe en suédois y a été célébrée en 1530.

De style **gothique** tardif, l'**intérieur** a la forme d'un vaisseau à cinq nefs. Le **mobilier** date pour l'essentiel de l'époque baroque et de la fin du XVIIe s. La **chaire*** a été construite entre 1698 et 1702. Le **maître-autel** et son magnifique **triptyque***** (argent, ébène et ivoire) datent de 1654. Les **sièges royaux**, dessinés par **Tessin**, ont été réalisés en 1686. Le **trésor** se trouve dans le collatéral N: **Bernt Notke** est l'auteur du ***Saint Georges et le Dragon*****, chef-d'œuvre de la sculpture médiévale en Europe du Nord *(voir encadré p. 162)*.

Remarquez aussi le ***Jugement Dernier****, tableau monumental d'inspiration baroque, exécuté par **Ehrenstrahl** dans la deuxième moitié du XVIIe s. et le **cadran solaire** avec un tableau de 1535

Terrasser l'ennemi héréditaire

Le chef-d'œuvre de Bernt Notke vit le jour au XVe s., alors qu'une partie des dirigeants suédois luttaient contre le joug danois induit par l'Union scandinave. Nul doute ne planait sur l'identité du dragon terrrassé... Cet extraordinaire groupe de bois sculpté commémore la victoire des Suédois sur les Danois à la bataille de Brunkeberg, en 1471. **Sten Sture l'Ancien**, champion de l'indépendance nationale, légua cette sculpture à la cathédrale en 1489. Trente-quatre ans plus tard, l'Union était définitivement rompue.

représentant Stockholm. Il s'agit de la plus ancienne reproduction que l'on connaisse de la capitale.

Autour de la Grand-Place

➤ **La Grand-Place*** **III-B1** *(Stortorget)*.C'est ici qu'eut lieu le « bain de sang de Stockholm » en 1520. Nous sommes au point le plus élevé de Gamla stan. Du côté N, la **Bourse** du XVIIIe s. *(**Börshuset**)*, abrite l'Académie suédoise et la bibliothèque Nobel. Ici est révélé le nom du lauréat du prix Nobel de littérature.

➤ **L'église allemande III-B2** *(**Tyska kyrkan**; Svartmangatan)*. Toujours vers le S, jetez un œil sur cette église de la fin du XVIe s. Sa **tour** s'élève à 92 m, et l'**intérieur** a été décoré dans le style **baroque**.

Remontez ensuite vers le N-O où se tient le **palais de la Noblesse**** **III-A1** *(**Riddarhuset**; visite guidée du lun. au ven. à 11 h 30 et 12 h 30)*. Ce bâtiment a été édifié au XVIIe s. dans le style **baroque** hollandais. Il abrite les **armoiries** des grandes familles nobles.

Façade d'une maison à pignons de la Grand-Place.

Riddarholmen

➤ **III-A1 M°** *Gamla stan.*

À l'O de la vieille ville, dans l'**île des Chevaliers** *(**Riddarholmen**)*, jetez un œil à la **place Birger Jarl** *(**Birger Jarls torg**)* et au **palais Wrangel** *(**Wrangelska palatset**)* du XVIIe s.

L'église de Riddarholmen***

➤ **III-A1** *__Riddarholmskyrkan__; sur Riddarholmen. Ouv. t.l.j. de juin à août de 11h à 16h; en mai et sept. les mer., sam. et dim. de 12h à 15h.*

Les origines de cette église, transformée en musée, remontent au règne de **Magnus Ladulås** (XIIIe s.). Elle fut agrandie au XVe s. et restaurée sous **Jean III** (1568-1592), qui fit notamment sculpter les tombeaux et les gisants. De nouvelles chapelles furent ajoutées aux XVIIIe et XIXe s. Le bâtiment abrite presque tous les **tombeaux des rois** de Suède et de leurs épouses depuis Gustave II Adolphe, ainsi que la sépulture de rois et de dignitaires plus anciens comme **Magnus Ladulås** (XIIIe s.) ou **Karl Knutsson** (XVe s.). Dans la **chapelle Bernadotte**, l'ancien maréchal de Napoléon devenu roi de Suède repose dans un sarcophage en porphyre.

Le Parlement

➤ **III-A1** *__Riddagshuset__; sur Helgeandsholmen* **M°** ***Gamla stan*** *ou* ***Kungsträdgården****. Ouv. de fin juin à fin août, visites guidées uniquement. Tribunes ouv. au public durant les sessions parlementaires.*

Le Parlement se compose de **deux bâtiments**, de part et d'autre de Riksgatan. Celui qui est situé au N-E a été édifié en 1905 pour accueillir le Parlement proprement dit. L'autre, au S-O, a abrité la Banque de Suède de 1906 jusqu'au début des années 1970. En 1971, les deux édifices ont été affectés aux parlementaires. Des passerelles et des souterrains les relient à présent.

Helgeandsholmen

➤ **III-AB1 M°** ***Kungsträdgården*** *ou* ***Gamla stan. Bus****: n° 43, 62.*

Au N du Palais royal, l'**île du Saint-Esprit** constitue une halte agréable, notamment **Strömparterren**, (la « terrasse du Fleuve »).

Le musée du Moyen-Âge*

➤ **III-AB1** *__Medeltidsmuseet__; ouv. de mar. à dim. de 11h à 16h, jusqu'à 18h le mer.; f. le lun. ☎ (08) 508.31.800.*

Il intéressera les amateurs d'archéologie. Ce musée présente notamment le produit des fouilles sur l'île de Helgeandsholmen en 1978-1979. On découvrit, entre autres, des ossements, des **carcasses de bateaux**, les plus anciens remontant au XIIIe s., ainsi que de très nombreux **objets** (poteries, ustentiles...). L'ensemble évoque de façon très vivante l'histoire de Stockholm depuis sa fondation, notamment le rôle économique de la Hanse dans son développement.

Norrmalm

➤ **Plan I-AC-1-3** *p. 156. Depuis la vieille ville, accès par les ponts Centralbron, Vasabron, Riksbron et Norrbro.*

Norrmalm est progressivement devenu le centre du pouvoir politique et administratif du pays. Parmi tous les quartiers de Stockholm, c'est celui qui a subi les métamorphoses les plus radicales. Au XIXe s., la construction de la gare centrale, avec les hôtels avoisinants et les journaux qui établirent leur siège, apporta au quartier une animation intense. Celui-ci subit dans les années 1970 une transformation brutale, mais les endroits pittoresques sont encore nombreux.

Le Musée national***

➤ **I-C3** ***Nationalmuseum****; Blasieholmen* **M° *Kungsträdgården***. ***Bus****: n° 46, 59, 62, 65, 76. Ouv. de 11h à 17h (à partir de 10h de juin à août), jusqu'à 20h mar. et jeu.; f. le lun. Le département des Estampes et des Dessins (plus de 100000 œuvres) n'est accessible que sur demande.* ***Concerts*** *l'été dans le hall d'entrée du musée ☎ (08) 51.95.43.00.*

Bâti en 1866, ce musée des Beaux-Arts abrite des œuvres majeures, de la Renaissance jusqu'au début du XXe s. Depuis l'époque des **Vasa**, les rois ont déployé de gros efforts pour doter la Suède d'une collection prestigieuse. À cet égard, le XVIIe s. a marqué une étape décisive: l'armée suédoise victorieuse envoya alors par malles entières le butin pris en campagne (livres rares, manuscrits, œuvres d'art). Plus pacifiquement, de nombreuses acquisitions furent faites au siècle suivant, notamment à Paris par **Carl Gustav Tessin**, ambassadeur, mécène et grand amateur d'art. Le très cultivé **Gustave III** jeta les bases d'un musée royal qui ne fut fondé qu'en 1794, deux ans après sa mort.

Hall d'entrée

Un plan du musée est distribué à l'entrée du hall, où sont exposées des fresques de **Carl Larsson**. On y trouve aussi une **cafétéria** et une **boutique**.

1er étage

Il est consacré aux **arts décoratifs du XVe s. à nos jours**: mobilier, verrerie et argenterie du XVIIe s. au XIXe s.; tissus du XVIIIe s. de style gustavien; porcelaines et faïences en provenance de manufactures suédoises et étrangères; tapisseries des XVe et XVIe s; art décoratif contemporain.

2e étage

Il accueille le **département des Peintures*****.

➤ **Salle 301**. La section des **Primitifs** recèle des œuvres anonymes en provenance de Suisse (saint Théodule, fin du XVe s.), d'Allemagne (Christ en Croix, XVe s.), de France (relief en pierre, de Vendée, début du XIIe s.) et de Hollande (Femmes en pleurs, 1500), ainsi que des **livres d'heures**, des **évangéliaires** et des **émaux**.

➤ **Salle 302. Parchemins**, manuscrits, antiphonaires.

➤ **Salles 303-304. Primitifs italiens**, comme le maître d'Ancône, Spinello Aretino, Nardo Di Cione, Jacobello Del Fiore, Andrea Di Bartolo, etc.

➤ **Salle 305. Écoles italienne et espagnole** sous la Renaissance.

Peintres suédois au siècle des Lumières

Damen med slöjan, « La Dame au voile », *Alexandre Roslin, Nationalmuseum, Stockholm. Roslin fait partie de ces artistes suédois qui firent une brillante carrière en France à l'âge des Lumières.*

Le XVIIIe s. attire à Paris et à Versailles des artistes venus des quatre coins de l'Europe, notamment des Suédois. Certains vont y faire fortune, comme le portraitiste **Alexandre Roslin**, qui fait suivre sa signature de la mention « *Suédois* ». Comme lui, le peintre **Peter Adolf Hill** épouse une Française ; il reçoit l'appellation flatteuse de « Van Dyck de la miniature ». **Gustaf Lundberg** s'impose comme un maître du pastel. **Nicolas Lafrensen le Jeune** francise son nom en « Lavrince » : il rivalise avec Fragonard et triomphe au salon de 1778. Quant à **Ulrik Wertmüller**, il peint *Marie-Antoinette en promenade avec ses enfants au petit Trianon*, une toile commandée par le roi Gustave III en personne.

Voyez notamment le *Portrait d'homme* exécuté par Romanino et *Isabelle de Médicis*, par Bronzino.

➤ **Salle 306**. **Renaissance** et **maniérisme**, notamment des œuvres de **Lucas Cranach** et **Giovanni Bellini**.

➤ **Salle 307**. Peinture de la **première moitié du xviie s.** : **Rubens** *(**Offrandes à Vénus***, ***Bacchanale à Andros****)*, Van Dyck, **Véronèse**, Le Greco *(Saint Pierre et Saint Paul)*, Georges de La Tour *(Saint Georges pénitent)*, **Lorrain**, Poussin, Zurbaran *(Le Voile de Véronique)*.

➤ **Salles 308-314. Peintures flamande, hollandaise et allemande.** La salle 308, consacrée au **siècle d'or hollandais**, présente de magnifiques œuvres de **Rembrandt**. Admirez ce chef-d'œuvre monumental qu'est ***La Conjuration de Claudius Civilis ou le Serment des Bataves****. Voyez aussi ***La Fille de cuisine****, *Portrait d'un homme âgé, Portrait d'une femme âgée*. Belles toiles de **Franz Hals** *(**Portrait d'une dame****, ***Daniel Van Aken jouant du violon*****)*, de Pieter De Hooch et de Johannes Verspronck.

➤ **Salle 315**. Collection d'**icônes**, essentiellement russes. Les icônes les plus anciennes, en provenance de Byzance, datent du xive s.

➤ **Salle 317**. La **peinture française du xviie s.** forme un riche département dont le noyau est formé par la collection Tessin. **Watteau** *(**La Sérénade italienne****, ***La Leçon d'amour****)* et **Chardin** côtoient **Boucher**, Nattier, Coypel, le sculpteur **Bouchardon** et bien d'autres.

➤ **Salles 318-325. Peinture suédoise du xvie au xviiie s.** Admirez de très beaux ♥ **portraits**** du siècle des Lumières signés **Alexandre Roslin**, **Gustav Lundberg** et **C.-G. Pilo**.

➤ **Salles 326**. On peut y voir, par roulement, des **tableaux français et italiens du xviiie s.** (Greuze, Fragonard, Hubert Robert, Tiepolo…).

➤ **Salle 327. Peinture européenne de 1730 à 1800** avec Fragonard, Roslin, Greuze, Hubert Robert, Duplessis, Guardi, Canaletto…

➤ **Salles 328-332. Arts suédois et scandinave.** Le xixe s. prédomine avec de belles œuvres de **Ernst Josephson** et de **Carl Fredrik Hill**, exposées par roulement.

➤ **Salle 333**. La **peinture française du xixe s.** est représentée par Delacroix, Corot, **Courbet** *(**Le Joueur de violoncelle****, Autoportrait…)* et de nombreux impressionnistes et post-impressionnistes comme **Manet** *(**La Parisienne*****)*, **Sisley** *(**Paysage de Bougival*****…)*, **Cézanne** *(**Paysage de Provence*****)*, **Gauguin** *(**Paysages de Bretagne et d'Arles*****)*, **Degas** *(**Danseuses****)*, **Renoir** *(**La Grenouillère*****)*. Voyez aussi la **sculpture française** : Degas, Carpeaux, Rude, Rodin…

➤ **Salles 334-335**. La **peinture suédoise du début du xxe s.** est avant tout représentée par **Carl Larsson** (***Idylle dans l'atelier**** et autres intérieurs), **Anders Zorn** *(Danse de la Saint-Jean en Dalécarlie)* et le peintre animalier Bruno Liljefors. La décoration est constituée d'objets d'art de la même époque.

♥ Le musée Hallwyl**

➤ **I-C2** *Hallwylska museet ; Hamngatan 4* **M° Östermalmstorg** *ou* ***Kungsträdgården. Bus*** *: n° 46, 47, 55, 62, 69, 76. Ouv. t.l.j. de 11 h à 16 h de juin à août ; le reste de l'année de 12 h à 15 h, 18 h le mer. ; f. le lun.* ***Visites guidées*** *(dont une par jour en anglais)* ☎ *(08) 51.95.55.99.*

Dans un palais privé construit en 1898 dans un style **Renaissance** mi-espagnol mi-vénitien, on peut admirer tous les trésors amassés par la **comtesse Wilhelmina von**

August Strindberg

De son vivant, Strindberg (1849-1912) n'a guère été prophète en son pays. Pourtant, son nom reste attaché à Stockholm. C'est dans cette ville qu'il est né, qu'il a vainement tenté de devenir comédien, qu'il a gagné sa vie comme journaliste, et observé d'un œil ironique la comédie humaine. Plus tard, il y a jeté l'ancre pour y passer les dernières années de son existence orageuse. Grâce à lui, la capitale et son archipel ont acquis une aura littéraire qui a largement dépassé les frontières de Suède.

Créateur et expérimentateur infatigable, August Strindberg eut du mal à s'imposer de son vivant. Il est reconnu aujourd'hui comme le plus grand écrivain suédois — et l'un des géants de la littérature mondiale.

Romancier et nouvelliste satirique, mémorialiste, dramaturge, savant amateur, épistolier plein de verve, peintre de talent, ce grand rénovateur demeure un auteur d'avant-garde à bien des égards. C'est surtout son théâtre qui lui valut la gloire internationale. Sa première grande pièce, *Maître Olof*, fut pourtant refusée partout. En 1887, une période faste de création dramatique débute avec *Père*, puis *Mademoiselle Julie* (1888) que le célèbre metteur en scène André Antoine monte au Théâtre libre, à Paris, et *Les Créanciers* (1888). Une décennie plus tard, Strindberg révolutionne le genre dramatique. En 1897, au sortir d'une terrible crise psychique, il publie *Inferno*, un texte écrit directement en français. De 1898 à 1901, il compose *Le Chemin de Damas*, *La Danse de mort* et *Le Songe*, des chefs-d'œuvre axés sur la faute, le châtiment et la pénitence.

Hallwyl, fille d'un richissime industriel suédois, Wilhelm Kempe, qui avait fait fortune dans le bois. Grande collectionneuse devant l'éternel, celle-ci a rassemblé meubles, verrerie, tableaux, bibelots, argenterie et porcelaine.

Le parc de Kungsträdgården

I-B2 Un bureau de l'**office de tourisme** *(p. 182)* est situé à sa pointe N. Le parc offre de jolies **vues** sur les monuments voisins.

On aperçoit ensuite **Jacobs kyrka**, une église du XVIIe s. Un peu plus loin, la **place Gustav Adolfs** *(**Gustav Adolfs torg**)* abrite le ministère des Affaires étrangères et l'**Opéra** *(**Operan**)* : l'édifice actuel (1891) remplace l'Opéra royal, fondé par le roi Gustave III qui y fut assassiné en 1792 au cours d'un bal masqué.

Le musée de la Méditerranée**

➤ **I-B2** *Medelhavsmuseet; Fredsgatan 2* **M° *Kungsträdgården*** *ou* ***T-Centralen. Bus:*** *n° 62, 65. Ouv. toute l'année de 12h à 17h; de 11h à 21h le mar.; f. le lun.* ☎ *(08) 51.95.53.00.*

Ce musée est consacré aux **civilisations anciennes** de la Méditerranée : **gréco-romaine**, égyptienne (importante collection comprenant des **momies**, etc.). Les collections d'objets découverts lors de fouilles effectuées à **Chypre** de 1927 à 1931 sont renommées.

Autour de la place Sergels torg

I-B2 Ce rond-point est doté en son centre d'un grand **obélisque** de verre. Non loin, se trouve la **maison de la Culture** (***Kulturhuset***), centre animé qui accueille des manifestations culturelles et des expositions.

À l'ombre des gratte-ciel, face à la gare centrale, l'**église Sainte-Claire** (***Klara kyrka***) apporte une note historique au quartier rénové.

Autour d'Hötorget

I-B2 Un **marché** *(p. 187)* se tient en face de la **maison des Concerts** (***Konserthuset***) dont la façade est ornée d'un groupe de statues de **Carl Milles** : ***Orphée charmant les divinités infernales**** .

Le musée Strindberg*

➤ **I-A1** ***Strindbergs museet****; Drottninggatan 85* **M° *Rådmansgatan.*** *Ouv. t.l.j. sf lun. de 11h à 16h; le w.-e. de 12h à 16h ☎ (08) 411.53.54.*

Cet appartement surnommé la « tour bleue » fut le dernier domicile de l'écrivain. Les **meubles** et **objets** ayant appartenu à Strindberg y sont pieusement rassemblés, ainsi que sa **bibliothèque**. De nombreux **tableaux** de l'artiste sont accrochés ici, ce qui renforce l'atmosphère personnelle du lieu.

Östermalm

La partie orientale de Stockholm a longtemps accueilli des casernes et des installations militaires. L'Östermalm actuel date de la fin du siècle dernier. C'est un quartier résidentiel par excellence, d'allure haussmanienne avec ses belles maisons en pierre et ses grandes esplanades.

Le musée de la Musique*

➤ **I-C2** ***Musikmuseet****; Sybillegatan 2* **M° *Östermalmstorg*** *ou* ***Kungsträdgården. Bus****: n° 46, 47, 62, 69. Ouv. toute l'année de 11h à 16h; f. le lun. Ateliers pour enfants ☎ (08) 51.95.54.50.*

Ce musée a élu domicile dans l'ancienne boulangerie royale (***Kronobageriet***), bâtiment le plus ancien de cette partie de la ville (1640). On y trouve tous les **instruments de musique** imaginables, des plus vénérables aux plus modernes, ainsi que le plus grand **clavecin** du monde, datant de 1756. Adultes et enfants peuvent non seulement écouter, mais aussi jouer de la musique.

♥ Le Musée historique***

➤ **I-D2** ***Historiska museet****; Narvavägen 13-17* **M° *Östermalmstorg*** *ou* ***Karlaplan. Bus****: n° 44, 47, 54, 56, 69. Ouv. toute l'année de 11h à 17h; f. le lun. ☎ (08) 51.95.56.00.*

Cet intéressant musée présente des collections de la **préhistoire** en

Suède, mais aussi de l'époque des **Vikings** (env. 800-1050). Parmi les pièces remarquables, ne manquez pas les **pierres gravées de Gotland**** datant de l'âge du fer, des **bijoux d'ambre** et une **tête d'élan**** en diorite datant de l'âge de pierre. La « **salle d'Or** » présente des objets d'or et d'argent datant de 2000 av. J.-C. jusqu'au XVIe s. Le musée abrite l'une des plus riches collections européennes de **sculptures en bois** et d'**artisanat d'art**** du Moyen Âge. Au **1er étage**, de très beaux objets (fonts baptismaux, retables, statues de madones, pièces d'orfèvrerie, reliquaires, cloches) illustrent cette période, tandis que la **Galerie baroque** évoque le XVIIe s.

Skeppsholmen

➤ **I-C3 M°** *Kungsträdgården. Bus: n° 65. Accès par le pont Skeppsholmsbron, situé face au Musée national. À 10 mn à pied de la vieille ville.*

Cette île très verte (dont le nom signifie « **îlot des navires** »), prolongée au S par l'île de Kastellholmen, est un agréable but de promenade. Base navale au milieu du XVIIe s., Skeppsholmen est dominée par l'église (XIXe s.) et la maison de l'amirauté, dotée d'une tour élancée (XVIIe s.).

Le musée d'Extrême-Orient**

➤ ***Östasiatiska museet****; au sommet de la colline, à g. après le pont. Ouv. de 12 h à 17 h, 20 h le mar.; f. le lun. ☎ (08) 51.95.57.50.*

Le bâtiment fut construit en 1699-1700 pour loger les soldats et les chevaux de l'armée de Charles XII. Il abrite aujourd'hui un musée qui présente des **objets d'art indien****, chinois, japonais et coréen, et retrace l'histoire de l'**artisanat d'art** depuis l'âge de pierre jusqu'à la période moderne. Une section importante est consacrée au **bouddhisme**. On y trouve une collection unique, la plus importante hors de Chine, de **céramique chinoise**** vieille de 4 000 ans.

Le musée d'Art moderne***

➤ ***Moderna museet****. Ouv. de 11 h à 22 h du mar. au jeu., de 11 h à 18 h du ven. au dim.; f. le lun. ☎ (08) 51.95.52.00.*

Ce musée, dévolu à l'art moderne et contemporain, est l'un des plus éminents au monde. Les collections comportent une profusion d'œuvres qui ont pris place dans les nouveaux locaux, spatieux et superbes, dus à **Jose Rafael Moneo** en 1998. Le musée, qui se veut ouvert, fonctionne comme une maison de la culture: l'accrochage varie souvent, en fonction des **expositions temporaires**.

Expressionnisme, surréalisme, dadaïsme, fauvisme, cubisme, art abstrait, futurisme: les artistes majeurs de notre temps sont représentés. On trouve ainsi des œuvres importantes de **Rouault**

(Carmencita, Au Cirque) ; quelques bronzes et des toiles de **Picasso** *(**Joueur de guitare***, Verre et violon***, Femme à la collerette bleue, Bouteille)* ; **Chagall** *(Le Cirque)* ; **Dalí** *(L'Énigme de Guillaume Tell)* ; **Dubuffet** *(Nœud au chapeau, Mécanisme de l'effacement des traces)* ; **Mondrian** *(Composition avec rouge, jaune et bleu; La Mer)* ; **Picabia** *(Prenez garde à la peinture)*, **Duchamp** (une copie signée de *La Mariée mise à nu par ses célibataires, même*, ainsi qu'une quinzaine d'autres œuvres) ; **Léger** *(**Les Danseuses aux clés****, *L'Escalier)* ; **Gris** *(L'Homme au violon, Paysage de Céret)* ; **Derain** *(Femme à la corbeille)* ; **Braque** *(**La Roche-Guyon****, Nature morte au violon)* ; **Matisse** *(**Paysage marocain****). Les arts suédois et nordique sont à l'honneur, avec notamment des **œuvres**** importantes du Norvégien **Edvard Munch**.

Le musée possède une des plus riches collections du monde en matière d'**art contemporain américain****, où figurent notamment Warhol et le Pop Art, Barnet Newman, Frank Stella et d'autres représentant du Minimal Art.

Le musée suédois de l'Architecture*

➤ ***Arkitekturmuseet**; mêmes horaires que le musée d'Art moderne ☎ (08) 58.72.70.00.*

Il se trouve intégré à l'ensemble du musée d'Art moderne et propose des **expositions temporaires**, ainsi qu'un petit panorama de l'architecture en Suède.

Djurgården**

Plan IV-CD-2-3 Cet ancien parc de chasse royale est devenu la promenade favorite des habitants de Stockholm. On y trouve une vingtaine de musées, de palais et de châteaux, le parc d'attractions Gröna Lund, de nombreux restaurants, mais aussi une nature préservée, peuplée d'animaux en liberté et d'oiseaux de mer.

La partie nord

La tour de Kaknäs*

➤ **IV-D2** ***Kaknästornet**; Ladugårdsgärde. **Bus**: n° 69. Ouv. de 9h à 22h en été; de 10h à 21h le reste de l'année.* ℹ *et boutique ☎ (08) 789.24.35.*

Avec ses 155 m, cette tour est le bâtiment le plus élevé de Scandinavie. En haut, deux **plates-formes** panoramiques offrent des **vues** uniques sur la capitale et l'archipel. La tour comporte une cafétéria situé à 120 m d'altitude ☎ (08) 667.21.80.

Le musée des Techniques*

➤ **IV-D2** ***Tekniska museet**; Djurgårdsbrunnsvägen 7. **Bus**: n° 69. Ouv. toute l'année du lun. au ven. de 10h à 16h, sam. et dim. de 11h à 16h ☎ (08) 450.56.00.*

Il propose la reconstitution très vivante de l'**histoire des techniques et de l'industrie**: machines à vapeur, moteurs, avions, voitures, cycles, appareils en tout genre.

À **Teknorama**, les visiteurs peuvent expérimenter divers phénomènes techniques et physiques. Recommandé pour les enfants.

Le musée de la Marine**

➤ **IV-D2** *Sjöhistoriska museet; Djurgårdsbrunnsvägen 24.* ***Bus****: n° 69. Ouv. t.l.j. de 10 h à 17 h, jusqu'à 20 h 30 le mar.* ☎ *(08) 666.49.00.*

Ce bâtiment, construit dans les années 1930 par **Ragnar Östberg**, l'architecte de l'hôtel de ville, abrite une collection unique de **modèles de navires** des XVIIe et XVIIIe s. L'histoire de la marine militaire suédoise est retracée dans les salles du rez-de-chaussée et du sous-sol; celle de la marine marchande est restituée au 1er étage.

> ## Un écoparc en pleine ville
>
> En 1995, un « écoparc » ou parc national a été créé en pleine agglomération stockholmoise. Il regroupe les parcs royaux de **Djurgården**, **Haga** et **Ulriksdal**, ainsi que **Fjäderholmarna**, un ensemble d'îles situées à l'entrée de l'archipel. L'objectif est de préserver cet héritage naturel et d'empêcher toute dégradation. Ce périmètre privilégié, étonnamment conservé malgré l'environnement urbain, abrite une flore et une faune variées.
>
> ***Visites guidées*** *en bateau de mai à oct. au départ de* ***Strömkajen I-B2****, près du Grand Hôtel.* ***Rens.*** ☎ *(08) 587.140.10 et 587.140.40.*

La partie sud

➤ ***En voiture****: depuis Strandvägen, à Östermalm, prenez le pont Djurgårdsbron.* ***Attention****: d'avr. à sept., les voitures ne sont pas admises du ven. 18h au dim. 18 h.* ***Bac****: depuis* ***Slussen II-BC2*** *(toute l'année) ou* ***Nybroviken I-C2*** *(en saison seulement).* ***Tramway touristique****: au départ de Norrmalmstorg* ***I-BC2 rens.*** ☎ *(08) 660.77.00.*

Le Musée nordique***

➤ **IV-C2** *Nordiska museet; Djurgårdsvägen 6-16.* ***Bus****: n° 44, 47 et 69. Ouv. du mar. au dim. de 10h à 21h* ☎ *(08) 51.95.60.00.*

Ce musée a été fondé en 1872 par **Artur Hazelius** *(voir encadré p. 173)*. Il passionnera quiconque s'intéresse au **mode de vie** et au **travail** du **peuple suédois** et des **Lapons** de 1520 à nos jours *(voir illustrations p. 236)*. Une des sections évoque la naissance de la Suède moderne à partir de l'industrialisation du pays. Dans le hall d'entrée, la célèbre **statue géante de Gustave Vasa** a été sculptée dans le chêne par Carl Milles en 1924.

Junibacken

➤ **IV-C2** *Galärsvarvsvägen.* ***Bus****: n° 44 et 47. Ouv. du mer. au dim. de 10h à 17h* ☎ *(08) 587.230.00.*

Ce musée familial, qui se visite en petit train, évoque l'**univers féérique d'Astrid Lindgren**, célèbre auteur de contes pour enfants *(voir aussi encadré p. 125)*. On y découvre les lieux et les personnages de ses romans (Fifi Brindacier, Zozo la Tornade…).

♥ Le musée Vasa***

➤ **IV-C2** *Vasamuseet; Galärvarvet.* ***Bus****: n° 47, 69. Ouv. t.l.j. de 9h30 à 19h de mi-juin à mi-août;*

Vasa sauvé des eaux

Le vaisseau amiral Vasa (1628) vu de la proue, musée Vasa. Ce fleuron de la marine royale coula lors de sa première sortie. Renfloué en 1961, il constitue aujourd'hui une des attractions majeures de Stockholm.

Armé de 64 canons, le vaisseau amiral *Vasa* devait assurer la maîtrise des mers à Gustave Adolphe. Il fut perdu corps et biens dès sa mise à flot, en 1628, entraînant dans sa perte les hommes d'équipage et autres membres à bord. Ensevelie pendant plus de trois siècles, l'éphémère perle de la couronne fut redécouverte en 1956 par un plongeur amateur. Le navire fut renfloué en 1961 et refit surface avec des milliers d'objets, comme la plupart des canons dont il était équipé. Placé en cale sèche, il fut restauré par de nombreux spécialistes qui déployèrent des trésors d'ingéniosité pour le garder intact.

le reste de l'année, de 10h à 17h, et jusqu'à 20h le mer. Boutique, restaurant ☎ (08) 51.95.48.00.

Vasa est le nom d'un superbe **navire de guerre** dont Gustave II Adolphe suscita la construction en 1625, peu de temps avant l'entrée de la Suède dans la guerre de Trente Ans (1618-1648). Seul navire du XVIIe s. qui ait été conservé, ce magnifique vaisseau de 62 m de long est autant un trésor national suédois qu'une curiosité célèbre dans le monde entier *(voir encadré ci-dessus)*. Il fait à présent l'objet d'un musée permanent: ses **canons** de bronze y sont exposés, ainsi que ses centaines de **sculptures** en bois, et 1275 m² de voilure. Sa **poupe***** à 5 étages, ornée de sculptures, justifie à elle seule une visite. Un **film**, projeté toutes les heures, retrace le sauvetage et la restauration de ce chef-d'œuvre.

Aquaria, le musée de l'Eau

➤ **IV-C3** *Aquaria Vattenmuseum; Falkenbergsgatan 2* ***Bus****: n° 44, 47 ☎ (08) 660.49.40.*

Ce musée présente la **faune** de divers milieux aquatiques parfaitement reconstitués: celle de la **Baltique** (saumons) ou encore celle de la **forêt tropicale** (piranhas, grenouilles venimeuses…).

La galerie d'art Liljevalch*

➤ **IV-C3** *Liljevalchs konsthall; Djurgårdsvägen 60* ***Bus****: n° 44, 47. Ouv. en été t.l.j. de 11 h à 19 h; le reste de l'année t.l.j. sf lun. de 11 h à 17 h, jusqu'à 20 h mar. et jeu. ☎ (08) 50.83.13.30.*

Des expositions temporaires présentent, dans une cohabitation harmonieuse, des **peintures** anciennes et modernes, suédoises et internationales, ainsi que de l'**artisanat d'art**. Un **salon de Printemps** a lieu chaque année.

Le parc d'attractions Gröna Lund

➤ **IV-C3** *Lilla allmänna gränd 9.* ***Bus****: n° 44 et 47. Outre les liaisons en bateau assurées pour Djurgården S* *(p. 171)**, le parc propose sa propre* ***navette Tivoliexpressen****. Ouv. de mai à mi-sept. de 15 h à 23 h en semaine, de 12 h à 24 h le sam., jusqu'à 20 h le dim. ☎ (08) 58.75.01.00.*

Gröna Lund, créé en 1883, est à la fois un **parc fleuri**, joliment situé au bord de l'eau, et un lieu de divertissement : nombreuses **attractions foraines**, scènes pour **concerts** en plein air, **spectacles** de variétés et de cabaret… On y trouve de nombreuses possibilités de se restaurer, de l'établissement chic à la baraque où l'on vend des saucisses chaudes.

♥ Skansen***

➤ **IV-D2** *Djurgårdsslätten 49-51.* ***Bus****: n° 44, 47. Ouv. t.l.j. de 9h à 22 h de juin à août; f. à 20 h en mai, 17 h à l'automne, 16 h en hiver.* ***Maisons*** *ouv. de 11 h à 19 h en été, jusqu'à 17 h en automne, 16 h en hiver ☎ (08) 442.80.00.*

Ce **musée en plein air**, le plus ancien au monde puisqu'il fut ouvert en 1891, constitue sans doute la plus grande attraction touristique de l'Europe du Nord. Inspiré par le romantisme national de la fin du siècle dernier, **Arthur Hazelius**, son créateur, souhaitait reconstituer la Suède rurale sur un périmètre limité.

« Rassembler, préserver, montrer »

Telle était l'ambition d'Hazelius (1833-1901) lorsqu'il mit sur pied ces deux institutions complémentaires que sont le Musée nordique *(p. 171)* et Skansen. Face aux transformations radicales entraînées par l'industrialisation, l'homme consacra ses efforts à sauver tout ce qui témoignait des usages et des mœurs des époques passées. En province, de nombreux musées, notamment des musées de plein air, ont été conçus dans le même esprit.

➤ **Habitat et traditions populaires.** Skansen se compose de **150 bâtiments anciens** (fermes, maisons, ateliers…) issus de différentes régions de Suède. L'origine des maisons s'échelonne entre les dernières décennies du XVIIIe s. et la Première Guerre mondiale. Des **artisans**, représentant une bonne douzaine de corps de métier, font la démonstration de leur savoir-faire. **Concerts, danses folkloriques** et autres manifestations se succèdent pendant l'été. Skansen est le lieu par excellence où l'on célèbre les grandes fêtes : entre autres, la **nuit de Walpurgis** *(30 avr.)*, la **Saint-Jean** et la **Saint-Sylvestre** *(p. 30)*. Des **marchés** traditionnels s'y tiennent à l'automne et à Noël.

Musée vivant, Skansen est peuplé d'artisans et de paysans qui travaillent comme dans l'ancien temps.

➤ LILL-SKANSEN. Le « Petit Skansen » a été créé à l'intention des **enfants** : ils y découvriront chatons, volailles, cochons d'Inde, chevreaux en liberté *(du 1er mai au 15 sept.)*. Un **parc zoologique** complète ce musée vivant : on y trouve la maison des **éléphants**, le **vivarium-aquarium** avec une mare aux crocodiles, des serpents, des **poissons** nordiques et exotiques, des singes nains et toutes sortes de **lémuriens**. La naissance des **oursons** est, chaque année, le signe le plus sûr de l'arrivée du printemps.

♥ Prins Eugens Waldemarsudde**

➤ **IV-D3** *Prins Eugens väg 6* **Bus** *: n° 47. Ouv. de juin à août de 11 h à 17 h, jusqu'à 20 h les mar. et jeu. ; le reste de l'année de 11 h à 16 h ; f. le lun.* ***Concerts*** *de musique de chambre en été les jeu. à 20 h. Cafétéria ☎ (08) 662.18.33.*

Paysagiste de talent, le **prince Eugène** (1865-1947) avait élu domicile sur ce site où il fit construire une charmante demeure en 1899. Elle abrite aujourd'hui un musée où l'on peut admirer, outre sa production personnelle, la collection de **toiles nordiques** qu'il rassembla de 1880 à 1940 : œuvres de Richard Bergh, **Carl Larsson**, **Anders Zorn**, Ernst Josephson, Eugen Jansson. On découvre également une *Tête de femme* de la période cubiste de **Picasso**, ainsi que des œuvres françaises (Delacroix, Corot, Puvis de Chavannes, Daubigny...). **Jardins** agréables.

La galerie Thiel**

➤ **Hors plan par IV-D3** *Thielska galleriet ; Sjötullsbacken 6-8.* **Bus** *: n° 69. Ouv. toute l'année de 12 h à 16 h, le dim. de 13 h à 16 h ☎ (08) 662.58.84.*

À l'extrémité orientale de Djurgården, cette villa de style **Art nouveau** fut construite vers 1900 par le riche financier et collectionneur **Ernest Thiel**. On y admire notamment douze toiles d'**Edvard Munch**, dont ***Jeunes filles sur la jetée****, ***Sur le pont**** et ***Le Cri*****.

Kungsholmen

Cet « îlot royal », situé à l'O de Norrmalm, fut urbanisé sur l'ordre de Charles XI dans la deuxième moitié du XVIIe s. Les artisans qui ne pouvaient plus trouver place dans la vieille ville s'y installèrent, puis des industries apparurent dans la deuxième moitié du XIXe s. Aujourd'hui, les restaurants y sont nombreux et les rives offrent d'agréables balades. Les parcs et les plages feraient presque oublier que l'on se trouve en plein cœur d'une grande capitale !

L'hôtel de ville**

➤ **I-A3** *Stadshuset; Hantverkargatan 1* **M° T-Centralen. Bus :** *n° 48, 62.* ***Visites guidées*** *de 10h à 14h l'été, de 10h à 12h d'oct. à mars.* ***Tour*** *: ouv. de mai à sept. de 10h à 16h30 ☎ (08) 50.82.90.59.*

La construction du bâtiment, dessiné par Ragnar Östberg, a duré douze ans (1911-1923) et a exigé dix-neuf millions de fragments de mosaïque dorée. Sa silhouette est indissociablement liée à l'image de Stockholm.

➤ **L'INTÉRIEUR.** D'allure moderne, la **Salle dorée**** *(Gyllene salen)* est ornée de **mosaïques** qui représentent les **événements** de l'**histoire** suédoise. Les autres salles présentent une décoration aussi raffinée. Chaque année, le **banquet Nobel** a lieu dans la Salle **bleue**.

➤ **LA TOUR.** Du haut de ses 105 m, on découvre un **panorama*** magnifique sur la vieille ville et les hauteurs du quartier sud.

Södermalm*

➤ **II-AD2-3** *Une demi-journée ou une journée de visite si l'on inclut l'îlot de Långholmen* **IV-A3**.

La partie S de la ville, qui est aussi la plus étendue et la plus peuplée, fut longtemps un faubourg pauvre. À l'écart du Stockholm prestigieux, elle n'est généralement pas considérée comme un objectif touristique majeur. Pourtant, il y fait bon flâner. De nombreux artistes et artisans s'y sont installés. Vous y trouverez une ambiance sympathique et bon enfant et des restaurants aussi simples que plaisants.

Slussen

➤ **II-BC2 M°** *Slussen.*

Le nom du site évoque l'ancienne écluse qui, édifiée entre les deux îles de Södermalm et Stadsholmen, séparait les eaux de la Baltique de celles du lac Mälaren. Un **ascenseur** conduit à une **plateforme** *(Katarinahissen ; ouv. de 7h30 à 22h, de 10h à 22h les dim. et j.f.)* d'où l'on jouit d'une **vue*** magnifique sur la vieille ville.

Les plus beaux points de vue

Fjällgatan est l'artère qui dévoile les plus belles vues sur Stockholm. Autre panorama superbe, celui qu'offre le **sentier de Monteliusvägen**, aménagé en 1998 à **Mariaberget II-C2**, entre **Bastugatan** et **Timmermansgatan** : il parcourt 415 m dans la verdure, et permet de découvrir toute la beauté de la « ville sur l'eau » : l'hôtel de ville, Riddarholmen, Gamla stan, l'amorce de l'archipel...

Le Musée municipal**

➤ **II-BC2** ***Stadsmuseum***; *Ryssgården* **M° *Slussen***. *Ouv. t.l.j. sf lun. de 11 h à 17 h* ☎ *(08) 50.83.16.00.*

Le bâtiment, achevé en 1685 par **Nicodemus Tessin l'Ancien**, est un palais conçu dans le style **baroque** italien. Des **expositions**, permanentes et temporaires, retracent l'évolution de l'**urbanisme** à Stockholm.

On peut ensuite gagner **Mosebacke Torg II-C2**, petite place charmante et animée. Vers l'E, parallèlement à la rive de la Baltique, la rue **Fjällgatan II-C2** offre des **panoramas** étendus sur Stockholm et de pittoresques **maisons des XVIIIe et XIXe s.** Si vous êtes bon marcheur, poursuivez jusqu'aux **parcs d'Åsöberget II-D3** et de **Fåfängan II-D3**, à l'extrémité E de l'île Södermalm.

Le Globe

➤ **Hors plan par IV-C4** ***Globe Arena*** *ou* ***Globen***; *à Johanneshov* **M° *Globen***. *Visite en été de juin à août* ☎ *(08) 600.34.00.*

Au S de Södermalm, le Globe est la plus grande construction sphérique du monde (85 m de haut, 100 m de large). Cette boule d'acier, de béton et de verre, conçue comme une structure modulable, se prête aux **manifestations** les plus diverses : rencontres sportives, concerts, congrès... L'**amphithéâtre géant** peut accueillir jusqu'à 16 000 spectateurs. À proximité, se trouvent une galerie marchande, des restaurants et bars.

Stockholm, ville de musées

La capitale suédoise compte au total quelque 70 musées, d'intérêt variable selon les goûts de chacun, mais en règle générale, bien présentés et très vivants. Citons quelques-uns des thèmes abordés dans les musées spécialisés : la communauté juive en Suède, l'histoire de la médecine, l'armée, le jouet, les marionnettes, la danse, le sport, le tabac, le vin et l'alcool, et même les sous-marins russes (près du musée Vasa). Pour en savoir plus, consultez la revue *Stockholm This Week*.

Aux portes de la capitale

Ne quittez pas Stockholm sans avoir vu Millesgården et Drottningholm, pour la beauté de leur cadre et leur intérêt culturel, ainsi que d'autres buts d'excursion très proches comme les parcs royaux de Haga et d'Ulriksdal, à présent inclus dans le parc naturel de Stockholm au même titre que celui de Djurgården *(voir encadré p. 171)*.

À l'est

♥ Millesgården***

➤ **Hors plan par IV-D1** *Carl Millesväg 2; Lidingö ☎ (08) 446.75.90.* ***En voiture**: sortir par le N-E, route de Lidingövägen* **IV-C1** *et franchir le pont de Lidingö* **M° *Ropsten***, *puis* ***tramway** (Lidingöbanan).* ***Bus**: n° 203 et 213. Ouv. t.l.j. de 10h à 17h de mai à sept.; le reste de l'année de 12h à 16h t.l.j. sf lun.* ***Durée de la visite**: 3 h.*

Située à 30 mn du centre ville, dans le faubourg chic de Stockholm, Millesgården est l'ancienne demeure de **Carl Milles**, le plus célèbre sculpteur suédois.

➤ **Les jardins en terrasses.** Le domaine occupe un site de toute beauté. Taillées dans le roc, des terrasses surplombent Stockholm, et des **fontaines** rehaussent encore le charme du lieu. La nature se marie ici avec la culture, représentée par de nombreuses œuvres à la fois puissantes et aériennes, comme *Le* ***Chantre du soleil****, *La* ***Fontaine d'Europe et du taureau**** ou encore *Les* ***Anges musiciens****.

➤ **Le musée.** Admirateur de Rodin qu'il rencontra à Paris, Milles créa un art classique et expressif, animé d'un puissant panthéisme. Le musée comporte de petites **statues** de Milles (bronzes et marbres), ainsi que des **antiquités** et des **statuettes chinoises** collectionnées par le couple Milles. Il abrite aussi des **expositions temporaires**. Dans la **salle de musique**, toiles de **Pissarro** et d'**Utrillo**.

À l'ouest

Drottningholm***

➤ **Hors plan par IV-A2** *Sur l'île de Lovön, à 11 km au N-O de Stockholm.* ***En voiture**: par Norr Mälarstrand* **M° *Brommaplan*** *puis* ***bus**: n° 301 et 323.* ***Par bateau**: en 50 mn, au départ de* ***Stadshusbron**, au pied de l'hôtel de ville* **II-A1**. *Une 1/2 journée d'excursion.*

Le château**

➤ ***Visite** t.l.j. de 10h à 16h30 de mai à août, de 12h à 15h30 en sept.; le reste de l'année sam. et dim. de 13h à 15h30 ☎ (08) 402.62.80.*

Ce « Versailles suédois » fut la résidence d'été des souverains. Aujourd'hui, la famille royale y vit en permanence. Ses magnifiques **salons**, de styles baroque, rococo et gustavien, reflètent l'histoire même du monument.

Dans ce domaine créé sous Gustave Vasa, un premier château est édifié par **Jean III** en 1579. Détruit par un incendie en 1660, il est reconstruit par **Nicodemus Tessin l'Ancien.** À sa mort, en 1681, son fils achève l'ouvrage et dessine un parc dans l'esprit de Le Nôtre. En 1744, la reine **Louise Ulrique** fait agrandir le château, et aménager des

Un cinéma venu du froid

Si l'ombre d'Ingmar Bergman, entourée de ses actrices fétiches, plane toujours sur le cinéma suédois, de nouveaux talents voient le jour.

L'âge d'or du muet

Greta Garbo dans *Grand Hôtel*. Originaire du Norrland, cette jeune actrice allait être élevée par Hollywood au rang de mythe. Star absolue, à la beauté froide et désincarnée, elle fit rêver des générations de cinéphiles.

Le cinéma suédois se fait connaître en 1909 grâce à un moyen métrage, *Gens du Värmland*. Sa première grande époque se situe entre 1916 et 1922. Deux réalisateurs, **Victor Sjöström** et **Mauritz Stiller**, jouissent d'une renommée internationale. Puisant dans le fonds littéraire nordique, ils excellent à « dramatiser » la nature et à rendre les sentiments tumultueux qu'elle peut inspirer. Le lyrisme de la mise en scène, la grande beauté plastique que révèlent les jeux de lumière, le mélange d'onirisme et de réalisme caractérisent les œuvres de cette époque.

La crise économique qui frappe la Suède en 1923 porte un coup à la production nationale. Sjöström poursuit sa carrière à Hollywood, de même que Stiller. Si le film muet place à égalité les nations productrices, il n'en sera pas de même pour le cinéma parlant qui favorise les langues de grande diffusion comme l'anglais.

Il faut attendre les années 1940 pour que le cinéma suédois connaisse un nouvel essor. En 1947, **Arne Sucksdorff** sort son *Rythme de la ville*, tandis qu'en 1950, **Alf Sjöberg** produit une version filmée de *Mademoiselle Julie*. En 1951, le film d'**Arne Mattson**, *Elle n'a dansé qu'un seul été*, apparaît légèrement scandaleux pour l'époque.

L'ère Bergman

Né en 1918, Ingmar Bergman domine le cinéma suédois de l'après-guerre. L'intensité, le refus des compromis qui caractérisent son œuvre vont exercer une influence considérable sur le septième art. Les obsessions métaphysiques du cinéaste transparaissent dans des œuvres devenues célèbres comme *Les Fraises sauvages* (1957) et *Les Communiants* (1962). Bergman aborde les thèmes existentiels : l'angoisse, la guerre, la maladie, la mort, la condition de l'artiste, le silence de

Le Septième sceau d'Ingmar Bergman. Cette fable métaphysique fait aujourd'hui figure de classique.

Dieu. Les problèmes du couple et de la communication entre les êtres l'inspirent tout particulièrement : *La Nuit des forains* en 1953, *Sourires d'une nuit d'été* en 1955, *Scènes de la vie conjugale* en 1973. Il excelle dans les portraits de femmes, servi par « ses » comédiennes, Harriet Andersson, Bibi Andersson, Ingrid Thulin, Gunnel Lindblom et Liv Ullmann.

À côté de lui, d'autres metteurs en scène tentent de se faire un nom. Dans les années 1960, Bo Widerberg, Vilgot Sjöman, Jan Troell, Maj Zetterling, Stefan Jarl, Lasse Hallström, Max von Sydow et Susanne Osten se font reconnaître. À partir des années 1970, certains donnent au film pour enfants une dimension nouvelle[2] .

Ingrid Bergman dans *Pour qui sonne le glas.* L'autre grande star suédoise du cinéma international, guère moins célèbre.

Étoiles des neiges

Depuis les années 1920, les comédiens célèbres ont presque tous été formés à l'école du théâtre. Originaire du Norrland, Greta Gustavsson, qui entre dans la légende hollywoodienne sous le nom de **Garbo**, a fait ses premières armes au Théâtre royal de Stockholm. Il en va de même pour **Ingrid Bergman**, révélée en 1936 dans *Intermezzo.* **Lena Olin** est actuellement la comédienne suédoise la plus célèbre (*L'Insoutenable Légèreté de l'être*). Mais d'autres acteurs se sont imposés sur les écrans du monde entier, comme **Max von Sydow** ou **Erland Josephson**, qui ont tourné avec les plus grands réalisateurs.

La nouvelle génération

Aujourd'hui, Bergman a renoncé à la mise en scène, mais a signé plusieurs scénarios, dont celui du film de **Bille August**, *Les Meilleures Intentions*, Palme d'or à Cannes en 1992. De nouveaux cinéastes surgissent : récemment, Gunnar Hellström, Vilgot Sjöman et Jan Troell ont porté à l'écran respectivement la vie du peintre Anders Zorn, de l'industriel Alfred Nobel et du romancier norvégien Knut Hamsun. Ce ne sont pas les talents qui manquent en Suède, mais plutôt les moyens de financement… tandis que le rêve américain reste vivace chez beaucoup de réalisateurs.

Ma vie de Chien (1985) de Lasse Hallström a été nommée meilleur film étranger par la critique new-yorkaise.

Palais de Drottningholm, pavillon chinois. La Chine était à la mode au siècle des Lumières, et Gustave III, monarque éclairé, n´échappa pas à cet engouement.

intérieurs en style rococo. Les travaux sont achevés en 1756. Malgré quelques remaniements sous Gustave III au XVIIIe s., il a conservé sa physionomie de l'époque.

Parmi ses richesses, on remarque une importante collection de **portraits**** (l'un de Louis XV en pied), un très beau **mobilier** suédois et français, des **tapisseries**, ainsi que la **bibliothèque*** de Louise Ulrique.

♥ Le théâtre***

➤ ***Drottningholms slottsteater & teatermuseum****; Visite* ***guidée uniquement****, t.l.j. toutes les heures de 11h30 à 16h30 de juin à août, de 12h30 à 16h30 en mai, de 13h30 à 15h30 en sept. ☎ (08) 759.04.06.*

Drottningholm possède le plus ancien théâtre du monde, conservé pratiquement en l'état depuis sa création. Fondée en 1766 par **Gustave III** (alors prince héritier), cette salle est toujours utilisée pour des représentations d´opéra et de ballet. Les installations d'origine ont été préservées, notamment la **machinerie**, qui permet de rapides changements de décor sans baisser de rideau. Un **musée** attenant retrace l´histoire de cette institution étonnante que l´UNESCO a inscrite au patrimoine mondial.

Le parc**

L'inspiration française est évidente: **Tessin le Jeune** procéda aux aménagements et le dessina dans le style de Le Nôtre. Les **sculptures** proviennent, pour l'essentiel, de prises de guerre (comme à Prague en 1648, ou au Danemark en 1660). Admirez notamment le **Pavillon chinois*** *(**Kina slott**; ouv. t.l.j. de 11h à 16h30 de mai à août, de 12h à 15h30 en sept., de 13h à 15h30 en avr. et oct.)*. Achevé en 1769, il rappelle le goût du XVIIIe s. pour l'Extrême-Orient. Le **mobilier** d'origine, la **bibliothèque** française des souverains ainsi que de nombreux **objets d'art chinois** y sont exposés.

Au nord

Le parc Haga*

➤ **Hors plan par IV-A1** *Hagaparken.* ***En voiture**: **route** E4 en direction d'Uppsala* **M° *Odenplan*** *puis **bus**: n° 69 ou 515.*

Ce parc forme, avec les parcs royaux de **Djurgården** et d'**Ulriksdal**, l'écoparc créé à Stockholm en 1995 *(voir encadré p. 171).*

➤ **Le pavillon de Gustave III*** *(**Gustav III : s paviljong; visites guidées** de juin à août t.l.j. sf lun. de 12h à 15h, en sept. de 12h à 16h les sam. et dim.).* Chef-d'œuvre de l'art gustavien, ce palais d'été miniature fut construit à partir de 1778 sur les ordres du roi, qui voulait pouvoir s'y réfugier. Les **intérieurs** sont dus au grand architecte du moment, le Français Louis Masreliez.

➤ **Le pavillon de la Reine** *(**Haga Slott**).* Construit au début du XIXe s. dans le style **Empire**, il est aujourd'hui utilisé par l'État pour les visites officielles, après avoir été un des lieux de résidence favoris de **Bernadotte**.

➤ **La maison des papillons** *(**Fjärilshuset**; ouv. d'avr. à sept t.l.j. sf lun. de 10h à 16h, jusqu'à 17h30 les sam. et dim.; le reste de l'année de 10h à 15h, jusqu'à 16h les sam. et dim., f. le lun.).* Elle abrite 300 spécimens de papillons exotiques et 130 oiseaux, ainsi qu'un jardin asiatique, récemment créé.

Le musée national d'Histoire naturelle*

➤ **Hors plan par IV-B1** ***Naturhistoriska riksmuseet**; Frescativägen 40* **M° *Universitetet. Bus**: n° 40 et 540. Ouv. t.l.j. sf lun. de 10h à 18h, jusqu'à 20h le jeu. ☎ (08) 519.540.00.*

Ce musée, l'un des plus beaux d'Europe, propose une présentation très suggestive d'espèces animales et végétales dans leur environnement naturel. Les régions polaires sont particulièrement bien représentées (faune et flore, évocation des expéditions d'explorateurs). Le musée abrite aussi un **planétarium** et un **cinéma** doté d'un écran géant *(**Cosmonova** ☎ 519.551).*

Le château d'Ulriksdal*

➤ **Hors plan par IV-A1** *Au N-O de Brunnvik. **En voiture**: depuis Stockholm, par la E4 en direction d'Uppsala; depuis le parc de Haga ou le musée national d'Histoire naturelle, par Roslagsvägen* **M° *Bergshamra**, puis **bus**: n° 540. Ouv. t.l.j. de mai à sept. de 10h à 16h ☎ (08) 402.61.30.* ***Informations pratiques*** *p. 189.*

Ce château, situé à env. 45 mn du centre ville, fut bâti vers 1640 dans le style de la Renaissance hollandaise. Il a été restauré au XVIIIe s. dans le style baroque par la reine Louise Ulrique.

➤ **Les appartements royaux.** Ils sont décorés d'**antiquités**. Le **mobilier** de la salle de séjour, commandé par le roi Gustave VI Adolphe, est signé **Carl Malmsten**.

➤ **Le parc.** Il abrite le plus vieux **théâtre** de Suède *(**Confidencen**)*, qui date de 1753. L'été, on y donne des représentations et des concerts. Dans les **écuries**, on peut voir le carrosse du couronnement de la reine Christine (1650).

➤ **Le musée de l'Orangerie** *(**Orangerimuseet**).* Il présente une exposition de **sculptures** suédoises (1700-1900) dans un environnement de plantes exotiques.

Informations touristiques

➤ **Maison de la Suède (*Sverigehuset*)**, Hamngatan 27 **I-B2 M° Kungsträdgården** ☎789.24.95 ; fax 789.24.91. Informations, livres et cartes sur Stockholm et ses environs, notamment la brochure *Stockholm This Week. Ouv. toute l'année.* **Utflyktsbutiken**, la « boutique de l'Excursion », située à la même adresse, ☎789.24.15, propose des visites guidées en ville et dans les environs.

➤ **Kaknästornet**, Ladugårdsgärdet, Mörka Kroken **IV-D2. Bus** : n° 69. ☎789.24.35 ; fax 667.85.07. Dans la partie N de Djurgården. Informations, vente de souvenirs. *Ouv. toute l'année.*

➤ **Hôtel de ville (*Stadshuset*)**, Hantverkargatan 1 **I-A3 et II-A1 M° T-Centralen. Bus** : n° 48, 62. ☎651.74.42 ; fax 651.21.12. *Ouv. t.l.j. de mai à oct. ; du ven. au dim. de nov. à avr. ; f. en jan.*

➤ **Dans la vieille ville**, Västerlånggatan 66 **III-B2 M° Gamla stan** ☎20.00.68. *Ouv. de mai à sept.*

➤ **Scandic Hotell**, Kungens Kurva, Ekgårdsvägen 2, Skärholmen **M° Skärholmen** ☎710.13.20. Sur la route E4, entre Södertälje et Stockholm. *Ouv. de juin à août.*

La capitale

Indicatif téléphonique (08)

Arrivée

➤ **En avion.** L'**aéroport d'Arlanda** *(p. 189)* est situé à 43 km au N de la ville. Liaisons en car *(**flygbuss**)* toutes les 10 mn avec la gare centrale (35 à 40 mn de trajet).

➤ **En train.** La **gare centrale** *(p. 189)* est à deux pas de la vieille ville. C'est le point d'intersection entre toutes les lignes de métro et le terminal des cars *(City-terminalen)* qui assurent la liaison avec l'aéroport d'Arlanda.

➤ **En voiture.** L'automobiliste arrive presque toujours à Stockholm par la **route E4**, qui traverse la ville de part en part.

Circuler

➤ **En voiture.** Dans cette ville composée d'îles, ce n'est pas le moyen le plus aisé. Il est plus agréable de découvrir Stockholm à pied, ou d'utiliser les transports en commun. En outre, la circulation peut être difficile à certaines heures, et les places de parking *(p. 189)* sont plutôt rares.

➤ **En métro ou en bus.** Le réseau du métro *(**T-bana**)* et celui des bus permettent de se rendre à peu près partout en ville et dans l'agglomération. Le prix dépend de la longueur du trajet. **Rens. : Stockholms Lokaltrafik** ☎600.10.00. Des **cartes de transport journalières** sont vendues à l'ℹ *(voir encadré ci-contre)*. La carte de transport ***Stockholmskort*** donne ainsi accès au réseau des transports urbains, y compris les trains de banlieue. Elle est valable pour une durée de 1 à 3 jours, et s'achète dans les offices du tourisme, aux guichets **SL** et dans les kiosques à journaux *(Pressbyrån)*. Muni de cette carte, vous pourrez entrer librement à Skansen, Gröna Lund et dans la plupart des musées. Enfin, la carte donne droit à des réductions sur les croisières. Certains forfaits hôteliers proposés en été incluent la *Stockholmskort.*

Hôtels

Hotellcentralen, Centralstationen **I-B2 M° T-Centralen** ☎789.24.56 et ☎789.24.25 ; fax 791.86.66. Cette antenne touristique centralise les réservations d'hôtels. *Ouv. toute l'année.*

Gamla stan

▲▲▲▲ **Victory**, Lilla Nygatan 5 **III-A1 M° Gamla stan** ☎14.30.90. *48 ch.* Cette belle demeure très raffinée du

L'art moderne dans le métro

Le métro de Stockholm (99 stations, 108 km de lignes) est, en lui-même, une attraction touristique. La première ligne fut inaugurée dans les années 1940. En 1955, les conseillers municipaux votèrent unanimement la résolution suivante : « Peut-être ne peut-on faire de chaque station de métro un château de conte de fées. Mais des peintres et des sculpteurs, [...] des céramistes et des artisans d'art [...], en liaison avec des architectes et des ingénieurs, devraient pouvoir transformer les stations en beaux espaces [...], et métamorphoser en cathédrale souterraine l'une ou l'autre des stations principales en une explosion de couleur et de rythme. » Depuis, plus de 125 artistes ont apporté leur contribution au projet. Quelque 70 stations sont ainsi devenues de véritables galeries d'art moderne, notamment le dernier tronçon ouvert entre **Kungsträdgården** et **Hjulsta/Akalla**. D'autres stations sont également remarquables telles **T-Centralen**, **Rådhuset**, **Fridhemsplan** ou encore **Solna centrum**. On peut se procurer une brochure illustrée auprès de **Stockholms Lokaltrafik** *(☎ 600.10.00)*.

XVIIe s., au cœur de la vieille ville, offre un confort de très bon niveau. L'excellent restaurant **Leijontornet** fait partie de la maison.

▲▲▲ **Lady Hamilton** ♥, Storkyrkobrinken 5 **III-B1 M° Gamla stan** ☎ 23.46.80 ; fax 41.11.148. *34 ch.* Cette vieille demeure de 1470 a été aménagée en hôtel en 1980. Un véritable petit musée.

▲▲▲ **Lord Nelson**, Västerlånggatan 22 **III-A1 M° Gamla stan** ☎ 23.23.90 ; fax 10.10.89. *31 ch.* Riche décoration de style maritime dans un bâtiment de la fin du XVIIe s. Les ch. sont petites, mais très plaisantes. De la terrasse, belle vue sur la vieille ville.

▲▲▲ **Mälardrottningen**, Riddarholmen 11 **III-A2 M° Gamla stan** ☎ 24.36.00 ; fax 24.36.76. *59 ch.* Le luxueux yacht de la milliardaire américaine Barbara Hutton est devenu un hôtel flottant, amarré à Riddarholmen. Site superbe, chambres-cabines assez exiguës mais raffinées. Excellent restaurant. Parking aisé.

PARTIE NORD

Cette partie de Stockholm englobe les quartiers de **Kungsholmen**, **Norrmalm**, **Östermalm** et **Vasastaden**.

▲▲▲▲ **Grand Hôtel**, Södra Blasieholmshamnen 8 **I-B2 M° Kungsträdgården** ☎ 679.35.00 ; fax 611.86.86. *307 ch.* Cet hôtel prestigieux est admirablement situé face au château et à la vieille ville. C'est ici que sont logés les lauréats du prix Nobel.

▲▲▲▲ **Sheraton**, Tegelbacken 6 **I-B3 M° T-Centralen** ☎ 412.34.00 ; fax 412.34.09. *459 ch.* Cet hôtel de luxe international, entre la gare centrale (à 150 m) et la vieille ville, propose des ch. très spacieuses, élégantes et bien équipées.

▲▲▲ **Esplanade**, Strandvägen 7 A **I-C2 M° Östermalmstorg** ☎ 663.07.40 ; fax 662.59.92. *34 ch.* Cet édifice de style Art nouveau, très bien situé, offre des ch. spacieuses, certaines avec vue sur la mer.

▲▲▲ **Kung Carl**, Birger Jarlsgatan 21 **I-B1 M° Östermalmstorg** ☎ 463.50.00 ; fax 463.50.50. *85 ch.* Cet hôtel plaisant est situé dans une des parties les plus vivantes de la ville : rues et galeries commerçantes à proximité, dont Sturegallerian.

▲▲▲ **Palace**, Sankt Eriksgatan 115 **hors plan par I-A1 M° Sankt Eriksplan** ☎ 566.217.00 ; fax 566.217.01. *216 ch.*

Très confortable, cet hôtel est idéal pour les familles. Certaines ch. peuvent accueillir jusqu'à 5 personnes. Parking aisé.

▲▲▲ **Radisson SAS Strand**, Nybrokajen 9 **I-C2 M° Kungsträdgården** ☎678.78.00; fax 611.24.36.*148 ch.* Cet hôtel est proche de la perfection à tous points de vue: cadre, situation, raffinement des intérieurs, service.

▲▲▲ **Scandic Hotel Continental**, Klara Vattugränd 4 **I-B2 M°** T-Centralen ☎517.34.200; fax 517.34.211.*268 ch.* Face à la gare centrale, cet hôtel aux ch. récemment rénovées est à proximité immédiate de tous les moyens de communication.

▲▲▲ **Sergel Plaza** ♥, Brunkebergstorg 9 **I-B2 M°** T-Centralen ☎22.66.00; fax 21.50.70. *406 ch.* Situé en plein centre mais néanmoins très calme, ce grand hôtel recèle des ch. meublées avec goût et un très bon restaurant avec un piano-bar. Il propose de nombreux services: boutique, informations touristiques.

▲▲ **City**, Slöjdgatan 7 **I-B2 M° Hötorget** ☎22.22.40. *293 ch.* Cet hôtel plaisant et confortable est situé à Hötorget, au cœur de la ville mais dans une rue tranquille.

▲▲ **Kom**, Döbelnsgatan 17-19 **I-B1 M° Rådmansgatan** ☎412.23.00; fax 412.23.10. *91 ch.* Les ch. de ce bon hôtel de tourisme, calme et central, ont été rénovées.

▲▲ **Kristineberg**, Hjalmar Söderbergs väg 10 **hors plan par I-A2 M°** Kristineberg ☎ 13.03.00; fax 618.66.86. *90 ch.* Tenant de l'hôtel et du motel, cet établissement joliment situé à Kungsholmen, près du métro Kristineberg, possède une piscine de plein air. Restaurant à prix raisonnables.

▲▲ **Wellington**, Storgatan 6 **I-C2 M° Östermalmstorg** ☎667.09.10; fax 667.12.54. *60 ch.* Ce petit hôtel raffiné d'Östermalm, au style anglais, offre calme et repos, entre autres avantages.

PARTIE SUD (SÖDERMALM)

▲▲▲ **Anno 1647**, Mariagränd 5 **II-B2 M° Slussen** ☎644.04.80; fax 643.37.00. *42 ch.* Cet hôtel, moderne dans un cadre historique, surplombe Slussen, près de la vieille ville.

▲▲▲ **Malmen**, Götgatan 49-51 **II-B2 M° Slussen** ☎22.60.80. *283 ch.* Cet hôtel moderne est situé près de Mariatorget, entre la vieille ville et Globen.

▲▲▲ **Scandic Hotel Slussen**, Guldgränd 8 **II-B2 M° Slussen** ☎702.25.00. *292 ch.* Ce grand hôtel moderne et confortable se dresse près de Slussen. Vue sur la vieille ville. Cave à vins dans des voûtes du XVIIIe s.

▲▲ **Alexandra**, Magnus Ladulåsgatan 42 **II-B3 M° Medborgarplatsen** ☎84.03.20; fax 720.53.53. *74 ch.* Un hôtel des années 1970, peu sophistiqué mais standard. Un bon choix pour se loger au centre de Södermalm sans se ruiner. Ch. familiales pouvant accueillir jusqu'à 2 adultes et 3 enfants. Bon rapport qualité/prix.

Auberges de jeunesse

Vandrarhem Af Chapman, Västra Brobänken **I-C3 M° Kungsträdgården** ☎463.22.66; fax 611.71.55. **Bus**: n° 65.

Une agréable geôle

Située sur l'île verdoyante de Långholmen, l'ancienne prison abrite une auberge de jeunesse très confortable. Ce lieu de détention, jadis redouté, est devenu une halte plaisante qui offre de nombreuses possibilités de détente. Les Suédois, pédagogues-nés, proposent aux visiteurs un musée qui retrace les quelque 250 ans d'histoire de la célèbre prison.

***Långholmens Vandrarhem**, Gamla Kronohäktet, Långholmen **hors plan par II-A2 M° Hornstull** ☎668. 05.10. 254 lits.*

Fêtes et manifestations

➤ **Avril**. La **nuit de Walpurgis** à Skansen (le 30 du mois).

➤ **Mai**. Début de la **saison d'opéra** à Drottningholm. **Festival historique de Stockholm**, (à la fin du mois). **« Tjejtrampet »**, grande course cycliste, ouverte à toutes les femmes, (à la fin du mois).

➤ **Juin**. **Marathon de Stockholm**, (au début du mois). Début de la **saison des concerts** au Palais royal de Stockholm. **Fête de la St-Jean** à Skansen.

➤ **Août**. **Festival de l'eau**, une gigantesque fête populaire : activités sportives, concerts, feux d'artifice ; elle dure une dizaine de jours. **« Tjejmilen »**, course à pied de 10 km réservée aux femmes, ouverte à toutes (à la fin du mois). **Festival de musique de chambre** (à la fin du mois).

➤ **Septembre**. Fin de la **saison d'opéra** à Drottningholm. Fin de la **saison des concerts** au Palais royal.

➤ **Novembre**. **Festival du film** (la 1re quinzaine du mois). **Stockholm Open**, tournoi international de tennis.

➤ **Décembre**. **Cérémonie de remise des prix Nobel** (le 10 du mois). **Célébration du nouvel an** à Skansen (le 31 déc.).

136 lits. L'auberge est logée dans un superbe voilier à trois mâts de 1888, amarré dans un des beaux sites de Stockholm. Par beau temps, vous pouvez déjeuner sur le pont, trés agréable. *F. du 16 déc. à la fin fév.*

Vandrarhem Skeppsholmen, Västra Brobänken **I-C3 M° Kungsträdgården** ☎463.22.66. *152 lits.* Cette auberge de jeunesse est à la même adresse que la précédente, mais sur la terre ferme.

Zinkensdamm, Zinkens väg **II-A2-3 M° Zinkensdamm** ☎616.81.00. *268 lits.* En voiture : empruntez Ringvägen et prenez la 3e à dr. Les maisonnettes qui forment cette auberge sont nichées dans la verdure.

Campings

Ängby, Bromma, Blackebergsvägen 24 **hors plan par I-A3 M° Ängbyplan**, direction Hässelby ☎37.04.20 ; fax 37.82.26. Situé à 10 km à l'O de Stockholm, non loin de Drottningholm. Baignade et tennis à proximité.

Bredäng, Skärholmen, **hors plan par IV-A4 M° Bredäng** ☎97.70.71 ; fax 708.72.62. On accède aisément à ce terrain, situé à 10 km au S de Stockholm, à partir de la route E4 sud (sortie Bredäng). Ensuite, l'accès est fléché. Nombreuses activités sportives à proximité. Plage à 500 m sur le lac Mälaren. *Ouv. de début avril à la Toussaint.*

Restaurants

On évalue à plus de 1500, toutes catégories confondues, le nombre des restaurants de Stockholm. C'est dire que l'éventail est large... Outre ceux que nous mentionnons ici, la brochure *Stockholm This Week* offre une vaste sélection d'établissements classés par catégories. À midi, la formule ***dagens lunch*** (« plat du jour ») est à un prix très avantageux. Amateurs de crevettes et de saumon, n'oubliez pas non plus les croisières du soir dans l'archipel.

Gamla stan

♦♦♦♦ **Leijontornet**, Lilla Nygatan 5 **III-B2 M° Gamla stan** ☎14.23.55. Ce restaurant à la mode propose une excellente cuisine, avec spécialités de poisson et gibier. Dans la salle à manger, vestiges de fortifications du XIVe s. Par ailleurs, la décoration est très moderne. Bonne cave.

♦♦♦ **Diana**, Brunnsgränd 2 **III-B1 M° Gamla stan** ☎ 10.73.10. Gibier, poissons, buffet de harengs. Large éventail de plats traditionnels suédois.

PARTIE NORD

Cette partie de Stockholm englobe les quartiers de **Kungsholmen**, **Norrmalm**, **Östermalm** et **Vasastaden**.

♦♦♦♦ **Operakällaren**, Operan, Gustav Adolfs torg **I-B2 M° Kungsträdgården** ☎ 676.58.00. Ce restaurant légendaire au cadre superbe, logé dans le bâtiment de l'Opéra, est riche d'une vieille tradition culinaire.

♦♦♦♦ **Wedholms fisk**, Nybrokajen 17 **I-C2 M° Kungsträdgården** ☎ 611.78.74. Situé à Östermalm, ce restaurant de grande classe est spécialisé dans les poissons et les fruits de mer.

♦♦♦ **Bon Lloc**, Bergsgatan 33 **I-A2 M° Rådhuset** ☎ 650.50.82. Une des meilleures tables de Kungsholmen. Le chef, ardent défenseur des traditions culinaires suédoises, a remporté de nombreuses distinctions internationales.

♦♦♦ **Clas på Hörnet** ♥, Surbrunnsgatan 20 **hors plan par I-B1 M° Odenplan** ☎ 16.51.30. Dans Vasastaden, charmant restaurant de style XVIIIe s. Cuisine suédoise et internationale.

♦♦♦ **L'Escargot**, Scheelegatan 8 **I-A2 M° Rådhuset** ☎ 650.98.09. Une très bonne cuisine française vous est proposée dans ce restaurant de Kungsholmen. Cadre raffiné.

♦♦♦ **Paul & Norbert**, Strandvägen 9 **I-C2 M° Kungsträdgården** ou **Östermalmstorg** ☎ 663.81.83. L'une des très bonnes tables de Stockholm, qui propose notamment des desserts superbes. Déjeuners à prix intéressants.

♦♦ **Sturehof**, Stureplan 2 **I-B2 M° Hötorget** ou **Östermalmstorg** ☎ 679.87.50. L'ambiance est sympathique, le service attentionné, et l'on peut déguster une bonne cuisine traditionnelle sans se ruiner.

♦ **Gerdas**, Östermalmshallen **I-C2 M° Östermalmstorg** ☎ 662.10.54. Excellents poissons à prix modérés aux halles d'Östermalm.

♦ **Orient Expressen**, Centralstationsplan **I-B2 M° T-Centralen** ☎ 20.20.49. Le restaurant de la gare possède un décor de train de luxe de style Belle Époque. Cuisine de qualité variable.

PARTIE SUD (SODERMALM)

♦♦♦ **Nils Emil**, Folkungagatan 122 **II-D2 M° Medborgarplatsen** ☎ 640.72.09. Tradition et qualité caractérisent ce restaurant qui propose une généreuse cuisine suédoise, en fonction de la saison et du marché.

♦♦ **Jacob Skräddare**, Götgatan 44 **II-B2 M° Medborgarplatsen** ☎ 641.36.53. Bonne table, ambiance sympathique dans un très beau décor.

♦ **Hannas Krog**, Skånegatan 80 **II-C3 M° Skanstull** ☎ 643.82.25. L'un de ces bistrots populaires qui font le charme de Södermalm et attirent particulièrement les jeunes.

Enfants

➤ **ATTRACTIONS. Fjärilshuset** (la maison aux papillons), ☎ 730.39.81 *(p. 181)*. **Junibacken** ☎ 587.230.00. L'univers des contes d'Astrid Lindgren *(p. 171)*. **Parcs d'attractions de Skansen** ☎ 442.80.00 *(p. 174)* et **Gröna Lund** ☎ 587.501.00 *(p. 173)*. **Strömma Kanalbolaget** ☎ 587.140.00. Sur les îles de **Fjärderholmarna** sont organisées des chasses au trésor et des spectacles pour enfants pendant l'été. Baignades, restaurants, boutiques d'artisanat et petit musée. Trajet de 25 mn au départ de Nybroplan **M° Kungsträdgården**.

➤ **MUSÉES. Aquaria Vattenmuseum** (Aquaria, musée de l'Eau). De l'eau sous toutes les formes : la mer, les eaux nordiques, une forêt tropicale, des poissons ☎ 660.49.40 *(p. 172)*. **Naturhistoriska museet** (musée d'Histoire naturelle) ☎ 519.540.00 *(p. 181)*. **Tekniska museet** (Musée des techniques) ☎ 450.56.00 *(p. 170)*.

➤ **THÉÂTRE. Leksaksmuseet** (musée du Jouet), Mariatorget 1C ☎ 641.61.00. **M° Mariatorget. Bus**: n° 43 et 55. Ce musée contient des milliers de jouets sur cinq étages. Spectacles de magiciens presque t.l.j.

Shopping

➤ **GALERIES MARCHANDES.** Elles constituent en elles-mêmes un but de promenade: **Gallerian**, Hamngatan 37 **I-B2 M° T-Centralen.** Vous y trouverez 43 boutiques. **Sture Gallerian**, Stureplan **I-B2 M° Östermalmstorg.** Joliment aménagée, c'est le rendez-vous du Tout-Stockholm, avec une cinquantaine de boutiques, restaurants et cafés.

➤ **GRANDS MAGASINS. Åhlens**, Klarabergsgatan, 50 **I-B2 M° T-Centralen.** À 100 m de la gare centrale. **NK**, Hamngatan 18-20 et **PUB**, Drottninggatan 76 **I-B2 M° Hötorget.** Deux immeubles qui jouxtent Hötorget. Très international, le premier est le plus chic et le plus agréable.

➤ **QUARTIERS COMMERÇANTS. HÖTORGET I-B2 M° Hötorget**: vêtements, artisanat d'art, notamment dans **Drottninggatan. ÖSTERMALM I-C2 M° Östermalmstorg**: notamment **Biblioteksgatan** et autour de **Stureplan** pour les magasins de mode. **SÖDERMALM II-B2 M° Slussen**: en particulier **Hornsgatan**, pour ses galeries d'art. **VASASTADEN I-A1 M° Odenplan**, avec **Odengatan** et **Upplandsgatan**: **bijoux**, magasins d'antiquités. **VIEILLE VILLE III-A2 M° Gamla stan**, dont **Västerlånggatan**, une agréable ruelle: curiosités, antiquités, artisanat.

Sports et loisirs

➤ **LOCATION DE CANOËS. Kanotbryggan Adventure Sport** ☎ 83.82.90. **Kanotcenter Svima Sport** ☎ 730.22.10. **Skepp å hoj** ☎ 660.57.57.

➤ **LOCATION DE MATÉRIEL DE PÊCHE. Berras Sportfiske** ☎ 15.84.70. **Fiskarnas Redskapshandel. Rens.** sur les lieux de pêche autorisés ☎ 644.21.29.

➤ **LOCATION DE PATINS. Friluftsfrämjandet** ☎ 457.05.10. **Friskis & Svettis** ☎ 84.80.34. Pour partir avec des accompagnateurs expérimentés. **Slipspecialisten** ☎ 650.60.14.

➤ **LOCATION DE ROLLERS. Skepp å hoj** ☎ 660.57.57. **Tvillingarnas** ☎ 663.37.39.

➤ **LOCATION DE VÉLOS. Cykelstället** ☎ 650.08.04. **Cykel & Moped** ☎ 660.79.59. **Intercykling** ☎ 15.41.70. **Service depån** ☎ 651.00.66. **Skepp å hoj** ☎ 660.57.57.

Spectacles

Dès votre arrivée à Stockholm, procurez-vous la brochure *Stockholm This Week*, disponible gratuitement dans tous les hôtels et les offices de tourisme, où vous pourrez acheter des billets. Toute l'année, une multitude d'événements se succèdent: concerts, opéras et ballets, théâtre, événements sportifs.

➤ **CABARET. Mosebacke établissement**, Mosebacke torg 3 ☎ 641.90.20.

Marchés

➤ **HÖTORGET I-B2 M° Hötorget.** Un marché en plein air, en face de la maison des Concerts (***Konserthuset***). *Ouv. du lun. au sam. de 10h à 18h; puces le dim.*

➤ **HÖTORGSHALLEN**, Hötorget **I-B2 M° Hötorget.** Dans ce marché couvert, possibilité de déjeuner dans des restaurants et des bistrots. *Ouv. du lun. au ven. de 10h à 18h, le sam. de 10h à 15h; f. le dim.*

➤ **ÖSTERMALMSHALLEN** ♥, Östermalmstorg **I-C2 M° Östermalmstorg.** Le marché couvert le plus chic de la ville, dans un bâtiment très typé en brique rouge du début du siècle. Il comporte plusieurs petits restaurants où l'on peut déjeuner. L'ambiance y est excellente. *Ouv. du lun. au ven. de 9h30 à 18h, le sam. de 9h30 à 15h; f. le dim.*

Liaisons maritimes

➤ **Archipel de Stockholm. Cinderella** ☎ 587.140.50. **Strömma Kanalbolaget** ☎ 587.140.00. **Waxholms-bolaget** ☎ 679.58.30.

➤ **Estonie**. Estline. Liaisons avec **Tallinn** ☎ 667.00.01.

➤ **Finlande**. Liaisons avec **Åbo, Helsinki, Mariehamn**. Silja Line ☎ 22.21.40. **Viking Line** ☎ 452.40.00.

➤ **Île de Gotland. Destination Gotland** ☎ 20.10.20.

➤ **Lettonie et Russie. Ånedinlinjen**. Liaisons avec **Riga** et **Saint-Pétersbourg** ☎ 456.22.00.

➤ **Pologne. Polferries**. Liaisons avec **Gdansk** ☎ 520.181.01.

Musique, chansonniers, café-théâtre, restauration. *Ouv. de 18 h à 24 h.*

➤ **Clubs de jazz. Fasching**, Kungsgatan 63 **IV-B2**. C'est la boîte de jazz la plus intéressante de la capitale : jazz suédois et international, mais aussi blues, funk, world music, etc. **Lydmar**, Sturegatan 10, Östermalmstorg **I-C1**. Jazz « classique ». **Stampen**, Stora Nygatan 5 **III-A1 M° Gamla stan.** Également du jazz « classique ».

➤ **Clubs rock et pop. Electric Garden**, Gamla Brogatan **I-B2 M° Hötorget. Hard Rock Café**, Sveavägen 75 **I-B1 M° Odensplan** ou **Rådmansgatan.**

➤ **Concerts classiques. Berwaldhallen**, Strandvägen 9 **M° Karlaplan.** Bus : n° 69 et 56 ☎ 784.18.00. **Konserthuset**, Hötorget 8 **M° Hötorget** ☎ 786.02.00. **Operan**, Gustav Adolfs torg **M° Kungsträdgården** ☎ 24.82.40.

➤ **Concerts pop et rock. Globen**, Johanneshov **M° Globen** ☎ 600.34.00.

➤ **Danse et spectacles.** Restaurants avec piste de danse ou spectacle : **Aladdin**, Barnhusgatan 12-14 **I-A2 M° Hötorget** ☎ 10.09.32. Bonne cuisine, cadre oriental, orchestres. *Ouv. du mer. au sam. de 20 h à 3 h.* **Berns**, Berzelii park **I-C2 M° Kungs-trädgården.** Artistes de variétés réputés, cuisine internationale. **Hamburger Börs**, Jakobsgatan 6 **I-B2 M° Kungsträdgården** ☎ 787.85.00. Night-club, attractions internationales.

➤ **Pianos-bars.** On en trouve dans la plupart des hôtels importants, notamment au **Grand Hôtel** *(p. 183)* et au **Scandic Hotel Slussen**, Guldgränd 8 : en prime, une vue superbe sur la ville.

➤ **Réservation de spectacles. Biljett direkt**, rés. par téléphone et retrait des billets dans un kiosque à journaux *(Pressbyrån)* affichant le service « ATG » ☎ 077.170.70.70. La boutique de l'Excursion de l'ℹ **Utflyktsbutiken** peut aussi s'en charger ☎ 789.24.15.

Vie nocturne

➤ **Soirées dansantes.** Elles sont organisées dans de nombreux restaurants. Les établissements les plus populaires se trouvent autour de **Kungsträdgården I-B2** et autour de la grande artère **Birger Jarlsgatan I-BC1-2**, sur les hauteurs de Södermalm et dans la vieille ville.

➤ **Boîtes de nuit.** Pour les moins de 25 ans : **Collage**, Smålandsgatan 2 **I-C2 M° Östermalmstorg. Daily's**, Kungsträdgården **I-B2 M° Kungsträdgården. Gamla Stans Bryggeri**, Skeppsbrokajen **III-B1 M° Gamla stan.** Pour les plus de 25 ans : **Karlsson & Co**, Kungsgatan 56 **I-B2 M° T-Centralen** ☎ 20.33.08. **Patricia**, Stadgårdskajen 152 **II-C2 M° Slussen** ☎ 743.05.70.

Visites guidées

Utflyktsbutiken, la boutique de l'Excursion de l'office de tourisme *(p. 182)*, vous informe sur les différentes visites guidées et les excursions selon votre budget et le temps dont vous disposez.

➤ **En avion. Utflyktsbutiken** ☎ 789.24.15. Pour voir Stockholm et l'archipel, vols de 30 mn.

➤ **En bateau. Stockholms Sightseeing** ☎ 587.140.20. Au départ de Strömkajen **M° Kungsträdgården** : différents types de tours.

➤ **En bus. Utflyktsbutiken M° Kungsträdgården** ☎ 789.24.15. Des tours d'1/2 h t.l.j. au départ de Operan.

➤ **En montgolfière. Ballongflyg Upp & Ner** ☎ 695.01.00. Vol d'env. 1 h, réserver à l'avance. *Ouv. de mai à fin sept.*

➤ **À pied. Stolta Stad M° Gamla stan** ☎ 21.19.50. Dans la vieille ville. Départ devant **l'obélisque**, à Slottsbacken (château royal). *À midi tous les dim.*

Adresses utiles

➤ **Aéroport. Arlanda** ☎ 797.60.00.

➤ **Ambassades. France**, Kommendörsgatan 13 **I-C1** ☎ 459.53.00. **Belgique**, Villagatan 13 A **I-C1** ☎ 411.89.58. **Suisse**, Birger Jarlsgatan 64 **I-B1** ☎ 676.79.00.

➤ **Banques.** Vous en trouverez notamment autour de la **gare centrale I-B2**, le long de Sergels torg et Sveavägen **I-B2** et à l'aéroport. *Ouv. en semaine entre 9 h 30 et 15 h.*

➤ **Bibliothèque municipale.** Sveavägen 73. On peut lire les journaux sur place également à **Kulturhuset**, la maison de la culture *(p. 168)*.

➤ **Bureaux de change. Exchange**, Kungsgatan 30. **Forex**, aéroport d'Arlanda ; gare centrale *(**Centralstationen**)*. **Maison de la Suède** *(**Sverigehuset**)*, Hamngatan 27. **Wexex**, Gallerian, Hamngatan 37.

➤ **Compagnies aériennes. Air France** ☎ 679.88.55. **SAS** ☎ (020) 72.77.27 ou 72.70.00.

➤ **Consigne. Gare centrale**, Vasagatan **I-B2 M° T-Centralen** ☎ 762.25.49.

➤ **Gare centrale** *(**Centralstationen**)*. Vasagatan **I-B2 M°** T-Centralen ☎ (020) 75.75.75.

➤ **Guides francophones.** À l'office de tourisme *(p. 182)* ou à l'Institut français, Kungsträdgårdsgatan 18 ☎ 440.54.90.

➤ **Hôpitaux. Danderyd** ☎ 665.50.00. **Karolinska** ☎ 517.700.00. **Sankt Göran** ☎ 672.10.00. **Södersjukhuset** ☎ 616.10.00.

➤ **Location de voitures. Avis** ☎ (020) 78.82.00. **Budget** ☎ (020) 78.77.87. **Hertz** ☎ (020) 21.12.11.

➤ **Parkings centre ville. Garage Tegelbacken**, Vasagatan 4 & Klarafaret **I-B2 Hötorgsgaraget**, Sveavägen 17 & Slöjdgatan 6 **I-B2 Parkgaraget**, Birger Jarlsgatan 6 **I-C2**.

➤ **Pharmacie** *(**Apotek**)*. **C.-W. Scheele**, Klarabergsgatan 64 *Ouv. 24 h sur 24* ☎ 454.81.30.

➤ **Poste.** Vasagatan 28-34 **I-B2** Bureau principal, avec poste restante. *Ouv. de 8 h à 20 h du lun. au ven., de 9 h à 15 h le sam.*

➤ **Taxis** ☎ 15.00.00 ☎ 30.00.00 ☎ 14.00.00 ☎ (020) 93.93.93.

➤ **Urgences** ☎ 112. **Commissariat : Polis**, Bryggaregatan 19 ; Torkel Knutssonsgatan 20. *Ouv. 24 h sur 24.* **Centre anti-poison** ☎ 33.12.31. **Rens. médicaux par téléphone**. *Ouv. 24 h sur 24* ☎ 463.91.00. **Rens. sur les médicaments** ☎ (020) 66.77.66.

Ulriksdal

Indicatif téléphonique (08)

Restaurant

♦♦♦♦ **Ulriksdals Wärdshus**, Ulriksdals slottspark ☎ 85.08.15. Une auberge très réputée, créée en 1868. De nombreuses têtes couronnées, et bien d'autres clients, y ont apprécié la beauté du cadre et le raffinement de la table.

LES ENVIRONS DE STOCKHOLM

Strömmen, où le lac Mälaren et la mer Baltique se rejoignent, trace au cœur de Stockholm une frontière symbolique entre ces deux univers séparés, qui ont pourtant un point commun, l'omniprésence de l'eau. L'archipel de Stockholm (Stockholms skärgård) est à découvrir absolument : c'est un des archipels les plus spectaculaires du monde, où l'on pratique à loisir la baignade, la randonnée et la pêche. Pour autant, ne négligez pas les rives du lac Mälaren aux paysages paisibles, ni Uppsala, vieille capitale religieuse et intellectuelle.

♥ L'archipel de Stockholm***

Tout bon Stockholmois est enclin à voir dans cet archipel la huitième merveille du monde, et le visiteur qui découvre ses 24 000 îles et îlots lui donnera facilement raison. Il s'étend sur 150 km de Arholma au N à Landsort au S. Près de la côte, les grandes îles offrent un paysage de forêts de conifères et de feuillus. À mesure

Comment se rendre dans l'archipel ?

Proche de la capitale, Saltsjöbaden est à la fois une banlieue résidentielle et une fenêtre sur l'archipel de Stockholm.

➤ **EN VOITURE**. Les îles les plus importantes sont accessibles en voiture ou en car grâce à des ponts.

➤ **EN BATEAU**. Des liaisons régulières existent toute l'année. Outre les bateaux modernes (avec restaurant ou cafétéria), il subsiste quelques charmants vieux bateaux à vapeur du début du siècle. L'été, un grand choix d'excursions est proposé.

L'**Utflyktsbutiken** ☎ (08) 789.24.15 à Stockholm *(p. 182)* centralise toutes les informations et délivre une carte de transport, la ***båtluffar-kort***: valable 16 jours, elle permet de sillonner l'archipel pour un prix modique. Un guide pratique détaille les possibilités de logement.

➤ **COMPAGNIES DE BATEAU. Waxholmsbolaget** ☎ (08) 679.58.30. **Strömma kanalbolaget** ☎ (08) 587.140.00. **Cinderella** ☎ (08) 587.140.50.

qu'on avance vers l'est, les conifères laissent la place aux aulnes et aux bouleaux blancs. À proximité de la haute mer, la végétation disparaît quasiment. Nombreux sont les bateaux qui sillonnent l'archipel. Lors des escales, vous admirerez une nature intacte et des villages hors du temps.

Saltsjöbaden

➤ *À 16 km de Nacka, par la route 228.* ***Informations pratiques*** *p. 207.*

Cette élégante station balnéaire et banlieue résidentielle de Stockholm est animée toute l'année. L'été, elle attire les plaisanciers, l'hiver, les patineurs. Du sommet

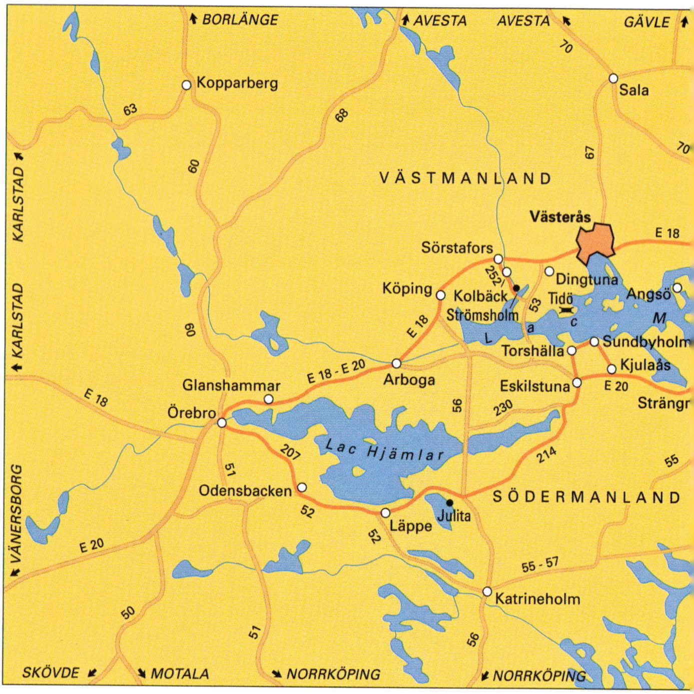

LES ENVIRONS DE STOCKHOLM.

de la tour de l'observatoire de l'**Institut astronomique de l'Académie des sciences** (***Stockholms observatorium***; *Rösundavägen; ne se visite pas*), on découvre un très beau **panorama** sur l'archipel.

Gustavsberg

➤ *À 20 km de Nacka par la route 222.* ***Informations pratiques*** *p.* [illegible].

La ville abrite un **centre de céramique** renommé pour sa fabrication de porcelaine (***Keramiskt centrum***; *ouv. toute l'année, t.l.j. de 10 h à 17 h, le sam. de 10 h à 15 h, le dim. de 11 h à 15 h*). Une **exposition** retrace les 150 ans de production de la manufacture. En été, les visiteurs peuvent voir à l'œuvre **tourneurs** et **peintres**. On peut même peindre sa propre assiette !

Sandhamn

➤ ***En bateau***: *env. 20 mn depuis Strömkajen* **M°** ***Kungsträdgården*** *par* ***Waxholmsbolaget*** *(voir encadré p. 191). Pendant l'été, des départs sont aussi proposés depuis Nybroviken:* ***Strömma kanalbolaget*** *et* ***Cinderella***. ***Informations pratiques*** *p. 207.*

À la pointe orientale de l'archipel, face à la haute mer, cette île minuscule (une centaine d'habitants) a toujours joué un rôle de premier plan pour le pilotage des navires. Ses belles **plages** et son **port de plaisance** en font une station d'été très fréquentée. Elle accueille d'ailleurs le siège du **Royal Yacht Club** de Suède, et des **régates internationales** s'y déroulent chaque année en juillet et en août. Les maisons pittoresques de Sandhamn ajoutent au charme de l'île.

Vaxholm*

➤ *À 36 km de Stockholm.* ***En voiture****: par la E18 vers Norrtälje, puis la 274 à Östra Ryd.* ***En bateau****: 1h depuis Strömkajen* **M° Kungsträdgården** *par* **Waxholmsbolaget** *et* **Cinderella** *(p. 191) depuis Nybroviken.* ***Informations pratiques*** *p. 207.*

Située sur un étroit goulet de l'archipel, Vaxholm, fondée en 1647, est dominée par une forteresse destinée à garder le chenal de Stockholm. Le **château** *(**Vaxholms Kastell**)*, construit entre 1833 et 1863, remplace divers ouvrages défensifs entrepris dès le début du XVIe s. Il abrite aujourd'hui un **musée de la Forteresse** *(**Fästningsmuseet**; ouv. t.l.j. de 11h45 à 15h45 de mi-juin à mi-août ☎ (08) 541.721.57)*. Ses **maisons en bois**, d'anciennes maisons de pêcheurs, sont devenues des résidences secondaires. Avec ses plages, ses courts de tennis, Vaxholm est aussi un lieu de villégiature apprécié.

Dalarö

➤ *À 32 km de Stockholm par la 73 vers Nynäshamn, puis la 227.* ***Informations pratiques*** *p. 206.*

À l'extrémité méridionale de l'archipel, cette station balnéaire a pris son essor à la fin du XIXe s. Un petit **musée de la Douane et de l'Archipel** *(**Tullhuset**; ouv. du mar. au dim. de 11h à 16h de début juin à mi-août ☎ (08) 511.511.17)* évoque le système et les métiers de la douane dans l'archipel. À Dalarö, on peut pratiquer la **pêche**, la **voile**, l'**aviron** *(**rens.** à l'office de tourisme, p. 206)* et profiter de nombreuses plages.

La partie sud de l'archipel

➤ *En bateau: **Strömma Kanalbolaget** et **Waxholmsbolaget** (p. 191).*

Dalarö constitue un bon point de départ pour des excursions en bateau. Ainsi peut-on gagner l'île **Kymmendö**, où Strindberg situa son roman *Les Gens de Hemsö*, et **Huvudskär**, une poussière d'îlots et de récifs classés réserve naturelle. On peut aussi se rendre à l'île de **Utö**, pour sa nature protégée et son patrimoine: vestiges de mines de fer du XIIe s., maisons de mineurs du XIIIe s., moulin du XIIIe s. Autre but d'excursion: la station balnéaire de **Nynäshamn**, port d'embarquement pour l'île de Gotland *(p. 143)*.

L'île de Björkö

➤ ***En bateau**: depuis Stadshusbron* **II-A1 M°** *T-Centralen par **Strömma Kanalbolaget** et **Cinderella** (p. 191). 2 h de trajet environ.*

La croisière menant à cette île fleurie du lac Mälaren emprunte la voie que suivaient les bateaux commerçants et guerriers des Vikings entre Uppsala, Sodertälje et Stockholm.

➤ **LE SITE DE BIRKA.** Ancien comptoir viking *(voir aussi p. 42)* où s'échangeaient des marchandises de luxe contre des esclaves, du fer et des peausseries, ce site était un point de contact entre l'Orient et l'Occident. Le moine picard **Anschaire** vint y prêcher le christianisme vers 830, sans grand succès. Une **chapelle**, décorée notamment par **Carl Milles**, est dédiée à l'« apôtre du Nord ». Le **musée de Birka** *(**Birkamuseet**; ouv. t.l.j. de mai à sept. de 10 h à 18 h 30)* retrace la vie dans ce comptoir, la plus ancienne cité de Suède, où de nombreux artisans étaient installés: il a compté jusqu'à 700 habitants avant d'être abandonné en 970, sans que l'on sache pourquoi, et détruit au XIe s. Les fouilles archéologiques ont mis au jour quelque 3 000 **tumuli**, des tertres funéraires en forme de navires ainsi que des vestiges de **fortifications**.

Autour du lac Mälaren

➤ *Itinéraire de 135 km au départ de Stockholm; 2 jours.*

Le lac Mälaren a valeur de symbole comme berceau de la Suède moderne. Les premières traces d'agriculture ne remontent guère qu'à 3 000 ans av. J.-C., mais les contrées riveraines du lac constituent bien le creuset de la nation suédoise au cours du dernier millénaire. Si Birka, qui prit son essor au IXe s., fut la première capitale du pays, Sigtuna puis Uppsala furent les foyers de la christianisation, facteur d'intégration européenne.

Sigtuna*

➤ *À 50 km de Stockholm, par la route E4 en direction d'Uppsala, puis par la route 263. **Informations pratiques** p. 206.*

Fondée vers 980 par Olof Skötkonung, premier roi chrétien, l'ancienne capitale du royaume est dépourvue de curiosités importantes, mais ses pittoresques **maisons de bois** lui confèrent un charme certain. Des missionnaires en firent au XIe s. un pôle de la chrétienté face à Uppsala, demeurée païenne. Durement touchée par la peste au XIVe s., la ville sombra peu à peu dans l'oubli.

➤ **LES RUINES DE L'ÉGLISE SANKT-OLOF** *(Olofsgatan, en direction du N vers Uppsala)*. À Sigtuna, Les premières **églises fortifiées** en **pierre** virent le jour au XIe s., parmi lesquelles Sankt-Olof, qui date probablement de la 1re moitié du XIIe s. On remarque ses fenêtres en forme de **meurtrières** et sa **porte** étroite qui ne laissait entrer qu'une personne à la fois.

➤ **AUTOUR DE LA GRANDE RUE** *(**Stora Gatan**)*. Cette rue a gardé son tracé d'origine, vieux de quelque mille ans. Le petit **hôtel de ville**, sur la place, date du XVIIIe s. Au **musée de Sigtuna** *(**Sigtuna museum**; Stora Gatan 55; ouv. t.l.j. l'été de 11 h à 16 h; f. le lun. de sept. à mai)*, vous pourrez voir des **pièces archéologiques** et des **documents** évoquant l'histoire ancienne de la ville, notamment le passage du paganisme au christianisme. Le musée expose également des **objets vikings et médiévaux**, et organise des expositions à thème. Deux **pierres runiques** se dressent près de l'**église Ste-Marie** *(**Mariakyrkan**)*, achevée au milieu du XVIIe s.

À ne pas manquer

L'♥ **archipel de Stockholm*****, *p. 190.*

Le **château de Skokloster*****, *p. 196.*

La **cathédrale***** **d'Uppsala**, *p. 196.*

Le **château**** **d'Uppsala**, *p. 198* et **Gamla Uppsala****, *p. 199.*

L'♥ **église**** **de Härkeberga**, *p. 199.*

Le **château**** **d'Örebro**, *p. 201.*

La **cathédrale**** **de Västerås**, *p. 201.*

Le **château**** **de Tidö**, *p. 201.*

La **cathédrale**** **de Strängnäs**, *p. 203.*

Le **château***** **de Gripsholm**, *p. 204.*

La petite cité de Sigtuna, telle qu'elle apparaît aujourd'hui, garde la fierté d'avoir été la première « capitale » de la Suède.

Le château de Venngarn

➤ *À 5 km au N de Sigtuna par la route 263. Ouv. de juin à août du mar. au dim. de 11 h à 16 h; le reste de l'année, les sam. et dim. aux mêmes horaires.*

Construit au milieu du XVIIe s. sous l'impulsion de Magnus Gabriel de la Gardie (1622-1686), il offre un exemple typique de l'**architecture baroque** suédoise, bien que le maître d'œuvre, Jean de la Vallée, fût français. Le **parc** est ouvert au public.

Le château de Skokloster***

➤ *À 20 km de Sigtuna par la route 263; suivez ensuite le fléchage.* ***En bateau****: depuis Uppsala t.l.j. de début juin à mi-août.* ***Rens.****:* ***M/S Enköping*** *☎ (018) 12.12.30;* ***M/S Kung Carl Gustav*** *☎ (018) 14.48.00; depuis Stockholm départ à 9 h 45 de Stadshusbron* **M° *T-Centralen* II-A1**. ***Rens. Strömma Kanalbolaget*** *(p. 191). Ouv. t.l.j. de 11 h à 16 h de mai à août.* ***Visites guidées*** *toutes les heures de mai. à oct. ☎ (018) 38.60.77.* ***Concerts*** *le sam. soir en été.* ***Informations pratiques*** *p. 206.*

➤ **LE CHÂTEAU.** Un couvent fut fondé au Moyen Âge sur le site où s'élève aujourd'hui ce château, bâti entre 1654 et 1679 par Carl Gustaf Wrangel. L'**extérieur** est imposant avec ses façades blanches et ses quatre tours d'angle. L'**intérieur**, luxueusement décoré, réunit des meubles et des tableaux antérieurs à la guerre de Trente Ans (1618-1648), ainsi qu'une importante **collection d'armes**. La **bibliothèque** comporte 30 000 volumes et manuscrits.

➤ **L'ÉGLISE.** Consacrée en 1300, elle est ornée de prises de guerre rapportées de Pologne (fonts baptismaux, retable, chaire). À l'E de la chapelle, se dresse une **pierre runique** ornée de deux cavaliers, et dont l'inscription remonte à l'an 1 000.

➤ **LE MUSÉE DES MOTEURS** (***Motormuseet***; *ouv. t.l.j. de 11 h à 17 h*). Il abrite une collection de **voitures**, dont une De Dion-Bouton de 1905, des **avions**, des **bateaux** et des **motos**.

Uppsala**

➤ *À 62 km du château de Skokloster par la route 263 jusqu'à Märsta, puis la E4.* ***Informations pratiques*** *p. 207.*

La cité fut longtemps capitale païenne, comme en témoigne son célèbre temple d'Or où, selon le chroniqueur Adam de Brême, étaient célébrés de sanglants sacrifices *(p. 199)*. Elle devint pourtant par la suite le cœur de la chrétienté, puisqu'elle accueille le siège de l'archevêché depuis 1164. La flèche de sa **cathédrale** domine la plaine d'Uppland, berceau du royaume des **Svear**. Uppsala est aujourd'hui un important centre économique (secteur tertiaire, universités, industries pharmaceutiques et agro-alimentaires). C'est aussi l'une des plus grandes villes du pays, avec environ 170 000 habitants.

La cathédrale

Construite en **brique** dans le style **gothique**, elle fut mise en chantier dès 1285 et consacrée en 1435. L'édifice s'étire sur 118,7 m et ses flèches s'élèvent à une hauteur identique. Sur les **portes**, richement sculptées, sont représentés saint Olof et saint Laurent, protecteurs de la cathédrale.

➤ **L'INTÉRIEUR**, divisé en trois nefs, abrite le monumental **sarcophage**

de Gustave Vasa et ses deux épouses, situé derrière le maître-autel. Une **châsse d'argent**** contient les reliques de saint Erik, le premier Suédois canonisé (XIIe s.). Remarquez aussi la **chaire**** baroque en bois sculpté et les magnifiques **chapiteaux** de la nef N.

➤ **LE MUSÉE DE LA CATHÉDRALE** *(**Domkyrkas museum**; tour N; ouv. de mai à août du lun. au sam. de 10h à 17h, le dim. de 12h30 à 17h; ouv. le dim. le reste de l'année).* Il expose des ornements sacerdotaux et des objets royaux, comme par exemple une **robe de toile d'or** ouvragée (vers 1400) ayant appartenu à la reine Margrete.

L'UNIVERSITÉ

➤ **LE GUSTAVIANUM*** *(Akademigatan 3).* Ce bâtiment universitaire, qui porte le nom du roi Gustave II Adolphe, fut affecté à l'université entre 1620 et 1887. On le reconnaît à l'élégante coupole du **Theatrum anatomicum** *(ouv. t.l.j. de 11h à 16h de mi-mai à mi-sept.)*, où Olof Rudbeck, médecin du XVIIe s., effectuait ses dissections.

Centre spirituel, Uppsala est le siège de l'archevêché suédois depuis 1164. En 1477, la fondation de l'université, la première en terre nordique, vint renforcer sa position de capitale intellectuelle.

➤ **LE BÂTIMENT PRINCIPAL** *(**Universitetet**; visites guidées en été).* Édifié en 1887, il abrite le grand amphithéâtre, la salle du Consistoire, ornée de beaux portraits, les appartements du chancelier et surtout le **cabinet de curiosités d'Augsbourg****, un meuble d'ébène à tiroirs incrustés de pierreries.

➤ **LA BIBLIOTHÈQUE CAROLINA REDIVIVA*** *(Dag Hammarskjölds väg 1; à 300 m au S; ouv. de mi-juin à mi-août, du lun. au ven. de 9h à 17h, jusqu'à 18h le sam., le dim. de 11h à 16h; le reste de l'année, du lun. au ven. de 9h à 20h, le sam. de 10h à 16h).* Elle recèle plus de 2 millions de volumes, ainsi que 30 000 manuscrits du Moyen Âge enluminés à la main.

Le savoir et le pouvoir

Citadelle culturelle, Uppsala fut surnommée le « cerveau de la Suède » en raison de sa célèbre université. Créée en 1477, c'est la plus ancienne de tous les pays nordiques. À l'époque de la Réforme, Gustave Vasa fit édifier le château : une façon de signifier à l'archevêque qu'il devait compter avec le pouvoir temporel. Les théologiens n'en ont pas moins joué un rôle important dans l'histoire du pays et l'université, aujourd'hui sécularisée, demeure l'une des plus prestigieuses d'Europe.

Linné, « prince des fleurs »

Carl von Linné, gravure de P. Michel Alix d'apr. A. Roslin, Paris, Bibliothèque nationale. Le « prince des fleurs » a été l'objet d'un culte en Suède. Il symbolise à merveille le sentiment de la nature tel qu'il s'exprime dans ce pays.

Carl von Linné (1707-1778) est le symbole national d'un peuple épris de nature et de botanique. Observateur exceptionnel, il nourrissait l'ambition de nommer la totalité des plantes et animaux du globe. Un seul homme ne pouvant suffire à la tâche, il forma des disciples qu'il envoya aux quatre coins du monde. À cette époque, l'histoire naturelle, passablement chaotique, avait besoin d'une armature théorique. Linné entreprit donc un vaste effort de systématisation : sa classification des plantes, basée sur le système sexuel, est restée célèbre. On lui doit aussi la nomenclature binominale par genres et par espèces, encore en usage.

Homme de son temps, Linné voulait mettre ses capacités au service de la société. Professeur de médecine à l'université d'Uppsala, il travailla à la vulgarisation des connaissances et procéda à un vaste inventaire des provinces suédoises. La renommée du savant – dont l'œuvre, pour l'essentiel, est rédigée en latin – s'étendit rapidement à toute l'Europe des Lumières. Rousseau, par exemple, l'admirait beaucoup. C'est pourtant en France que le savant suédois fut soumis aux plus vives objections théoriques, notamment de la part de Buffon.

Voyez en particulier le ***Codex Argenteus*****, une bible en langue gothique datant du Ve s.

LE CHÂTEAU

➤ **Slottet**; *Rikssalen; visites guidées uniquement, de mi-juin à fin juil. à 12h, 13h30 et 15h30; à 11h et 15h en août.*

Bâti sur l'ordre de Gustave Vasa, peu avant 1550, il fut remanié plusieurs fois. En 1757, Carl Hårleman lui donna son aspect actuel. C'est aujourd'hui la résidence du gouverneur. L'imposante **salle du Royaume** où Christine renonça à sa couronne en 1654, car elle s'était convertie au catholicisme, a été restaurée.

LE JARDIN BOTANIQUE

➤ ***Botaniska trädgården***; *Villavägen 6. Ouv. t.l.j. de 7h à 19h; visite de l'orangerie et la serre de 9h30 à 15h30.*

Créé au XVIIe s. **par Olof Rudbeck**, ce jardin abrite plus de 10 000 espèces du monde entier. Gustave III en fit don à l'université. Il fut alors remis en état par le célèbre **Carl von Linné** (1707-1778).

LE MUSÉE ET LE JARDIN DE LINNÉ

➤ ***Linnéträdgården***; *Svartbäcksgatan 27, 400 m au N de Gamla Torget.* ***Jardin*** *ouv. t.l.j. de 9h à 21h de mai à août, jusqu'à 19h en sept.; f. le reste de l'année ☎ (018)*

10.94.90. ***Musée*** *ouv. t.l.j. sf lun. de 12h à 16h de juin à août; f. le reste de l'année ☎ (018) 13.65.40.*

À partir de 1744, Linné vécut dans cette maison dont l'aspect n'a guère changé depuis le XVIIIe s. La présence de nombreux **objets personnels** créent une atmosphère évocatrice. Quant au jardin, il présente 1 300 espèces de plantes annuelles *(allée de gauche)* et vivaces *(allée de droite)*.

GAMLA UPPSALA

➤ *À 4 km au N par la route E4, direction Sundsvall.* ***Bus****: n° 2 au départ de Stora Torget.*

Ce site invite à un voyage aux sources du paganisme scandinave. En effet, c'est ici que s'élevait autrefois, à proximité du bois sacré et de la source d'eau lustrale, le célèbre **temple païen** aux murs et au plafond recouverts de feuilles d'or. Dans ce sanctuaire, les Svears célébraient le culte d'Odin, de Thor et de Frej. Quatre **tertres monumentaux** du VIe s. se dressent encore à cet endroit. Selon la tradition, trois d'entre eux contiennent les ossements de rois de la tribu. Le quatrième aurait servi de lieu de rassemblement lors des procès ou manifestations collectives présidées par les rois de cette époque. Gamla Uppsala devint au XIIe s. le centre du christianisme en Suède, détrônant Sigtuna. L'**église** qu'on peut voir aujourd'hui date du XVe s.

Du Mälaren au Södermanland

➤ *Itinéraire de 310 km au départ d'Uppsala et de 350 km au départ de Stockholm; 2 jours.*

Aux abords immédiats des rives du Mälaren, se trouvent des terres chargées d'histoire: la région de Västerås, celle d'Örebro et le Södermanland au sud sont riches en vestiges du passé, de la préhistoire à l'époque moderne. Ces contrées, où abondent prés fleuris, manoirs et belles fermes, n'en demeurent pas moins au cœur de l'activité économique de la Suède, avec leurs industries mécaniques dont certaines sont très importantes, comme ABB, géant de l'industrie électrique implanté à Västerås.

♥ Härkeberga**

➤ *À 70 km de* ***Stockholm*** *par la E18 jusqu'à Enköping, puis par la route 55. À 40 km d'****Uppsala*** *par la route 55, puis à dr. vers Litslena.*

L'**église** (début XIVe s.) mérite une halte. Les **fresques**** qui ornent murs et plafond ont été peintes par **Albertus Pictor**, voici un demi-millénaire. On y découvre l'univers biblique, le Ciel et l'Enfer, mais aussi le mode de vie des Suédois de la fin du XVe s. L'artiste allie avec maestria l'inspiration religieuse à l'observation réaliste, le trait d'humour et le sens du grotesque.

Boglösa

➤ *À 15 km de Härkeberga et 5 km au S-O d'Enköping.*

Les **gravures rupestres***, situées non loin de l'église, ressuscitent les vieux rites magiques de l'époque païenne (jusqu'au Ier millénaire) célébrant le **culte de la fécondité** et de la fertilité. On y discerne des dieux et des hommes, des scènes d'amour et de sacrifices, des animaux et des signes mystérieux. C'est sur ce site qu'on trouve la plus grande **gravure rupestre** de Scandinavie : un navire avec des rameurs, qu'une puissante silhouette humaine semble porter sur ses épaules. Elle date de l'âge du bronze (1800-500 av. J.-C).

Västerås*

➤ ***Informations pratiques** p. 208.*

La principale ville du lac Mälaren possède le plus grand **port intérieur** de Suède. Son centre piétonnier et ses parcs, comme celui de **Djäkneberget** dont les rochers sont décorés de milliers d'inscriptions originales, lui ont valu un prix de l'environnement. Sous le règne de **Gustave Vasa**, deux événements politiques d'importance se déroulèrent ici : en 1527, la **session du Riksdag** instaura la Réforme ; en 1544, la monarchie suédoise fut déclarée héréditaire.

➤ **LA CATHÉDRALE**** *(Domkyrkan, Biskopsgatan)*. Construite en brique dans le style gothique, elle est située dans un beau cadre de verdure près de la rivière Svartån. Les parties les plus anciennes remontent aux années 1240, mais la **flèche** du clocher, œuvre de Tessin le Jeune, date de la fin du XVIIe s. À l'**intérieur**, on verra un Christ en majesté du XIVe s., trois retables primitifs flamands et des **fonts baptismaux*** de toute beauté.

➤ **KYRKBACKEN** ♥. Situé au N. de la cathédrale, c'est un quartier ancien, restauré et soigneusement entretenu, avec ses rues tortueuses et ses **maisons de bois** des XVIIe et XVIIIe s. Hélas, c'est le seul vestige du passé, si l'on excepte quelques vieilles maisons pittoresques le long de la rivière.

➤ **LE CHÂTEAU DE VÄSTERÅS** *(**Västerås slott** ; Slottsgatan, Södra Ringvägen, sur la rive droite de la rivière ; ouv. t.l.j. de 12 h à 16 h ☎ (08) 15.60.00)*. Construit au XIVe s. sur le site de l'ancienne forteresse du XIIIe s., le château fut incendié en 1736, puis restauré par **Carl Hårleman**. C'est ici que réside le gouverneur de la province. Le **musée de la province du Västmanland** *(**Västmanlands museum** ; ouv. t.l.j. sf lun. de 12 h à 16 h ☎ (0171) 15.61.00)* y est installé. Des collections archéologiques et historiques évoquent l'histoire de la ville et de la province de Västmanland : objets, tableaux, photographies, expositions temporaires.

Les environs de Västerås

➤ **LE CHÂTEAU D'ÄNGSÖ*** *(par la E18 à 15 km au S-E de Västerås ; ouv. du lun. au jeu., le sam. et le dim. de 13 h à 17 h entre juil. et mi-août ; sam. et dim. de 13 h à 17 h de mai à juin et de mi-août à fin août ☎ (0171) 44.40.12)*. Cet édifice est situé sur **Ängsö**, une **île** du Mälaren reliée à la terre ferme par un pont. Construit au XIIIe s., il fut restauré au XVIIIe s. dans le style rococo. Il contient un beau mobilier, dont des tapisseries et des poêles en faïence. Son **église** est ornée de fresques du XIVe s. L'île elle-même est une **réserve naturelle**, connue pour sa flore et son intérêt ornithologique, et sillonnée par de nombreux **sentiers balisés**.

➤ **Le château de Tidö**** *(à 15 km au S-O de Västerås par la E18; ouv. t.l.j. de juin à août; le w.-e. en mai ☎ (021) 530.42).* Dressant sa silhouette sur une presqu'île verdoyante, cet édifice, bâti en 1625 sur l'ordre du chancelier Axel Oxenstierna, figure parmi les châteaux les mieux conservés du XVIIe s. On peut visiter un très bel **appartement*** aménagé au temps d'Oxenstierna, un **musée du Jouet**, un **musée du Carrosse**, une **galerie d'art** et une **chapelle**. Le **parc**, très étendu, recèle de grands arbres séculaires où pousse le gui, tel le **chêne d'Oxenstierna**, planté au XVIIe s.

Le château de Strömsholm*

➤ *À 26 km de Västerås par la E18 et la 252. Ouv. t.l.j. de 12h à 16h de juin à août, jusqu'à 17h en juil. ☎ (0220) 430.34.*

Cet imposant bâtiment de style baroque, flanqué de quatre tours, a été édifié dans les années 1670 sous la direction de Tessin l'Ancien. Les aménagements intérieurs datent, pour l'essentiel, des dernières décennies du XVIIIe s. Dans la salle à manger, dite **salle chinoise**, on peut voir des œuvres murales de Lars Bolinder, peintre de cour de Gustave III. Dès l'époque de Gustave Vasa, ce domaine fut un haras royal pour l'armée.

Arboga*

➤ *À 35 km par la E18.*

Cette petite ville, dont la partie ancienne se niche dans un cadre idyllique au bord de la rivière **Arbogaån**, est un agréable lieu de balade. En 1445, c'est ici que se tint le premier Parlement suédois. L'**église** *(**Heliga Trefaldighets Kyrka**, Järntorget)* conserve des **fresques**** de la fin du Moyen Âge et un grand retable qui représente notamment Brigitte, la sainte patronne de la Suède. L'**hôtel de ville** *(**Rådhus**, Stora Torget)* est installé dans une église sécularisée à l'époque de la Réforme. Il a été remanié au XVIIIe s.

Örebro**

➤ *À 39 km d'Arboga par la E18/E20. **Informations pratiques** p. 206.*

La capitale de la province de Närke, au bord du lac Hjälmaren, doit son charme à ses îles, ses parcs et à la **Svartån**, rivière parsemée de nénuphars. Son destin est intimement lié à l'arrière-pays minier: le **Bergslagen** *(p. 220)*. En effet, Örebro a tiré profit de sa position de carrefour entre les gisements métallifères et la capitale grâce à ses voies d'eau naturelles et au canal de Hjälmaren. Pour protéger le site, une **forteresse** fut construite à l'époque des Folkungar (XIIIe-XIVe s.). Engelbrekt, le premier héros de la guerre d'indépendance contre les Danois, y établit son quartier général dans les années 1430. C'est ici qu'en 1810, Bernadotte fut élu prince héritier *(voir encadré p. 50)*.

➤ **Stortorget**. À son extrémité O, la place est ornée d'une **statue d'Engelbrekt**. Le héros de l'indépendance reposait (sa tombe a disparu) dans l'église St-Nicolas située sur la place.

➤ **Le château**** *(certaines parties sont ouv. au public en été, **rens.** ⓘ p 206).*

Construit par le futur Charles IX en 1570, il occupe un îlot de la rivière Svartån, au cœur de la ville. Malgré les restaurations successives, le bâtiment a gardé son cachet Renaissance, avec ses épaisses **tours** rondes et ses **douves**. C'est aujourd'hui la résidence du gouverneur de la province. Selon la rumeur, le château serait hanté : on y aurait même entendu des cliquetis de chaînes et le bruit de lourds cercueils traînés sur les planchers !

➤ **Le musée d'Art-musée de la Province*** *(**Konstmuseet-Örebro läns museum**; Engelbrektgatan 3; ouv. t.l.j. de 11 h à 17 h; le mer. jusqu'à 21 h ☎ (019) 16.80.20).* Ce musée, le plus ancien de Suède dans son genre, possède une collection de **130 000 objets** datant de 6 000 av. J.-C. à nos jours. Il comporte diverses sections : préhistoire, Vikings, histoire des mines du Bergslagen, arts décoratifs, numismatique, objets religieux. La **galerie de peinture** expose notamment des œuvres d'Isaac Grünewald, du prince Eugen et d'Ulf Trotzig.

♥ Le manoir de Julita*

➤ *Julita Gård; à 70 km au S de Örebro par les routes 207, 52 et 214. Ouv. t.l.j. de 11 h à 17 h de juin à août; les sam. et dim. aux mêmes heures en mai et sept. ☎ (0150) 912.90.*

Ici débute la province de **Södermanland** (ou Sörmland), bornée au N par le Mälaren et au S par la Baltique. Au bord du lac Öljaren, le manoir s'élève à l'emplacement d'un **couvent cistercien** : fondé dans le dernier tiers du XIIe s., il dut cesser ses activités à la Réforme.

➤ **La grande maison**** *(**Stora huset**).* Construite après un incendie ravageur survenu en 1744, elle constitue le manoir proprement dit. On y découvre des **porcelaines**, des œuvres d'art, diverses collections historiques, des **tableaux** et un beau **mobilier** du XVIIIe s.

➤ **Le Musée de l'Agriculture** *(Sveriges lantbruksmuseum).* Disciple d'**Hazelius** *(voir encadré p. 173)*, le dernier propriétaire, Arthur Bäckström a réalisé ici un équivalent régional du musée de plein air de Skansen, afin de préserver les vestiges d'une culture rurale menacée par la modernisation. On y voit des fermes, une laiterie, un four à chaux, une briqueterie ainsi qu'une petite chapelle.

Eskilstuna

➤ *À 43 km de Julita par la 214. **Informations pratiques** p. 205.*

Cette ville est un centre métallurgique spécialisé depuis longtemps dans le travail du fer et de l'acier. Tout commence sous le règne de Charles X Gustave. Celui-ci encourage le Livonien Reinhold Rademacher à y créer une manufacture qui reçoit ses privilèges municipaux en 1659. Quand la Suède moderne émerge, dans la deuxième moitié du XIXe s., Eskilstuna est bien armée pour consolider sa position industrielle. Aujourd'hui, les principales curiosités de la ville sont liées à sa vocation première.

➤ **Les forges de Rademacher*** *(**Rademachersmedjorna**; Rademachergatan 50; ouv. t.l.j. de 10 h à 16 h en mai et de sept. à mars; de juin à août ouv. t.l.j. jusqu'à 18 h ☎ (016) 10.13.71).* En 1658, le Livonien Arthur Bäckström avait créé 20 forges (la Livonie était alors suédoise). Six d'entre elles ont été préservées en l'état. Dans ce **musée de plein air** très vivant, des ouvriers font la démonstration de différentes techniques liées au travail de la forge. Un petit **musée de la Coutellerie** a été ouvert dans l'ancienne maison d'un maître de forge.

➤ **LE MUSÉE DES BEAUX-ARTS** *(**Konstmuseet**; Kyrkogatan 9; ouv. t.l.j. sf lun. de 12h à 16h, nocturne le jeu. de 19h à 21h ☎ (016) 10.13.69).* Il recèle un intéressant fonds de **peinture suédoise et nordique** du XVIIe s. à nos jours. Le musée organise en outre des expositions d'**art moderne**.

➤ **SÖRMLANDSGÅRDEN** *(à l'O de la ville, à 10 mn à pied; ouv. de juin à août t.l.j. de 10h à 16h ☎ (016) 10.13.70).* Créé en 1942, ce **musée en plein air** regroupe des bâtiments de la province de **Sörmland**, notamment une ferme typique. L'ensemble reflète l'architecture et le mode de vie de la région à l'époque pré-industrielle.

Les environs d'Eskilstuna

➤ **TORSHÄLLA*** *(à 6 km au N-O d'Eskilstuna, suivre les panneaux Torshälla depuis le centre ville, la petite route s'achève sur les rives de Mälaren).* Le site fut un **lieu de culte païen** très ancien. Quant au village, il reçut sa charte municipale dès 1317. Avec ses vielles bâtisses de bois, ses ruelles pavées et ses jolis jardins, Torshälla est plein de charme. L'**église** (XIIe s.) abrite de belles fresques de Peter Målare. Au milieu de la rivière, une **statue d'Allan Ebeling** représente le dieu Thor et son attelage de boucs; d'autres statues modernes sont placées çà et là.

➤ **LE CHÂTEAU DE SUNDBYHOLM** *(à 14 km au N-E de Torshälla par la route E20 en direction de Stockholm jusqu'à Kjulaås, puis la petite route à g.).* Construit peu après 1640, puis endommagé en 1774, l'édifice a été restauré, dans un cadre enchanteur où l'on entend les rossignols chanter: paysage lacustre, boqueteaux où dominent les feuillus, petites prairies, ainsi qu'une petite réserve naturelle dans le parc. La **plage*** est l'une des plus belles du lac Mälaren. Ne manquez pas de voir la pierre runique du XIe s. appelée **Sigurdsristningen*** *(à 10 mn à pied).* Elle représente le héros nordique Sigurd combattant le dragon Fafnir, que l'on retrouve sous les noms de Siegfried et Fafner dans l'univers wagnérien.

Strängnäs*

➤ *À 28 km; rejoignez à Kjulaås la E20. **En bateau**: depuis Stockholm (Stadshusbron) ou Västerås, par **Strömma Kanalbolaget** (p. 191). **Informations pratiques** p. 207.*

Cette jolie cité, épiscopale depuis le XIIe s., est nichée dans une baie du lac Mälaren.

➤ **LA CATHÉDRALE**** *(**Domkyrkan**; Roggeplan; ouv. t.l.j.).* Cet édifice, dont la construction débuta au XIIIe s., fut achevé à la fin du XVe s. et modifié encore au XVIIe s. L'ajout d'éléments nouveaux en fait un sanctuaire typique du style gothique suédois. Selon certaines sources, **Gustave Vasa** s'y serait fait proclamer roi le 6 juin 1523.

L'**intérieur** renferme le monument funéraire de Charles XI et, dans le chœur, un magnifique **triptyque**** bruxellois de 1490. Les **fresques**** (1342) qui ornent la **chapelle des Stenbock**** appartiennent aussi au trésor de l'église, de même que celles du XVIe s. qui ornent le collatéral N. La **chaire**, très ouvragée, est un bel exemple de l'art gustavien de la fin du XVIIIe s.

➤ **ROGGEBORGEN** *(Roggeplan; visite possible l'été, **rens.** ℹ p. 207).* Cette résidence épiscopale fut bâtie à la fin du XVe s. pour Kort Rogge, l'évêque d'alors. Il accueille aujourd'hui une annexe de la **Bibliothèque royale de Stockholm**.

Mariefred*

➤ *L'été, petit train à vapeur au départ de Läggesta.* ***En bateau****: depuis Stockholm (Klara Mälarstrand,* **M° *T-Centralen*** *) avec le vapeur* **S/S Mariefred***. De mai à sept.* ☎ *(08) 669.88.50.* ***Informations pratiques*** *p. 206.*

Cette jolie petite ville, nichée dans une baie du lac Mälaren, tire son nom du couvent fondé ici en 1493: *Pax Mariæ*, c'est-à-dire « la paix de Marie ». L'**église** date du XVe s., l'hôtel de ville du XVIIIe s. Un **musée des Arts et Traditions locales** *(Klostergatan 5; ouv. toute l'année* ☎ *(0159) 21.392)* est installé dans **Callanderska gården**, une ferme du XVIIIe s.

Le château de Gripsholm***

➤ ***Gripsholms slott****; à 21 km de Strängnäs et 60 km à l'O de Stockholm. Ouv. de 10h à 16h t.l.j. de mai à août; t.l.j. sf lun. de 10h à 15h en sept.; le reste de l'année, sam. et dim. de 12h à 15h* ☎ *(0159) 101.94.* ***En bateau****: depuis Stockholm, de mai à sept. avec le vapeur* **S/S Mariefred***, ou en croisière avec* **Strömma *Kanalbolaget*** *(p. 191). Autres liaisons par bateau:* **rens.** *aux* ⓘ *de Stockholm, Strängnäs et Gripsholm/Mariefred.* ***Concerts*** *en été.*

Le château de Gripsholm est un bel exemple d'architecture « Renaissance ».

L'attrait de Gripsholm tient à son architecture typique des « châteaux Vasa » de la **Renaissance**. Il occupe un site magnifique où des **cerfs** évoluent en liberté.

➤ **LA COUR**. À l'**entrée**, **deux canons** de bronze sont familièrement appelés « le verrat » *(**galten**)* et « la truie » *(**suggan**)*. Ils furent pris aux Russes. Les **pierres runiques** du XIe s. figurent parmi les mieux conservées de Suède.

➤ **LE BÂTIMENT**. À l'emplacement d'une forteresse (XIVe s.) détruite lors des soubresauts de l'Union scandinave, Gustave Vasa fit construire l'actuel château en 1535, remanié par la suite. Il s'agit d'un édifice imposant en brique, avec des **tours** puissantes surmontées de coupoles. Au début des années 1780, Gustave III voulut faire revivre la grande époque de Gustave Vasa en s'installant à Gripsholm. Il ajouta une **aile nouvelle**. Cette partie est demeurée pratiquement en l'état, de même que le petit **théâtre** néo-classique.

➤ **LE MUSÉE**. Il possède la plus importante collection de **portraits historiques**** du monde (plus de 4000). Citons ceux d'Ehrenstrahl (« le père de la peinture suédoise »), Cranach l'Ancien, Daniel de Fumerie, Roslin, Lely ainsi que les statues de Bernt Nokte et de Sergel. On doit cette collection à la reine mère **Hedvig Eleonora** qui, au XVIIe s., commença à réunir des tableaux. Depuis, le fonds n'a cessé de croître. La **salle du Royaume** *(**Rikssalen**)* a conservé sa décoration et son ameublement de la fin du XVIe s.

Offices de tourisme régionaux

➤ **Destination Örebro**, Box 33 000, Slottet 70135, Örebro ☎ (019) 21.21.21 ; fax 10.60.70. **E-mail** : destination@orebro.se **Internet** : www.orebro.se/turism

➤ **Destination Sörmland**, 61188 Nyköping ☎ (0155) 24.59.00 ; fax 28.83.69. **E-mail** : destinationsormland@nykoping.mail.telia.com **Internet** : www.sormland.se

➤ **Stockholm Turist Centre**, Box 7542, 10393 Stockholm ☎ (08) 789.24.90/95 ; fax 789.24.91. **E-mail** : info@stoinfo.se **Internet** : www.stoinfo.se

➤ **Uppsala Turist & Kongress**, Fyris Torg 8, 75310 Uppsala ☎ (018) 27.48.00 ; fax 13.28.95. **E-mail** : info@utkab.se **Internet** : res.till.uppland.nu

➤ **Westmanna Turism**, Stora Gatan 40, 72187 Västerås ☎ (021) 10.38.00 ; fax 10.38.09/19. **E-mail** : info@vastmanland.se **Internet** : www.vastmanland.se

Eskilstuna (63186)

Indicatif téléphonique (016)
Munktellstorget 2 ☎ 10.70.00.

Hôtels

▲▲▲ **Stadshotellet**, Hamngatan 9-11 ☎ 13.72.25. *220 ch.* Ce grand hôtel sans charme particulier, mais de première classe, est situé au bord de la rivière Eskilstunaån. Restaurant, garage, piscine, sauna.

▲▲ **Smeden**, Drottninggatan 9 ☎ 13.76.90. *90 ch.* Un bon hôtel central où vous trouverez restaurant, garage, parking, sauna. Cuisine suédoise et internationale.

▲ **City**, Drottninggatan 15 ☎ 13.74.25. *60 ch.* Un établissement simple mais convenable à 100 m de la gare. Parking, sauna, pas de restaurant.

Camping

Vilsta ☎ 13.62.27. Au S d'Eskilstuna, entre les routes 230 et 53, ce camping dispose aussi de 15 bungalows. Pêche, baignade, mini golf.

Sports et loisirs

➤ **Golf. Mälarbadens golfklubb** ☎ 34.37.37. Golf à 9 trous. **Sundbyholms golf & country club**, à 10 km au N de la ville ☎ 35.30.65. Golf de 18 trous.

➤ **Équitation. Asphults islandshästar**, Kjula ☎ 941.33. À 20 km de la ville en direction de Strängnäs.

➤ **Natation. Vattenpalatset**, Hamngatan 15 ☎ 12.59.10. Le « palais de l'Eau » est un bassin avec vagues artificielles d'un mètre, grottes d'eau, tourbillons et toboggan. *Ouv. de 9 h à 20 h, 17 h les sam., dim. et fêtes.* Possibilités de baignade dans le **lac Mälaren** et à **Mälarbaden**.

➤ **Pêche. Å ! Fiske**, Rademachergatan 16B ☎ 12.65.08. Location de matériel pour pêcher la truite arc-en-ciel dans la rivière Eskilstunaån.

➤ **Enfants. Parken Zoo**, Flackstavägen ☎ 10.01.00. À quelques km du centre ville, des bus et de la gare centrale. Il abrite notamment des tigres blancs parmi les 300 espèces présentées. *Ouv. t.l.j. de mai à août à partir de 10 h.*

➤ **Shopping.** Dans la vieille ville (***Gamla staden***), artisanat, boutiques et galeries.

Mariefred (64700)

Indicatif téléphonique (0159)

Rådhuset ☎ 297.90. Ouv. d'avr. à sept.

Hôtel

▲▲▲ **Gripsholms Värdshus & Hotel**, Kyrkogatan 1 ☎ 347.50 ; fax 347.77. *45 ch.* Cette charmante auberge de campagne, membre de « Small luxury hotels of the world », est située à proximité du château de Gripsholm. Salle de gym, sauna et, à l'extérieur, sentiers de promenade, golf, pistes de ski de fond l'hiver.

Örebro (70146)

Indicatif téléphonique (019)

au château, ***Slottet*** *☎ 21.21.21 ; fax 10.60.70. Ouv. t.l.j. de juin à août, du lun. au ven. de 9 h à 17 h, sam. et dim. de 9 h à 15 h.*

Hôtels

▲▲▲ **Scandic Hotel Grand**, Fabriksgatan 23 ☎ 15.02.00 ; fax 18.58.14. *228 ch.* Ce vaste établissement confortable comporte restaurant, garage, sauna. Très central, c'est un lieu de rendez-vous animé.

▲▲▲ **Stora Hotellet**, Drottninggatan 1 ☎ 12.43.60 ; fax 611.78.90. *97 ch.* Hôtel central, bien situé au bord de la Svartån. Belle vue sur le château depuis le restaurant.

▲▲ **City**, Kungsgatan 24 ☎ 10.02.00 ; fax 13.74.46. *113 ch.* Cet hôtel central et confortable possède restaurant, piscine, parking, sauna.

▲▲ **Gullvivan**, Järnvägsgatan 20 ☎ 611.90.35 ; fax 18.94.50. *80 ch.* Proche de la gare. Restaurant, parking.

▲ **Good Morning**, Stenbackevägen 2 ☎ 17.07.07 ; fax 33.07.60. *69 ch.* Un établissement simple mais convenable à 2 km de la gare. Pas de restaurant.

Auberge de jeunesse

STF Vandrarhem Grenadieren, Fanjunkarvägen 5 ☎ 24.09.21 ; fax 31.02.56. **Bus** : n° 11 et 31. *96 lits.* Cette auberge, située à 3 km au S d'Örebro, est desservie par les transports urbains. Location de bicyclettes, kiosque, piste de jogging sur place. Équitation à 1 km.

Camping

Gustavsvik ☎ 19.69.50. À 1 km au S de la ville, un terrain très bien équipé près de l'établissement de bains d'Örebro.

Sigtuna (19323)

Indicatif téléphonique (08)

Stora Gatan 33 ☎ 592.500.20.

Hôtel

▲▲▲ **Sigtuna Stadshotell**, Stora Nygatan 3 ☎ 59.25.01.00 ; fax 59.25.15.87. *24 ch.* Bon petit hôtel cossu en plein centre. Excellent petit déj., restaurant.

Skokloster

Indicatif téléphonique (018)

☎ 38.67.25. Ouv. l'été uniquement.

Hôtel

▲▲ **Skokloster Wärdshus** ♥ ☎ 38.61.00 ; fax 386.055. *72 ch.* Cette auberge propose des chambres confortables. L'excellent restaurant ♦♦♦, installé dans une ancienne écurie, est renommé pour son buffet suédois *(smörgåsbord)*.

L'archipel de Stockholm

Indicatif téléphonique (08)

TÉLÉPHONES UTILES

➤ **EXCURSIONS. Utflyktsbutiken**, dans l'Ⓘ de Stockholm ☎ 789.24.15. Propose toutes sortes d'excursions et renseigne sur les différents moyens de transports ☎ 789.24.15.

➤ **LIAISONS AVEC L'ARCHIPEL. Cinderella** ☎ 587.140.50. **Strömma Kanalbolaget** ☎ 587.140.00. **Waxholmsbolaget** ☎ 679.58.30.

➤ **RÉSERVATION D'HÔTELS. Hotellcentralen** ☎ 789.24.56.

Dalarö

Hotellbryggan ☎ 501.508.00 ; fax 501.517.07.

Hôtels

▲▲ **Smådalarö Gård** ☎ 501.532.00. *56 ch.* Moderne et confortable, cet établissement comporte un restaurant et un sauna. Possibilité de demi-pension et pension complète.

▲▲ **Strand Hotell**, Odinsvägen 2 ☎ 501.511.18. *34 ch.* Cet établissement moderne, avec restaurant et piscine, est une base idéale de vacances.

Auberge de jeunesse

STF Vandrarhem, Tullbacken 4 ☎ 501.516.36. Pêche.

Gustavsberg

ℹ **Keramiskt centrum** ☎ 570.346.09. Comporte une boutique et une cafétéria.

Saltsjöbaden

ℹ *de Nacka* ☎ *718.80.60.*

Hôtel

▲▲▲▲ **Grand Hotell** ☎ 506.170.00 ; fax 717.95.31. *100 ch.* Un hôtel de premier ordre, évoquant un château de la Belle Époque, avec un restaurant réputé qui propose une cuisine suédoise et internationale, notamment des plats de poisson. Sa véranda d'été offre une belle vue sur le bras de mer et le port de plaisance.

Sandhamn

ℹ *de Vaxholm* ☎ *541.314.80; fax 541.336.53.*

Hôtel

▲▲ **Seglarhotellet** ☎ 571.531.70. *40 ch.* Ce petit hôtel de plaisanciers comporte un restaurant et un sauna. *Ouv. d'avril à oct.*

Restaurant

♦♦♦ **Sandhamns värdshus** ♥ ☎ 571.530.51. Une auberge réputée, établie depuis 1672. Cadre charmant, évoquant la vieille Suède rurale. Poissons, spécialités suédoises.

Vaxholm (18583)

ℹ ***Vaxholm**, Söderhamnsplan* ☎ *541.314.80; fax 541.336.53.*

Fêtes et manifestations

➤ **Avril. Célébration de la Sainte-Valborg** (Walpurgis) par les étudiants d'Uppsala, (le 30 du mois).

➤ **Juillet. Tournois et chevaliers au château de Gripsholm**, (à la fin du mois). **Festival du château** à Örebro, (à la fin du mois).

➤ **Août. Concerts de l'Académie Scandinave Bach** à Örebro, (la 1re quinzaine du mois).

Hôtel

▲▲▲ **Vaxholm**, Hamngatan 2 ☎ 541.301.50. *32 ch.* Cet hôtel de bon confort possède restaurant et sauna. Possibilité de pension complète. Excellent restaurant avec spécialités de poisson et très belle vue sur l'archipel.

■ Strängnäs (64530)

Indicatif téléphonique (0152)

ℹ *Järnvägsgatan 1* ☎ *296.99; fax 296.95.*

Hôtel

▲▲ **Rogge**, Gyllenhjelmsgatan 20 ☎ 134.50; fax 189.69. *31 ch.* Cet hôtel simple mais confortable est situé en plein centre. Restaurant, parking, sauna.

■ Uppsala (75310)

Indicatif téléphonique (018)

ℹ *Fyristorget 8* ☎ *27.48.00; fax 13.28.95. L'été, un autre* ℹ *fonctionne t.l.j. dans le* ***château*** *de 11 h à 16 h.*

Hôtels

▲▲▲ **Gillet**, Dragarbrunnsgatan 23 ☎ 15.53.60; fax 15.33.80. *160 ch.* Cet hôtel de première classe, très central, possède un restaurant réputé. Atmosphère feutrée de palace, lieu de rendez-vous élégant, cuisine suédoise et internationale. Sauna, parking.

▲▲▲ **Linné** ♥, Skolgatan 45 ☎ 10.20.00; fax 13.75.97. *116 ch.* Cet hôtel clair, calme et très confortable, jouxte le jardin botanique de Linné. Restaurant, parking, sauna.

▲▲▲ **Uplandia**, Dragarbrunnsgatan 32 ☎ 10.21.60; fax 69.61.32. *133 ch.* À 300 m de la gare, cet établissement moderne et fonctionnel offre tous les services qu'on peut attendre d'un hôtel de premier ordre. Restaurant, sauna, garage.

▲▲ **Scandic Hotel Uppsala**, Gamla Uppsalagatan 50 ☎ 20.02.80; fax 26.15.06. *184 ch.* Cet hôtel confortable, situé entre le centre et le vieil Uppsala, possède restaurant, piscine, sauna et parking.

▲▲ **Svava**, Bangårdsgatan 24 ☎ 13.00.30; fax 13.22.30. *120 ch.* Face à la gare, cet hôtel confortable offre un bon rapport qualité/prix. Accès direct à la galerie commerciale adjacente, garage en sous-sol.

Auberge de jeunesse

Vandrarhem Sunnersta Herrgård, Sunnerstavägen 24. **Bus**: n° 4, 20 et 50 ☎ 32.42.20. *90 lits.* Située à 6 km au S de la ville en direction de Gottsunda, sur la route de Knivsta. Baignade, pêche et location de bateaux à 2 km. Possibilité de prendre un petit déjeuner copieux sur la terrasse. Vue sur le plan d'eau.

Campings

Fyrishov, Idrottgatan 2. **Bus**: n° 5 et 7 ☎ 27.49.60; fax 24.83.14. À 2 km au N-O du centre. Ce terrain est proche du centre. Places pour tentes et caravanes, quelques bungalows à 4 lits. Kiosque et cafétéria.

Sunnersta ☎ 27.60.84. Situé à 7 km au S, non loin de l'auberge de jeunesse, le terrain accueille campeurs et caravaniers, et dispose de quelques bungalows. Kiosque et cafétéria, le tout au bord d'un charmant lac. *Ouv. d'avril à sept.*

Restaurants

♦♦ **Flustret**, Svandammen ☎ 13.01.14. Le plus vieux restaurant de la ville, et l'un des plus plaisants, non loin du château.

♦♦ **Pino's**, Svartbäcksgatan 23 ☎ 71.20.10. Ambiance sympathique et bonne cuisine italienne.

♦♦ **Saluhallen** ♥, Sankt Eriks torg ☎ 10.01.50. Installés dans les halles, divers restaurants et une cafétéria offrent des plats du jour, dans un cadre charmant au bord de la rivière Fyris.

♦ **Kung Krål**, Gamla Torget 2 ☎ 12.50.90. De bons plats du jour à prix très raisonnables, que l'on déguste en terrasse à la belle saison.

Wärdshus Odinsborg, Tingshögen ☎ 32.35.25. À **Gamla Uppsala**, si le cœur vous dit de goûter l'hydromel cher aux Vikings... Pour le reste, évitez plutôt ce piège à touristes.

■ Västerås (72187)

Indicatif téléphonique (021)
ⓘ Stora Gatan 40 ☎ 10.38.30; fax 10.38.50.

Hôtels

▲▲▲ **Stadshotellet**, Stora Torget 7 ☎ 18.04.20; fax 18.10.12. *137 ch.* hôtel classique et cossu, en plein centre. Restaurant réputé, garage, sauna. Cuisine suédoise et internationale.

▲▲ **Arkad**, Östermalmsgatan 25 ☎ 12.04.80; fax 83.00.50. *37 ch, 15 appartements.* Un hôtel sans charme particulier mais confortable, sans restaurant, situé à 1 km de la gare, dans le centre ville.

▲▲ **Klipper** ♥, Kungsgatan 4 ☎ 41.00.00; fax 14.26.70. *28 ch.* Ce charmant hôtel, clair et confortable, est situé dans le vieux quartier, au bord de la rivière Svartån. Pas de restaurant.

Auberge de jeunesse

Vandrarhem Lövudden ☎ 18.52.30; fax 12.30.36. *62 lits.* Une jolie auberge de campagne, au bord du lac, à 5 km au S de la gare, vers Tidö. Baignade, pêche, canotage, planche à voile.

LA DALÉCARLIE

La Dalécarlie (en suédois, *Dalarna* signifie « les vallées ») occupe une place centrale dans la conscience collective. Ceux qui parcourent la région ne peuvent qu'aquiescer. On est d'abord conquis ici par une nature ensorcelante. Ici commence la chaîne des *fjälls* (« montagnes »), qui s'étend vers le nord sur 900 km jusqu'en Laponie. Les pistes menant aux chalets d'altitude offrent l'occasion de magnifiques balades. Les seules villes dignes de ce nom, Falun et Borlänge, ne comptent qu'environ 100 000 habitants à elles deux. Les autres agglomérations – bourgs ou villages – sont de très petite taille. Cela explique, sans doute, que les traditions populaires restent ici si vivaces : port du costume régional, danses folkloriques accompagnées au violon par des ménétriers, artisanat – le *dalahäst*, petit cheval en bois de Dalécarlie, a fait le tour du monde ! Et on fête ici la Saint-Jean comme nulle part ailleurs *(p. 30)*.

UN ESPRIT FRONDEUR

Dès l'époque viking, on exploite les **mines** de la province pour fabriquer des armes. À partir du XIIIe s., cette industrie prend vraiment son essor avec la création de la Société des mines de cuivre de Falun, tou-

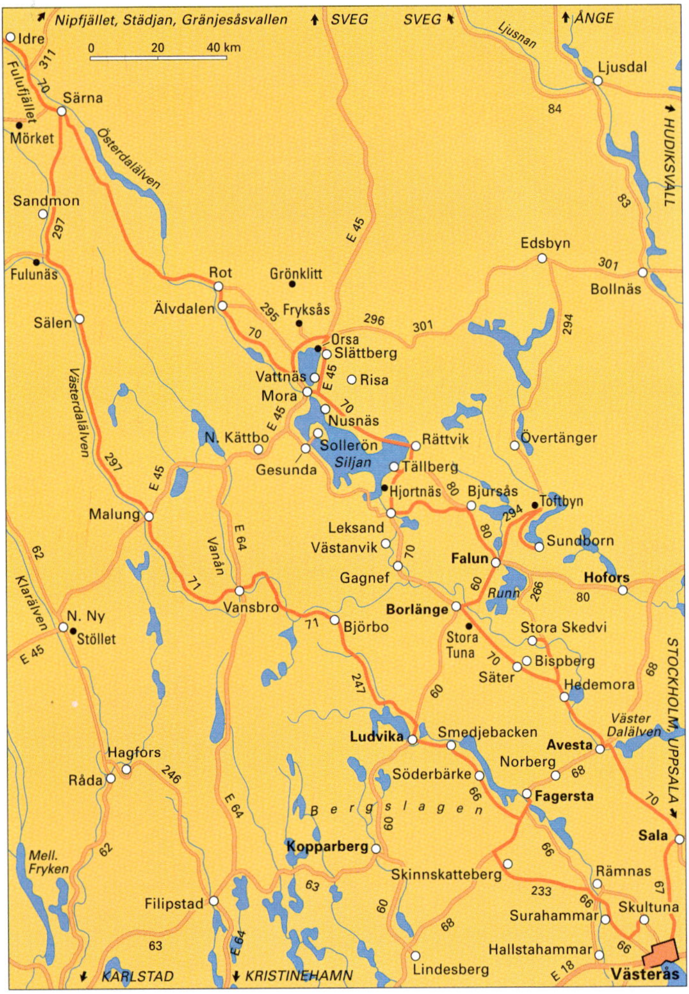

La Dalécarlie.

jours en activité. Mineurs et paysans, attachés à leur particularisme, ont manifesté très tôt leur goût de la liberté. En 1434, c'est un propriétaire de mines dalécarlien, **Engelbrekt** qui, au temps de l'Union scandinave, donna le signal de la première révolte contre le joug danois. Moins d'un siècle plus tard, sous l'impulsion de Gustave Vasa, c'est encore ici que prit naissance le soulèvement indépendantiste qui allait aboutir en 1523 à la rupture de l'Union. Chaque année, la ***Vasaloppet***, célèbre course de ski de fond, commémore l'odyssée de Gustave Vasa pourchassé par les Danois *(voir encadré p. 216)*.

Sur la route de Falun

➤ *Itinéraire de 195 km au départ de Sala; 2 jours.*

À mesure que l'on progresse vers la Dalécarlie, la forêt devient l'élément dominant. Lacs et cours d'eau, très nombreux, forment un système hydrographique qui, au fil des siècles, a servi au transport du minerai et au flottage du bois. De nombreux vestiges rappellent que cette région fut au cœur de l'industrie minière suédoise.

À ne pas manquer

L'**église**** **de Stora Tuna**, *p. 212.*

Le **musée de Dalécarlie****, *p. 212* et la ♥ **mine de cuivre*** **de Falun**, *p. 213.*

Les **rives du lac Siljan*****, *p. 215* et ses villages.

L'**église**** **de Leksand**, *p. 215.*

Rättvik* et son ♥ **église***, *p. 215.*

Sala*

➤ *À 36 km de Västerås par la route 67; à 130 km de Stockholm et 60 km d'Uppsala.* ***Informations pratiques*** *p. 224.*

Le bourg a été célèbre pour sa **mine d'argent** dès le Moyen Âge. Le roi Charles IX (1599-1611) la surnommait le « coffret au trésor de la Suède ». Ses galeries qui s'enfoncent jusqu'à 300 m sous terre s'étendent sur 20 km. Certaines années, on extrayait près de 4 tonnes d'argent. Vers 1900, la baisse des cours porta un coup fatal à sa rentabilité.

➤ **Le musée de la Mine** (***Sala silvergruva****; Drottning Christinas väg; ouv. t.l.j. de mai à sept. de 10h à 17h ☎ (0224) 19.543).* Il expose des collections de **minéraux** et d'**outils**. Des visites guidées sont organisées dans certaines galeries, exploitées aux XVIIe et XVIIIe s., avec une **démonstration des méthodes d'extraction**. Bottes et vêtements de protection sont mis à la disposition des visiteurs, mais couvrez-vous, il ne fait que 6 °C, même en été.

➤ **L'église paroissiale** (***Sala sockenkyrka****; Albertus Målarens väg, au N de la ville ☎ (0224) 578.01).* Construite en style gothique au début du XIVe s., elle abrite de belles **fresques** attribuées à Albertus Pictor, et un **retable** flamand de 1520.

Avesta

➤ *À 38 km de Sala par la route 70.* ***Informations pratiques*** *p. 222.*

Cette ancienne ville de **forges**, sur les berges de la rivière Dalälven, est la porte de la Dalécarlie, comme en témoigne le plus grand ***dalahäst*** du monde : un cheval de 13 m de haut et de 12 m de long, créé en 1989 et que vous rencontrerez au croisement des routes 70 et 68. Le **Musée local** rappelle que les **monnaies** du royaume étaient frappées ici *(**Myntmuseet**; Gamla Byn; ouv. de début juin à mi-août du mer. au sam. de 13h à 15h et sur réservation ☎ (0226) 811.28).* Vous y verrez d'impressionnantes **pièces de cuivre** du XVIIe s.

L'écomusée d'Hedemora

➤ ***Husbyringen i Dalarna****; à 19 km d'Avesta par la route 70.* ***Informations pratiques*** *p. 222.*

Premier écomusée créé en Suède, ce **musée de plein air** comporte un ensemble de curiosités disséminées sur 60 km, que le visiteur découvrira à sa guise (*plan disponible à l'ℹ d'Hedemora*). Dans ce cadre idyllique, l'ingénieur Christopher Polhem (1661-1751) fonda la **forge Stjärnsund** : restée en l'état, elle permet de se faire une idée de la **métallurgie** aux XVIIe et **XVIIIe s.** Le site comporte aussi la **demeure de Polhem**, une **chapelle**, un **parc** à l'anglaise, et un **musée** (***Polhemsmuseum***; *ouv. de mai à début juin sam. et dim. de 12 h à 17 h, de juin à mi-août t.l.j. de 12 h à 17 h*) qui évoque les activités et les inventions de l'ingénieur, ainsi que l'évolution de l'horlogerie.

Stora Skedvi*

➤ *À env. 10 km au N-O. d'Hedemora par la route 266, puis chemin vicinal à g.* Bâtie au début du XIIIe s., l'**église** de ce village se niche dans un très beau site. L'intérieur comporte de jolies fresques du XVe s. et un intéressant mobilier baroque.

Säter

➤ *À 39 km de Hedemora sur la route 70.*

Cette petite cité rurale a conservé ses anciennes **maisons en bois**. Le ravin de **Säterdalen**, profond de 60 m, intéressera les botanistes et les ornithologues amateurs : on y accède par un sentier balisé (*plan à l'ℹ, voir p. 222*). Vous pourrez y apercevoir des **chalets de transhumance** et le plus ancien **théâtre de plein air** du pays, encore utilisé aujourd'hui.

L'église de Stora Tuna**

➤ *À 19 km de Säter par la route 70.*

Impossible de ne pas remarquer la **flèche** élancée de cette église, consacrée en 1469. Sa **nef voûtée en étoile** est décorée de **fresques**. À l'intérieur, on trouve quelques beaux objets, dont un monumental ***Christ en majesté***.

Falun*

➤ *À 44 km de Stora Tuna par les routes 70 puis 60 à Börlange.* ***Informations pratiques*** *p. 222.*

Cette petite ville de 50 000 hab. a joué un rôle important dans l'histoire européenne. Ses **mines de cuivre** ont contribué au développement de la puissance suédoise au XVIIe s. Sortie victorieuse de la guerre de Trente Ans, la Suède a su tirer parti de ses ressources minières qui lui permettaient de fabriquer ses propres armes, et d'amasser de gros profits à l'exportation.

Aujourd'hui, la plus ancienne société anonyme minière du monde, **Stora Kopparberg** (*ne se visite pas*), poursuit ses activités grâce à une reconversion réussie dans la **pyrite sulfureuse**, base du « rouge de Falun » qui donne aux maisons suédoises leur allure si caractéristique. La société est aussi le premier producteur privé d'énergie hydroélectrique.

➤ **LA GRAND-PLACE** (***Stora Torget***). Elle est notamment ornée de deux bâtiments du XVIIe s. remarquables : l'**église Christine** (***Kristinekyrkan***) et l'imposant **palais de justice** (***Rådhus***) restauré au XVIIIe s.

➤ **LE MUSÉE DE DALÉCARLIE**** (***Dalarnas Museum***; *Stigaregatan 2-4; ouv. du lun. au jeu. de 10 h à 17 h et du ven. au dim. de 12 h à 17 h ☎ (023) 181.60*). Il retrace l'histoire de la province et présente ses **traditions** à travers des costumes folkloriques, des instruments de musique traditionnels et

L'art traditionnel de Dalécarlie combine admirablement représentations réalistes de la vie quotidienne et motifs religieux.

des peintures murales exprimant l'art paysan. Le musée abrite aussi une reconstitution du **bureau** et de la **bibliothèque de Selma Lagerlöf**, qui écrivit à Falun *Le merveilleux Voyage de Nils Holgersson* et *Jérusalem*.

➤ ♥ **LA MINE DE CUIVRE*** (***Falu Koppargruva***; *Gruvgatan; ouv. de mai à fin août t.l.j. de 10h à 16h30; les w.-e. le reste de l'année ☎ (023) 158.25 ou (023) 71.14.75).* Cette gigantesque excavation (100 m de profondeur, 400 à 500 m de largeur) est la grande curiosité de la ville. Il s'agit d'une fosse à ciel ouvert : en 1687, un éboulement accidentel fit en effet s'affaisser le sous-sol. Au bord de la fosse, une maison de la fin du XVIIIe s. abrite le **musée*** qui évoque l'**histoire de Falun** et les techniques d'exploitation du cuivre. On y trouve une collection de minéraux, de monnaies et de maquettes (***Bergslagsmuseet***; *ouv. du lun. au ven. de 10h à 16h30, sam. et dim. de 9h30 à 16h30).*

Sundborn

➤ *À 12 km au N-E de Falun par la 294 jusqu'à Toftbyn, puis une petite route à dr.*

Le bourg attire les admirateurs de **Carl Larsson** (*voir encadré p. 214).* Le peintre suédois et sa famille ont vécu à partir de 1889 dans la **maison de Lilla Hyttnäs***. Ce foyer-

L'art et les bons sentiments

Tableau de Carl Larsson, Brita och jag, *l'artiste et son enfant sur les épaules, Göteborgs Konstmuseum. Peintre et poète du quotidien, Larsson est sans doute l'artiste qui a conquis la plus grande popularité auprès de ses compatriotes.*

On ne fait pas de bonne littérature avec de bons sentiments, entend-on dire dans le sillage d'André Gide, et le même adage s'applique sans doute à la peinture. Il faut venir en Suède pour avoir la preuve du contraire. Pétrie de bons sentiments, **Selma Lagerlöf** (1858-1940) n'en est pas moins un écrivain considérable.

Par ailleurs, on concède volontiers une place de premier plan au peintre **Carl Larsson** (1853-1919) sous prétexte qu'il légua à la postérité les images lumineuses d'un foyer heureux. Cet hymne au bonheur paisible prend toute sa valeur si l'on songe à l'enfance difficile qu'a connue l'artiste dans les quartiers pauvres de Stockholm. Sundborn, en Dalécarlie, devint sa résidence permanente à partir de 1901, et constituait pour lui un paradis chèrement acquis. Les nombreux intérieurs qu'il a peints à cette époque sont caractérisés par la précision du dessin, la luminosité et les coloris légers de l'aquarelliste. On peut comprendre l'engouement des Suédois, traditionnellement attachés à leur foyer, pour de telles œuvres dont les copies ornent les murs de sa toute petite maison de campagne *(stuga)*.

musée appartient toujours à la famille du peintre (***Carl Larssongården***; *Carl Larssons väg; ouv. de mai à sept. t.l.j. de 10h à 17h ☎ (023) 600.53 et 600.69;* ***rens.*** *à l'ⓘ de Falun ou sur place*). On peut y reconnaître les intérieurs décorés par sa femme Karin et peints par lui. Pour découvrir d'autres toiles de Larsson, rendez-vous au musée Anders-Zorn à Mora *(p. 216)*, au musée national de Stockholm *(p. 164)* et au Prins Eugens Waldemarsudde *(p. 174)*.

Vers les rives du lac Siljan***

➤ *Itinéraire de 110 km au départ de Falun; 2 ou 3 jours.*

Quelque 50 km séparent la partie minière de la Dalécarlie de la pointe orientale du Siljan, un lac aux eaux particulièrement bleues, entouré de plages et de maisons anciennes. Dans nombre d'intérieurs, on trouve de beaux exemples d'art populaire, souvent insolites comme ces peintures à la fois naïves et raffinées qui ont fait la réputation de la province.

Leksand*

➤ *À 47 km de Falun par la route 80, puis une petite route à g.* ***Informations pratiques*** *p. 222.*

Leksand est une des plus anciennes villes de la province, qui s'anime surtout le dimanche. Les habitants sortent alors leurs **vêtements traditionnels**, dont les couleurs sont propres à chaque village. Chaque année, début juillet, des **courses de bateaux** opposent les équipages des différentes paroisses riveraines du Siljan.

➤ **L'ÉGLISE****. Bâtie au XIIIe s., elle est décorée du fameux « **bleu de Dalécarlie** », rehaussé par les blancs et les ors. La chaire et l'autel datent du XVIIIe s., comme le clocher à bulbe d'allure orientale.

➤ **LE MUSÉE DES TRADITIONS POPULAIRES** (***Leksands hembygdsgårdar****; près de l'église; ouv. t.l.j. de mi-juin à mi-août ☎ (0247) 802.45).* Il rassemble plusieurs jolies **maisons anciennes** à l'intérieur typiquement décoré.

Hjortnäs

➤ *Par la route 70 puis longer le lac Siljan.* Situé à 6 km au N de Leksand, le village abrite un **musée de figurines en plomb** (***Tennfigurmuseet****; Hjortnäsgården; ouv. t.l.j. de fin juin à fin août ☎ (0247) 611.13)* qui présente plus de 20 000 pièces au total : indiens, soldats, habitants du terroir.

♥ Tällberg*

➤ ***Informations pratiques*** *p. 225.*

Ce village aux vieilles **maisons de bois** occupe un site naturel magnifique offrant une superbe **vue*** sur le lac Siljan. C'est aussi un centre d'art où se tiennent de nombreuses manifestations *(voir encadré p. 225).*

➤ **HOLENS GAMMELGÅRD** *(ouv. de mi-juin à mi-août ☎ (0247) 802.45).* C'est une sorte de « Skansen dalécarlien », à la fois **musée de plein air** et **centre artisanal**. Il a été créé au début du siècle par Gustaf Ankarcrona, l'un des grands promoteurs de la culture régionale. On peut y voir des maisons régionales typiques et de l'artisanat traditionnel : objets sculptés, textiles, vannerie, poterie, céramique, ferronnerie.

Rättvik*

➤ *À env. 10 km de Tällberg par la route 70.* ***Informations pratiques*** *p. 224.*

Lovée dans un cadre verdoyant, la petite cité des bords du lac Siljan est très animée. Elle est réputée pour son **artisanat** du bois et de la céramique ainsi que pour ses **fêtes folkloriques** *(voir encadré p. 225).*

➤ ♥ **LA VIEILLE ÉGLISE*** (***Rättviks kyrka****; Kyrkvägen).* Surnommé « la fiancée agenouillée », l'édifice surplombe le lac. Bâti au XIIIe s., il fut

Centre actif de culture régionale, Rättvik est aussi un lieu de vacances prisé en raison de son joli site au bord du lac Siljan.

remanié par la suite. On retrouve dans ses **fresques** (fin du XVe s.) le fameux « bleu de Dalécarlie ». Voyez aussi un **Christ en majesté** et des **statues** de saints de la même époque. À proximité, se trouvent 90 **écuries** en bois, dont les plus anciennes datent du XVIIe s. Elles étaient destinées aux paroissiens se rendant à l'office à cheval. Dans le cimetière, la **pierre de Vasa** commémore l'appel à la résistance contre les Danois que Gustave Vasa lança à Rättvik en 1520.

➤ **LA VIEILLE FERME** (***Gammelgård***; *Sjubergsvägen; ouv. l'été de mi-juin à mi-août ☎ (0248) 514.45*). Ce **musée de la Ferme** abrite du mobilier, des costumes et de très intéressantes peintures locales. À l'extérieur, belles maisons anciennes.

Mora*

➤ *À 38 km de Rättvik par la route 70.* ***Informations pratiques*** *p. 223.*

Agglomération principale de la région, la ville joua un rôle important lors de la guerre de libération nationale contre les Danois (*p. 46*), qui fut déclenchée ici, après un premier appel à Rättvik. Placée sur le tertre où le roi s'adressa aux populations, la **statue de Gustave Vasa** réalisée par Anders Zorn (1903) commémore cet événement.

➤ **LE MUSÉE DE VASALOPPET** (*ouv. t.l.j. l'été de 10 h à 18 h, jusqu'à 20 h une partie de juil. et pendant la semaine de la Vasaloppet; le reste de l'année de 11 h à 17 h; ☎ (0250) 392.25*). Le **musée** évoque l'histoire de la ***Vasaloppet***, course de ski de fond, depuis sa création en 1922. Des **randonnées pédestres** empruntant le même parcours, sont organisées pendant l'été (***rens.*** *à l'*ℹ).

➤ **LE MUSÉE D'ANDERS ZORN*** (***Zornmuseet***; *Vasagatan 36; ouv. de mi-mai à mi-sept. du lun. au sam. de 9 h à 17 h, et le dim. de 11 h à 17 h; le reste de l'année du lun. au sam. de 12 h à 17 h, et le dim. de 13 h à 17 h ☎ (0250) 165.60*). Ce

La « Vasaloppet »

Chaque 1er dimanche de mars, cette célèbre course internationale de ski de fond se déroule de Sälen (*p. 219*) à Mora (*82 km*). Elle rassemble plus de 10 000 concurrents et emprunte – en sens inverse – le parcours qu'en 1521, Gustave Eriksson Vasa fit à skis lorsqu'il prit la fuite, pourchassé par les Danois soucieux de neutraliser celui qui appelait les Suédois à la révolte.

Anders Zorn, virtuose de la couleur

Tableau d'A. Zorn, Ute, Göteborgs Konstmuseum. Puissance et sensualité caractérisent l'art du peintre.

Cet artiste (1860-1920) aux talents multiples fut un grand collectionneur, et un infatigable champion de la culture dalécarlienne. Né au hameau d'Utmeland, Zorn s'installe définitivement à Mora en 1896, après avoir vécu plusieurs années à Paris, en Angleterre et aux États-Unis. De nombreux souvenirs se rattachent ici à ce grand peintre, proche à certains égards des impressionnistes. Ses portraits de paysannes dalécarliennes, parfois surprises dans des situations intimes, sont célèbres.

musée abrite quelques-unes des plus belles **toiles** de l'artiste (1860-1920), ainsi que des œuvres de **Carl Larsson**, des eaux-fortes de **Rembrandt** et une superbe collection d'**orfèvrerie** et d'**artisanat**.

➤ ♥ **La maison d'Anders Zorn*** *(**Zorngården**; Vasagatan 36; de mi-mai à mi-sept. du lun. au sam. de 10h à 16h et le dim. de 11h à 16h; visites guidées seulement ☎ (0250) 100.04)*. Bâtie en 1910, cette demeure étrange et fascinante, qui fut le foyer du peintre et de sa femme, recèle de nombreuses œuvres d'art et souvenirs. Mais ce sont peut-être l'architecture et l'aménagement qui surprennent le plus, inchangés depuis la mort d'Emma Zorn en 1942. Dans le **jardin**, agrémenté d'une statue représentant *Le Bain du matin*, vieille maison de bois dalécarlienne qui servait d'**atelier** au peintre.

➤ ♥ **Le musée de plein air de Gammelgård** *(**Zorns gammelgård**; Yvradsvägen, Utmeland; à 2 km au S-O de Mora, route de Vansbro; ouv. de juin à août t.l.j. de 12h à 17h ☎ (0250) 104.54)*. Autre création d'Anders Zorn, ce musée est situé à **Utmeland**, où naquit l'artiste. Il regroupe environ 40 **maisons** et **fermes** en bois, certaines très anciennes (600 ans), et présente une superbe collection de **textiles**.

La route des fjälls dalécarliens

➤ *Itinéraire de 320 km au départ de Mora ; 2 jours.*

Vers le N, la population se raréfie et le paysage devient plus sauvage. Les *fjälls* prennent ici leur naissance. À partir du printemps, les amateurs de canoë-kayak descendent le long de rapides, et les pêcheurs peuvent tenter leur chance, notamment dans le Västerdalälven, haut lieu de pêche sportive à la mouche.

Orsa

➤ *Depuis Vattnäs par la route E45, puis le chemin vicinal par Risa et Slättberg.* ***Informations pratiques*** *p. 224.*

Longtemps, Orsa est restée une petite ville industrieuse, spécialisée dans la fabrication des meules. Elle s'est reconvertie en s'ouvrant au tourisme. Son **église** du XIVe s., remaniée à plusieurs reprises, a conservé ses fonts baptismaux d'origine, et quelques fresques du XVIe s.

Au N d'Orsa

➤ **Fryksås**. Des sentiers balisés *(**rens.** à l'ℹ d'Orsa)* permettent de découvrir les **chalets de transhumance** *(**Fäbodar**)* dont certains sont aménagés en hôtels *(p. 224)*. C'est un excellent but de balade, dans cette région jadis exploitée par les forestiers.

➤ **Grönklitt**. Cette station *(561 m d'altitude)* propose, été comme hiver, de nombreuses activités : ski de fond, scooter des neiges, chiens de traîneaux, équitation, orpaillage *(**rens.** à l'ℹ)*. À proximité, on peut visiter la plus importante **réserve d'ours*** d'Europe *(**Björnparken** ; ouv. de mi-mai à fin août ☎ (0250) 462.00)*. Les animaux, également des loups et des lynx, y vivent librement dans leur cadre naturel. *Voir aussi pp. 258-259.*

Älvdalen*

➤ *À 40 km d'Orsa par la route 70.*

Au S de cette station de sports d'hiver, un **téléphérique** conduit au sommet de la montagne **Väsaberget** *(482 m)* d'où l'on jouit d'une vue étendue sur la Dalécarlie du Nord.

➤ **Le musée du Porphyre** *(**Porfyrmuseet** ; Dalgatan 81 ; ouv. t.l.j. de juin à août de 11 h à 18 h ; le reste de l'année, du lun. au ven. de 12 h à 16 h ☎ (0251) 41.035)*. Les objets exposés dans ce musée rappellent qu'Älvdalen est aussi,

Le « diamant de Suède »

Le travail du porphyre, roche volcanique rouge foncé mêlée de cristaux blancs, s'est développé dans la seconde moitié du XVIIIe s., et c'est en 1778 que le premier vase d'Älvdalen a été présenté au roi Gustave III. Le sarcophage de Bernadotte, que l'on peut admirer à Stockholm dans l'église de Riddarholmen *(p. 163)* est également en porphyre. Les artisans d'Älvdalen travaillent toujours ce matériau précieux en utilisant les techniques traditionnelles de polissage, ce qui permet de rapporter de beaux souvenirs.

depuis le XVIIIe s., le royaume du porphyre, comme l'attestent les belles colonnes de l'**église** du XVe s.

➤ **TIONDEHÄRBRET.** Près du presbytère, vous verrez la plus ancienne **construction en bois** de Suède (1285) où l'influence de l'**art viking** apparaît clairement dans la décoration.

Fulufjället

➤ *À 82 km d'Älvdalen par la route 70.*

Cette **montagne** occupe un site de 38 000 ha classé en **réserve naturelle.** La végétation y est luxuriante : les plus grands sapins peuvent dépasser 30 m de haut ! À partir de **Särna**, une petite route à g. conduit jusqu'à **Mörkret** *(25 km)* où deux **sentiers balisés** permettent de faire à pied l'ascension du sommet, qui culmine à 1 044 m. Le plus direct et le plus facile *(1,5 km)* conduit à **Njupeskär**, une chute d'eau de 93 m. L'autre sentier, qui contourne la cascade, exige de bonnes chaussures et une meilleure condition physique *(déconseillé par mauvais temps).*

Idre

➤ *À 23 km au N de Särna par la route 70. **Informations pratiques** p. 222.*

La plus grande station de **sports d'hiver** d'Europe du Nord est également propice au tourisme d'été. Une route de montagne, la plus élevée de Suède *(1 000 m d'altitude)*, mène au N-E au sommet du **Nipfjället** *(1 102 m)*. Elle traverse une **réserve naturelle** de plus de 20 000 ha *(**Städjan-Nipfjället naturreservat**)*, dont un sentier balisé de 15 km permet de faire le tour *(suivre l'indication « Nipfjället runt »)*. Un embranchement de cette route de montagne sur la dr. conduit à **Grängesåsvallen**, d'où un sentier de randonnée rejoint le sommet du **mont Städjan** *(1 131 m)*, qui a l'allure d'un volcan.

En redescendant vers Särna par les routes 70 puis 297, vous découvrirez à **Fulunäs** *(à 46 km au S)* un paysage particulièrement beau, où la confluence des rivières Faluälven et Görälven donne naissance au **Västerdalälven**.

Sälen*

➤ *À env. 25 km de Fulunäs par la route 297. **Informations pratiques** p. 224.*

Cette station bien équipée, où débute chaque année la ***Vasaloppet*** *(voir encadré p. 216)*, est l'un des grands centres européens de **sports d'hiver**. L'été, on y propose différents loisirs : canoë-kayak, golf, balades à pied. On y pratique aussi l'**orpaillage** dans la **Granatbäcken**, la « rivière aux Grenats ». Si vous ne trouvez pas d'or, vous rapporterez peut-être des grenats, des éclats d'améthyste ou de citrine…

Malung

➤ *À 64 km de Sälen par la route 297.*

Cette petite ville est spécialisée depuis toujours dans les **peausseries** et les **fourrures**. Aujourd'hui, il reste un nombre important de fabriques, d'ateliers et de boutiques où l'on peut faire de bonnes affaires.

La route du Bergslagen

➤ *Itinéraire de 260 km au départ de Malung; 2 jours.*

Le nom de Bergslagen signifie «la loi de la mine». C'est ici que l'on exploitait jadis les gisements métallifères de la Suède centrale, couvrant parfois plusieurs provinces. Lieux de mémoire, les bourgades que l'on traverse aujourd'hui méritent souvent une halte, d'autant que le paysage, couvert de forêts et sillonné de cours d'eau, est superbe.

Ludvika

➤ ***Informations pratiques*** *p. 223.*

Cette cité industrielle moderne fut jadis une ville de forges. Le **Vieux Domaine de Ludvika** en témoigne *(**Ludvika Gammelgård**; Nils Gata ☎ (0240) 100.19)*, ainsi que le **musée de la Mine** où sont présentés des outils et des installations minières *(**Ludvika Gruvmuseum**; même adresse; ouv. de mi-juin à mi-sept. t.l.j. de 11 h à 18 h).*

L'écomusée du Bergslagen

➤ ***Eko Bergslagen**; **rens.** et **plan** dans les ⓘ de la région ou au siège de l'écomusée: Grenanderska gården, Kyrkogatan 2, **Smedjebacken** ☎ (0240) 66.30.82.*

Ce « musée sans murs » s'étend entre Ludvika et Västerås. Il propose une excursion thématique qui met en scène le paysage naturel, ainsi que les mines, les forges et les habitations qui ont marqué la région. Au total, on découvre une cinquantaine de sites fléchés: mines, fonderies, fermes de mineurs, bâtiments et installations industrielles, moyens de transport et de traction.

Les mines de Fagersta et de Norberg

À 44 km de Ludvika sur la route 66, les **mines à ciel ouvert de Fagersta** sont aménagées pour la visite, ainsi que les **galeries** plus récentes du centre minier de **Norberg** *(à 13 km par la route 68)*. On y verra des **tours d'extraction** en béton, acier et bois, ou en brique de laitier.

Skinnskatteberg et ses environs

➤ *À 22 km au S de Fagersta par la route 68.*

Située entre deux lacs, cette ville conserve encore des **forges** du XVIIe s. *(ouv. en juin et août le sam. et le dim. de 13 h à 17 h; t.l.j. de 13 h à 17 h en juil. ☎ (0222) 305.19)* et un **manoir** du XVIIIe s. Un peu plus loin, les **forges** désaffectées de **Ramnäs** *(à 30 km de Skinnskatteberg par la route 233)* ont été fondées en 1590.

Surahammar

➤ *À 43 km de Skinnskatteberg par les routes 233, puis 66.*

Les anciens **centres de production** du district minier ont été conservés *(ne se visitent pas)*. Ils comportent un ensemble urbain rationnel, comprenant le manoir et l'église au centre, et tout autour, les forges, les charbonnières, les entrepôts, les logements des mineurs, l'école et les magasins d'alimentation.

Skultuna

➤ *À 40 km env. de Surahammar par la route 66 puis une route à g; à 15 km de Ramnäs et de Västerås.*

Ce bourg est réputé pour sa **manufacture de laiton**, fondée en

Au pays des mines

La présence d'un minerai de fer très pur, l'abondance de forêts et des cours d'eau ont jadis favorisé la création d'un bon millier d'exploitations métallurgiques dans la région de Bergslagen, longtemps inhabitée. Des paysans-mineurs se groupaient pour exploiter en commun une « forge », c'est-à-dire un haut fourneau avec son barrage et les installations afférentes : forge proprement dite, charbonnière, roues à aube, cuves de calcination, machines de concassage et magasins. Aujourd'hui, les anciennes mines de fer sont toutes abandonnées, mais elles sont préservées comme patrimoine historique.

1607 par Charles IX. De très beaux **objets des XVIII**[e] **et XIX**[e] **s.** (chandeliers, bougeoirs, lustres, mortiers et autres objets utilitaires) sont exposés à l'atelier de **Skultuna** (***Skultuna messingsbruk;*** *ouv. du lun. au ven. de 10h à 18h, le sam. et le dim. de 10h à 16h ☎ (021) 783.01)*. De Skultuna, on rejoint **Västerås** au S *(p. 200)*. Depuis cette ville, on peut ensuite rallier Uppsala au N-E *(à 79 km; p. 196)* ou rejoindre Stockholm *(à 114 km; p. 152)*.

La Dalécarlie, pratique

Office régional, ***Turistinformation Dalarna****, Trotzgatan 10-12 79183 Falun* ☎ *(023) 640.04; fax 833.14.*

Avesta (77402)

Indicatif téléphonique (0226)
Box 2103 ☎ *520.45; fax 573.50.*

Falun (79183)

Indicatif téléphonique (023)
Trotzgatan 10-12 ☎ *830.50; fax 833.14.*

Hôtels

▲▲▲ **Grand First Hotell**, Trotzgatan 9-11 ☎ 187.00; fax 141.43. *183 ch.* Excellent hôtel central avec restaurant, garage, piscine, sauna.

▲▲▲ **Hotel Winn**, Bergskolegränd 7 ☎ 636.00; fax 225.24. *89 ch.* Hôtel d'un très bon rapport qualité/prix, situé à 1 km de la gare. Restaurant, parking, piscine, sauna.

▲▲ **Scandic Hotell Falun Nord**, Svärdsjögatan ☎ 221.60. *107 ch.* À 2 km de la gare, un bon hôtel avec restaurant, parking, piscine, sauna.

Auberge de jeunesse

STF Vandrarhem, Hälsinggårdsvägen 7. **Bus**: n° 1 et 4 ☎ 105.60. *278 lits.* À 4 km à l'E. Diverses installations sportives à proximité: baignade, planche à voile, pêche, location de bicyclettes.

Camping

Lugnet ☎ 835.63. À 2 km au N (suivez le fléchage). Ce terrain à l'équipement moderne possède, en outre, une vingtaine de bungalows. Tour panoramique avec ascenseur et cafétéria, salle de sport, centre de ski.

Hedemora (77628)

Indicatif téléphonique (0225)
Långgatan 1 ☎ *343.48.*

Hôtel

▲▲▲ **Stadshotellet**, Stora Torget 5 ☎ 122.60; fax 132.9 7. *40 ch.* Le charme d'un petit palace de province ou le « Tout-Hedemora » se retrouve devant un verre. Bar, restaurant.

Idre (79091)

Indicatif téléphonique (0253)
Byvägen 19 ☎ *207.10.*

Hôtels

▲▲▲ **Idre Fjäll** ☎ 410.00; fax 401.58. *60 cottages et appartements.* Ce confortable hôtel de montagne est situé à 9 km à l'E du bourg: prenez la direction de Nipfjället, puis la petite route à dr. Restaurant, sauna, piscine intérieure et de plein air, nombreuses installations sportives. *Ouv. de fin oct. à fin avr. et de fin mai à fin sept.*

▲▲ **Idregården** ☎ 201.50. *23 ch.* Un petit établissement à l'ambiance familiale et décontractée, avec restaurant et sauna. Demi-pension possible.

Camping

Idre Fjäll ☎ 410.00. Situé à 9 km à l'E d'Idre (direction de Nipfjället, puis la petite route à dr.). C'est une bonne base pour des activités sportives: piscines, mini golf, salles de sport. *Ouv. de juin à sept. et de nov. à avr.*

Leksand (79322)

Indicatif téléphonique (0247) .
à la gare, Järnvägsstationen ☎ *803.00.*

Hôtels

▲▲ **Korstäppan**, Hjortnäsvägen 33 ☎ 123.10; fax 141.78. *34 ch.* Formules demi-pension et pension complète. Restaurant, sauna.

▲▲ **Moskogen**, Insjövägen 50 ☎ 146.00; fax 144.30. *50 ch.* Motel de bon confort, avec restaurant et sauna. Possibilité de demi-pension ou de pension complète.

Camping

Västanviks Badet ☎ 342.01. À 4 km au S-O de Leksand, au bord du lac Siljan. Plage de sable, canotage, pêche. Bien équipé mais un peu bruyant.

Shopping

Jobs Handtryck, à Västanvik ☎ 122.36. À 6 km au S-O, en direction de Siljansnäs. Les textiles peints à la main sont la grande spécialité locale.

Le cheval de Dalécarlie

Atelier de fabrication artisanale du cheval de Dalécarlie. Sa popularité est telle qu'il est devenu un emblème national au même titre que le drapeau.

Cet objet en pin sculpté a connu une telle fortune qu'il est devenu le symbole de toute la Suède, au même titre que le drapeau national. Son origine est lointaine. D'après la tradition, les bûcherons, pour tuer le temps lorsqu'ils étaient inoccupés, sculptaient des figurines en bois, d'abord assez frustes, puis de plus en plus élaborées. C'est au siècle dernier, à l'époque du romantisme national, qu'on a commencé à décorer et à peindre le petit cheval ***(dalahäst)***. Les émigrants suédois l'ont emmené en Amérique, à l'Exposition universelle de New York, en 1939, un accueil triomphal lui a été réservé. À Lindsborg, au Kansas, il figure dans les armoiries de la ville tandis qu'à Mora, dans le Minnesota, on peut contempler un grand *dalahäst* en fibre de verre. Aujourd'hui, le hameau de Nusnäs *(à env. 10 km au S de Mora)* est le principal centre de fabrication de cet équidé artisanal, qui se décline selon une vingtaine de tailles et de nombreux coloris.

■ Ludvika (77182)

Indicatif téléphonique (0240)

ℹ *Fredsgatan 10 ☎ 860.50.*

■ Mora (79232)

Indicatif téléphonique (0250)

ℹ *à la gare, Stationsvägen 3 ☎ 56.76.00.*

Hôtels

▲▲▲ **Mora**, Strandgatan 12 ☎ 717.50; fax 189.81. *140 ch.* Hôtel central et très confortable. Restaurant, piscine et sauna.

▲▲ **Moraparken**, Parkvägen 1 ☎ 178.00; fax 185.83. *75 ch.* Un bon établissement situé à 2 km de la gare, en direction de « Folkparken ». Restaurant, piscine, sauna. L'hôtel jouxte le parc où sont proposés des spectacles.

Camping

Mora ☎ 153.52. Situé à 400 m au N-O de l'église dans un parc. Baignade, pêche.

Une visite au Père Noël

Le Père Noël habite près de la station de ski de Gesunda, non loin de Mora, au bord du lac Siljan. Sur un vaste domaine en pleine forêt, sont installés sa maison, sa fabrique de jouets et le bureau de poste qui reçoit chaque hiver son abondant courrier *(ouv. de mi-juin à mi-août et de fin nov. à début janv., t.l.j. de 10 h à 17 h ☎ (0250) 212.00)*. Cette visite enchantera les jeunes de tous âges ! À toutes fins utiles, voici également l'adresse postale du Père Noël : Tomteland, Gesundaberget 79092, 790 43 Sollerön, Suède.

■ Orsa (79430)

Indicatif téléphonique (0250)
ℹ Centralgatan 3 ☎ 55.21.63.

Hôtel

▲▲ **Fryksås Hotell & Gestgifveri** ♥ ☎ 460.20 ; fax 460.90. *12 ch. et 5 cottages.* Situé à Fryksås, à 12 km d'Orsa par une petite route fléchée, cet hôtel est aménagé dans d'anciens chalets de transhumance. Restaurant, sauna, demi-pension et pension complète.

Camping

Orsa ☎ 523.00. Ce terrain de camping, situé au bord du lac d'Orsa, à 400 m de l'église, propose également *42 bungalows et 5 ch.* Tous sports nautiques, animations.

■ Rättvik (79522)

Indicatif téléphonique (0248)
ℹ à la gare, Järnvägsstationen ☎ 702.00 ; fax 516.17.

Hôtel

▲ **Stiftsgården** ☎ 510.20 ; fax 127.54. *71 ch.* Un établissement simple mais convenable, qui propose demi-pension et pension complète.

Auberge de jeunesse

STF Vandrarhem, Centralgatan ☎ 105.66. *104 lits.* Cette auberge, moderne et très agréable, est située à moins de 1 km du centre et de la rive du Siljan. Excellent petit déjeuner.

Camping

Rättviksparken ☎ 561.11. *30 bungalows et 6 ch.* Ce camping, très bien équipé, est situé à 500 m au N du centre de Rättvik. Pêche, animations.

Shopping

Nittsjö keramik ☎ 171.30. À 6 km au N-O en direction de Mora sur la route 70. Cet atelier de céramique, établi depuis les années 1920, propose des objets dans le style traditionnel du XIXe s., mais aussi des créations modernes réalisées par des artistes et designers locaux.

■ Sala (73325)

Indicatif téléphonique (0224)
ℹ Norrmanska gården ☎ 131.45 ; fax 773.22.

■ Sälen (78067)

Indicatif téléphonique (0280)
ℹ Centrumhuset ☎ 202.50 ; fax 205.80.

Hôtels

▲▲ **Sälen högfjällshotell** ☎ 87.000 ; fax 211.61. Cet hôtel agréable est situé à flanc de montagne (accès fléché). *Ouv. de fin nov. à début mai et de fin juin à début août.*

▲ **Sälen Gästgiveri**, Prins Lars väg 1 ☎ 201.85 ; fax 204.38. Une auberge de montagne simple et confortable, avec son décor de boiseries. Bar, restaurant, sauna. Sports en toute saison : ski, pêche, golf, canot, randonnées.

Fêtes et manifestations

- **MARS. Vasaloppet**, course de ski de fond (vers le 1er du mois).
- **JUIN. Festival de musique chorale** à Skinnskatteberg (la 3e semaine du mois). **Célébrations de la Saint-Jean**, particulièrement fêtée dans la région du lac Siljan. **Festival de musique du Siljan**, (à la fin du mois).
- **JUILLET. Course traditionnelle de bateaux d'église** sur le lac Siljan (au début du mois). **Festival de musique populaire** de Falun (au milieu du mois). **Festival du folklore** à Rättvik (la 2e quinzaine du mois).

Tällberg (79370)

Indicatif téléphonique (0247)

Rättvik p. 224.

Hôtels

▲▲▲ **Åkerblads** ♥ ☎ 508.00. *64 ch., 19 suites.* Cet hôtel, unique en son genre, a gardé le charme des vieilles maisons dalécarliennes : cadre fleuri et confort moderne. Restaurant, piscine, sauna, forfaits demi-pension et pension complète.

▲▲▲ **Dalecarlia** ☎ 891.00 ; fax 502.40. *60 ch.* Un hôtel de charme, confortable avec ses chambres traditionnelles, et quelques chalets.

▲▲▲ **Green Hotel** ☎ 502.50. *100 ch.* Un hôtel moderne, comportant restaurant, piscines intérieure et de plein air, sauna. Forfaits demi-pension et pension complète.

▲▲ **Tällbergsgården**, Holgattu 1 ☎ 508.50. *50 ch.* Une atmosphère de pension de famille dans un décor typiquement dalécarlien. L'établissement, de bon niveau, est pourvu d'un sauna et d'un restaurant. Demi-pension et pension complète.

NORRLAND DU SUD

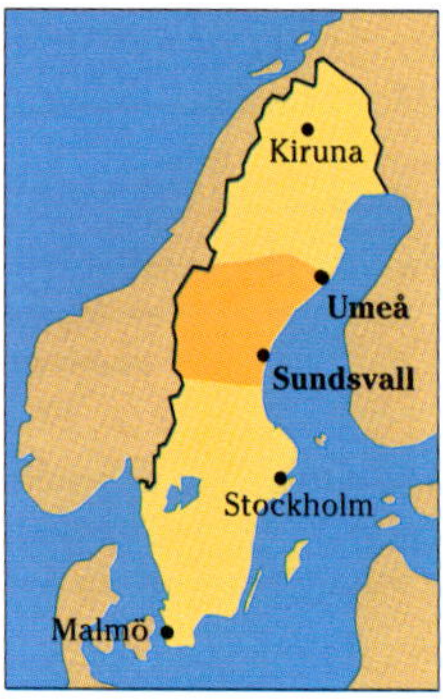

Le Norrland couvre plus de la moitié du territoire suédois. Son nom même fait surgir de vastes étendues sauvages où dominent forêts, montagnes et torrents poissonneux. Une industrie moderne s'y est pourtant implantée (exploitation forestière, usines de pâte à papier, aciéries, barrages hydroélectriques). Si la bande côtière des provinces de Gästrikland, Hälsingland, Medelpad et Ångermanland constitue une région dynamique aux activités diversifiées, certaines contrées de l'intérieur sont menacées de désertification. Toutefois, le Härjedalen et le Jämtland profitent d'un tourisme en plein essor.

À ne pas manquer

L'**église**** **de Vendel**, *p. 228.*

Le **musée des Chemins de fer**** à Gävle, *p. 230.*

La ♥ **Haute Côte****, *p. 233.*

Le **pic de Skuleberget****, *p. 233.*

Le ♥ **haut plateau**** **de Flatruet**, *p. 238.*

La **nature du Jämtland****, *p. 238.*

Le **musée en plein air de** ♥ **Jamtli*** à Östersund, *p. 239.*

L'**église**** **de Hammerdal**, *p. 241.*

Le long du golfe de Botnie

Presque 700 km séparent Stockholm d'Umeå, dans cette région où les villages de pêcheurs se nichent dans des côtes tantôt plates, tantôt très escarpées. Partout le poisson est roi, et chaque village côtier propose ses propres spécialités culinaires. Attractions gastronomiques et curiosités ethnographiques, les « fêtes du poisson » font partie du folklore *(voir encadré p. 247)*.

L'Uppland

➤ *Itinéraire de 131 km au départ d'Uppsala* *(p. 196)**; 1 jour.*

Gävle, la ville la plus méridionale du Norrland, est située à 102 km d'Uppsala et 172 km de Stockholm. Au N d'Uppsala, les forges du XVIIe s., vestiges d'une civilisation préindustrielle, et les églises médiévales décorées de fresques sont des témoignages intéressants du passé.

LE NORRLAND DU SUD.

Vendel

À 37 km d'Uppsala, le bourg possède une très belle **église fortifiée**** du début du XIVe s. *(Vendel kyrka; Vendels prästgård; ouv. sam. et dim. toute l'année; t.l.j. en juil.)*. L'**intérieur** est décoré de **fresques**** du XIVe s. Remarquez aussi celles qui se trouvent à l'entrée, réalisées par l'Allemand **Johannes Iwan** en 1451. À proximité de cette église, 14 **bateaux-tombeaux**, contenant des armes, des bijoux et autres objets, ont été mis au jour. Ces sépultures étaient destinées à des personnages importants. Les archéologues parlent d'« **époque de Vendel** » pour désigner la période préviking qui s'étend de 550 à 800.

Le château d'Örbyhus*

➤ *Ouv. de 10h à 16h l'été ☎ (0295) 614.00. Visites guidées sam. et dim. à 13h et pendant l'été du mar. au dim. à 13 h. Cafétéria. Concerts l'été dans l'orangerie.*

Cet impressionnant château (XVe s.), au N-E de Vendel, fut fortifié par **Gustave Vasa** au XVIe s., puis agrandi au XVIIIe s. Le roi **Erik XIV**, destitué par ses frères, y a été emprisonné, et empoisonné en 1577. On y découvre la **prison** où fut enfermé le roi, une collection d'**armes**, et dans l'écurie, une collection de **voitures à cheval**.

Österbybruk

➤ *À 12 km d'Örbyhus par la route 292.*

Le bourg a grandi autour d'une forge implantée près d'un étang. **Bruno Liljefors** (1860-1939), peintre animalier de réputation internationale, a vécu et travaillé, de 1917 à 1932, dans une **gentilhommière** du XVIIIe s. Ses œuvres sont d'inspiration naturaliste. Le **studio du peintre**, où un certain nombre de toiles sont accrochées, est ouvert au public *(de mi-mai à fin août)*. Par la route 288, rejoignez la côte où se blottit **Östhammar**, un joli village de pêcheurs *(à 37 km d'Österbybruk)*.

♥ Lövstabruk*

➤ *Sur la route 76. Parc ouv. toute l'année; manoir ouv. de mi-juin à mi-août; visites guidées à 11h, 13h et 15h ☎ (0294) 310.70. Concerts l'été.*

Dans un beau parc du XVIIIe s., ce manoir fut la demeure familiale des barons **De Geer**, financiers de haut vol, qui se sont succédé pendant des générations. Au XVIIIe s., Charles de Geer se rendit célèbre par ses travaux d'entomologie. Cette propriété a été incendiée par les Russes en 1719, et remplacée par un élégant bâtiment qui présente des **expositions temporaires** évoquant les habitants des lieux, les immigrés wallons, les maîtres des forges, les charbonniers et les paysans.

Älvkarleby

➤ ***Informations pratiques*** *p. 242.*

Ce **port** est situé à 30 km au N, dans l'estuaire du Dalälven dans un environnement magnifique. L'impétuosité des eaux dans un cadre forestier, à l'embouchure du Dalälven, donne un avant-goût du Norrland. C'est un haut lieu de la **pêche au saumon** que vous pouvez notamment pratiquer au **Älvkarleby Fiskecamp** *(☎ (026)727.92 (p. 242)*.

Le parc zoologique de Furuvik

➤ *Ouv. t.l.j. de 10h à 17h de la mi-mai à la fin août, 18h en haute saison. Restauration sur place et camping ☎ (026) 19.90.00.*

Manoir de Lövstabruk, Uppland, fief de la dynastie financière des De Geer.

Ce jardin est l'un des plus grands de Suède. Il comporte un parc d'attractions, et abrite des animaux nordiques et exotiques, ainsi qu'une ferme des enfants (agneaux, veaux, chèvres, lapins).

Le Gästrikland

➤ *Itinéraire de 50 km au départ de Gävle; 1 jour.*

À l'extrémité nord de l'Uppland, le Gästrikland n'est devenu une province à part entière qu'en 1314. L'exploitation forestière constitue aujourd'hui l'activité économique principale. Sur la bande côtière, se succèdent villages de pêcheurs, fumeries et restaurants de poissons. Il faut goûter au **hareng fumé** (***böckling***), dont on fait également un pâté (***böcklingpastej***), et au ***sotare***, hareng de la Baltique grillé sur la braise.

Gävle

➤ *À 10 km de Furuvik par la route 76; à 110 km d'Uppsala.* ***Informations pratiques*** *p. 244.*

Séparée en deux par la rivière Gavleån, cette cité est la plus méridionale et la plus ancienne du Norrland, puisqu'elle a reçu sa charte municipale en 1446. Gävle a longtemps tiré l'essentiel de ses ressources de la mer. Aujourd'hui, la ville est un centre administratif et économique important (industries mécaniques et alimentaires, industrie du bois).

La rive nord

On y rencontre peu d'édifices anciens, le quartier ayant été ravagé par un incendie en 1869. L'**hôtel de ville** (***Rådhuset***; *Norra Rådmansgatan*) a été bâti en style **gustavien** à la fin du XVIIIe s. Sur l'esplanade, le **théâtre municipal** date des années 1870. L'**église de la Sainte-Trinité** (***Trefaldighetskyrkan***; *Drottninggatan*) remonte au XVIIe s. et constitue un exemple d'architecture **baroque**.

La rive sud

Ce quartier, appelé le **Vieux Gävle** (***Gamla Gefle***), compte de nombreuses **demeures en bois** du XVIIIe s. On peut y voir la maison natale de **Joel Hägglund** *(Bergsgatan 28; ouv. l'été ☎ (026) 61.20.22).* Sous le pseudonyme de Joe Hill, il mena aux États-Unis un combat syndical qui lui valut d'être exécuté à Salt Lake City en 1915. Sur la rive sud, à 200 m de **Rådhuset**, se dresse le **château Gävle Slott** *(Hamiltongatan; ne se visite pas),* datant de la fin du XVIe s. Le gouverneur de la province y réside actuellement.

➤ **LE MUSÉE DE LA PROVINCE*** *(**Länsmuseet**; Södra Strandgatan 20; ouv. t.l.j. sf lun. de 10h à 16h, de 13h à 17h les sam. et dim., jusqu'à 21h le mer. ☎ (026) 65.56.00).* Ce musée évoque l'histoire de la ville et de la région. On peut notamment y voir un très ancien **bateau de bouleau**, le *björkebåt*, ainsi que de riches collections de **peinture suédoise** du XVIe s. à nos jours et de **sculpture** des XIXe et XXe s. Le bâtiment abrite également des collections d'**arts décoratifs**, de porcelaine, de céramique, et de nombreuses expositions temporaires.

➤ **LE SYLVANUM*** *(**Sylvanum skogsmuseum**; Kungsbäcksvägen 32; ouv. t.l.j. de 10h à 16h ☎ (026) 61.41.00).* Ce musée aborde le thème de la nature, de la forêt et de l'écologie.

➤ **LE MUSÉE DES CHEMINS DE FER**** *(**Sveriges Järnvägsmuseum**; Rälsgatan 1; ouv. de 10h à 16h t.l.j. de juin à août; f. le lun. le reste de l'année ☎ (026) 16.46.15).* C'est l'un des musées les plus remarquables en son genre. Dans une odeur de vapeur et d'huile qui ravira tous les nostalgiques des trains d'antan, vous découvrirez d'anciennes **locomotives** comme la « Novelty » que lança l'ingénieur suédois **John Ericson** (1826), des **wagons royaux**, des **gares reconstituées** ainsi que le travail des poseurs de rails. Des expositions temporaires évoquent divers aspects de la vie du rail. Vous pourrez faire un tour dans un **convoi tracté à la vapeur**.

➤ **L'ARBORETUM DE VALLS HAGE** *(à la sortie de la ville, près du cimetière).* Dans un parc forestier de 10 ha, cet arboretum recèle notamment toutes les **essences suédoises**, ainsi qu'une **roseraie** qui réunit plus de 50 espèces.

La Côte vierge

Comme son nom l'indique, la ***Jungfrukusten*** ou côte vierge est pratiquement inhabitée. Très déchiquetés, les paysages ont été marqués par le travail de polissage de l'inlandsis.

Le Hälsingland

➤ *Itinéraire de 150 km au départ de Söderhamn; 1 jour.*

Cette province appartient dans sa majeure partie aux hautes terres de la Suède septentrionale. Parsemée de lacs, dominée par la forêt qui couvrent 83 % de sa superficie, elle possède une bande côtière de 20 à 30 km de large tandis que les collines dominent à l'est.

Söderhamn et ses environs

➤ **SÖDERHAMN** *(**informations pratiques** p. 246).* À 78 km de Gävle, la ville est réputée pour ses **parcs** (***Källparken, Stadsparken***...). L'**église Ulrika Eleonora** *(Tägtgatan)*, construite en 1693 sur les plans de **Tessin le Jeune**, est le bâtiment le plus ancien de la ville. Son acoustique remarquable se prête aux concerts d'orgues. Quant à **Kvarnen** *(Kvarngatan;*

ouv. l'été), « le moulin », c'est un centre d'expositions qui fait aussi fonction de maison de la culture. Depuis la **tour d'observation d'Oscarsborg**, élevée en 1895 (*Baggargatan*), on découvre une belle **vue** sur la ville et la côte. La 2e quinzaine d'août, ne manquez pas la grande **fête annuelle du poisson** *(voir encadré p. 247)*.

➤ **SKÄRSÅ** *(à 10 km au N-E)*. Ce village de pêcheurs offre un charme typiquement norrlandais. Faites un tour au **musée de la Pêche**, installé au restaurant **Albertina** *(ouv. de mi-mai à fin août ☎ (0270) 320.10)*.

➤ **L'ÉGLISE D'ENÅNGER** *(à 30 km de Skärså)*. Cette église du XVe s. est l'une des plus imposantes de la province. Fait exceptionnel, ses **fresques** n'ont pas été badigeonnées à la chaux au moment de la Réforme.

Hudiksvall et son archipel

➤ **HUDIKSVALL** *(à 22 km d'Enånger par la E4; **informations pratiques** p. 245)*. C'est la plus ancienne ville du Norrland après Gävle. Seule l'**église** a été épargnée par les Russes au XVIIe s. Jusqu'au XIXe s., la ville était surtout connue pour ses salaisons de hareng comme en témoigne le « chenal du hareng » (***Strömmingssundet***) dans le port de la ville.

➤ **L'ARCHIPEL***. Au large de Hudiksvall, on peut partiellement découvrir ce superbe archipel en voiture, en prenant le chemin de **Hornslandet**. À la pointe S, la presqu'île **Hölick** *(à 30 km de la ville; bus au départ de la gare routière)* est un **port de pêche** à l'ancienne. Dans la baie d'Arnö (***Arnöviken***), le **musée du Hornsland** (***Hornslandsmuseet***; *ouv. sur réservation **rens.** ℹ*) donne une idée de ce qu'était la vie des populations de l'archipel. Depuis Hudiksvall, on peut rejoindre Sveg et la province de Härjedalen *(p. 247)* par la route 84.

Vers Sundsvall

De nombreuses petites routes permettent d'apprécier la **côte** et ses villages. Ainsi, **Mellanfjärden** est un centre de pêche où l'on peut goûter du poisson frais. Plus au N, faites un crochet jusqu'à la superbe **plage de Gnarpbaden***.

Le Medelpad

➤ *Itinéraire de 50 km au départ de Gnarp; 1 jour.*

La limite qui sépare les provinces de Hälsingland et du Medelpad se situe quelques kilomètres au N de Gnarp. Cette région affirme son identité norrlandaise avec vigueur. Deux fleuves la parcourent, le Ljungan et l'Indalsälv, se frayant un chemin à travers les failles escarpées du Jämtland dans un paysage forestier grandiose, pour converger ensuite vers la capitale du Medelpad, Sundsvall.

Njurunda

À 24 km de Gnarp, ce **centre de bois de flottage** est situé au bord du fleuve Ljungan. Sa grande **église** du XIXe s. est entourée d'« **écuries d'église** » (***kyrkstallar***) où les paroissiens, venus de loin, pouvaient laisser leurs chevaux.

Sundsvall*

➤ ***Informations pratiques*** *p. 247.*

Fondée en 1621, longtemps capitale des **scieries à vapeur**, Sundsvall est aujourd'hui une ville moderne (95 000 hab.), spécialisée dans l'**industrie du papier**. Les traces du passé ont été effacées par deux grands incendies aux XVIIIe et XIXe s. Le degré de **pollution** assez élevé est la rançon de cette vitalité industrielle.

➤ **LE MUSÉE DE SUNDSVALL*** (***Sundsvalls museum***; *Kulturmagasinet, Packhusgatan 3; ouv. de 10h à 19h du lun. au jeu., de 10h à 18h le ven., de 11h à 16h le sam. et dim. ☎ (060) 19.18.00 et 19.18.03).* Installé dans les anciens entrepôts du **vieux port**, il a été admirablement bien mis en valeur par les architectes. Le musée évoque la **nature** du Medelpad, l'**histoire** ancienne de la province, le développement de la ville de Sundsvall et l'industrie du bois. Œuvres de **sculpteurs** contemporains, notamment Carl Frisendahl.

➤ **L'ÎLE D'ALNÖ** (***informations pratiques*** *p. 242; pas de liaisons maritimes régulières, mais vous pouvez contacter le bateau à vapeur* **Primus** *☎ (060) 15.17.97; sinon l'accès se fait en voiture).* L'« **île aux aulnes** » ne manque pas d'atouts. D'origine volcanique, elle offre un vif **intérêt géologique** puisqu'elle résulte d'explosions souterraines produites voici quelque 560 millions d'années. Une **flore riche** s'est implantée sur ces roches rares à la composition chimique particulière.

L'île possède une belle **église*** (***Alnö Gamla Kyrka***) du XIIe s., la plus ancienne de la province, dont l'**intérieur** est richement décoré: fonts baptismaux en bois, **fresques** du XVe s., tableaux du XVIe s., **mobilier** de style **baroque**. Le visiteur découvrira aussi de belles **plages** et d'agréables cafés *(p. 242).*

De Sundsvall à Umeå

➤ *Itinéraire de 275 km au départ de Sundsvall; 2 jours.*

De Sundsvall à Härnösand, la route longe d'abord la côte sur une vingtaine de kilomètres. Après Söråker, la route E4 pénètre dans la province d'Ångermanland où prédomine là encore l'industrie du bois.

Härnösand*

➤ *À 55 km de Sundsvall par la E4.* ***Informations pratiques*** *p. 245.*

Ancien **centre religieux**, Härnösand est le siège d'un évêché depuis

Le « Golden Gate » du Norrland

Inauguré par le roi Carl XVI Gustaf en 1997, le nouveau tronçon de la route E4 s'inscrit dans un projet global de construction de 35 ponts et viaducs. Il raccourcit le trajet entre Härnösand et Örnsköldsvik de 8 km pour les voitures, et de 44 km pour les poids lourds. La pièce maîtresse du dispositif est un pont suspendu de 1 800 m de long, qui enjambe le fleuve Ångermanälven dans un environnement superbe. Cet ouvrage d'art a été conçu pour résister à des vents très violents et au choc éventuel d'un navire de 20 000 tonneaux. Les câbles porteurs supportent un poids de 40 000 t. À la partie N du pont, vous trouverez un centre d'informations, un hôtel et un **restaurant panoramique** (☎ (611)501.90).

Excursions en bateau à destination du pont au départ de Härnösand t.l.j. de mai à août avec le ***M/S Ådalen*** *☎ (0612) 505.41.*

1647. L'**île de Härnö**, à l'est, forme le centre ville. Elle possède des édifices de style **néoclassique**: l'**hôtel de ville** (***Rådhus***; *Nybrogatan; ne se visite pas*) construit à la fin du XVIIIe s.; la **cathédrale** de 1846 *(Trädgårdsgatan)*, la plus petite de Suède, qui remplaça celle incendiée par les Russes en 1721; la résidence du gouverneur de la province *(Stora Torget; ne se visite pas)* et le lycée *(**Härnösands gymnasium**, Brunnhusgatan)* commencé à la fin du XVIIIe s. et achevé au XIXe s. À 200 m de l'hôtel de ville, dans le **parc municipal**, se trouve une **statue** de **Carl Milles** représentant le poète Frans Mikael Franzén, évêque de Härnösand, de 1834 à 1847. **La galerie d'art*** expose des tableaux de **Chagall**, **Picasso**, **Matisse**, entre autres *(**Konsthallen**; Stora Torget; ouv. de 11h à 15h du mar. au ven., sam. et dim. de 12h à 15h l'été ☎ (0611) 281.14)*.

Le musée de plein air* de Murberget

➤ ***Länsmuseet**; à env. 2 km au N par la E4. Ouv. de 11h à 17h t.l.j. en été ☎ (0611) 886.00.*

Il est consacré à la vie rurale du Norrland traditionnel: reconstitution de bâtiments de **ferme**, de maisons campagnardes, et l'été, **fêtes** et démonstrations des métiers ruraux par des **artisans**.

♥ La Haute Côte**

➤ ***Höga kusten**.*

Grâce à des ouvrages d'art récemment construits *(voir encadré ci-contre)*, la route passe par dessus le fleuve **Ångermanälven** à 20 km au N de Härnösand. Continuez jusqu'à Ullånger, puis faites un crochet à dr. vers **Nordingrå**, cœur de la Haute Côte. Ses falaises escarpées confèrent au paysage un caractère sauvage et romantique. Une **flore** exubérante se déploie sur ce terrain tourmenté, riche en failles, parsemé de lacs et sillonné par de nombreux sentiers d'excursion, parfois acrobatiques.

Le pic de Skuleberget**

➤ *À 70 km d'Härnösand, à g. de la route E4 au niveau de Docksta.*

Ce pic, culminant à 293 m d'altitude, est le point le plus spectaculaire de la région. À environ 10 m du sommet, on voit clairement la limite du polissage effectué par les vagues qui se situaient à cette altitude à l'époque glaciaire *(voir encadré p. 234)*. En **téléphérique** *(côté sud)*, on atteint facilement Skuleberget. L'ascension est plus laborieuse par le **sentier d'escalade** qui part de **Skule Naturrum**. Classé parc national, ce site exceptionnel (***Skuleskogen***) est sillonné, du N au S, par un **sentier de randonnée** de 130 km *(refuges le long des sentiers; **rens.** ℹ d'Örnsköldsvik p. 245, où à **Skule Naturrum** qui loue aussi l'équipement nécessaire pour l'ascension ☎ (0613) 401.71)*.

Örnsköldsvik*

➤ ***Informations pratiques** p. 245.*

Cette ville portuaire d'environ 25 000 hab. a reçu sa charte municipale en 1893. La route vers Domsjö conduit à **Varvsberget** d'où l'on a une **vue** magnifique sur la ville, l'archipel et la Haute Côte qui s'étend vers le S. Près du **port**, les **parcs** sont très agréables.

➤ **L'HÔTEL DE VILLE** *(**Rådhuset**; Rådhusgatan 1; ouv. du mar. au dim. de 12h à 16h et t.l.j. de 12h à 16h de fin juin à début août ☎ (0660) 88.608)*. Il accueille diverses expositions, l'occasion pour vous de faire connaissance avec l'**art** et l'**artisanat** de la province.

Le rehaussement des terres

En libérant le territoire du poids considérable de l'*inlandsis*, la déglaciation, qui a débuté quelque 9 000 ans av. J.-C., a entraîné un rehaussement des terres et un remodelage de tous les rivages. Parmi les nouvelles côtes qui ont ainsi émergé, la plus impressionnante est *Höga kusten* (la Haute Côte), qui culmine à Skuleberget. Dans cette région qui avait été soumise à une plus forte pression de la masse des glaces, ce mouvement d'élévation des terres se poursuit à raison d'environ 1 m par siècle.

➤ **Le Musée régional** *(**Örnsköldsviks museum**; Läroverksgatan 1; ouv. t.l.j. de 12 h à 16 h ☎ (0660) 886.01)*. Il est consacré à l'**histoire** et à l'**archéologie** locales, et organise aussi des **expositions temporaires**.

Les plages des environs

La plage la plus proche est **Gullviks havsbad**, à 14 km au S-O. Entre Örnsköldsvik et Umeå, ne manquez pas celles de **Salusand** *(à 40 km au N)* ou d'**Ava** *(à 50 km au N)*. Ces vastes **plages** de galets se déploient dans un bel environnement naturel (falaises, forêts). De nombreuses espèces d'oiseaux y nichent.

Umeå*

➤ *À 111 km de Örnsköldsvik par la E4. **Informations pratiques** p. 248.*

Située à presque 700 km de Stockholm, à l'embouchure du puissant **Umeälv**, la « ville des bouleaux » est la capitale intellectuelle du Norrland et compte environ 90 000 hab. Ville universitaire, Umeå est une cité vivante où la **musique** est bien représentée *(voir encadré p. 247)*.

➤ **Les quartiers anciens.** Fondée au XIVe s., Umeå a conservé quelques belles maisons de bois, de style norrlandais *(à proximité de Storgatan)* que vous découvrirez en flânant dans le **centre piétonnier** *(Kungsgatan, Storgatan, Västra Strandgatan)*.

➤ **Gammlia*** *(à 1 km env. à l'E du centre ville)*. Ici sont regroupés plusieurs musées, notamment un **musée de plein air** *(**Gammlia friluftsmuseum**; ouv. de fin juin à fin août t.l.j. de 10 h à 17 h ☎ (090) 17.18.00)* où des fermes ont été reconstituées. Le **musée de la Province** *(**Västerbottens museum**; ouv. du mar. au ven. de 9h à 16h, sam. de 12h à 16h, dim. de 12h à 17h ☎ (090) 17.18.00)* évoque l'histoire de la région, la colonisation suédoise de la Laponie, la vie des Sâmes nomades, les techniques de pêche et de chasse et la conquête de l'Arctique. Le **musée du Ski** *(**Skidmuseet**, mêmes horaires que Västerbottens museum)* expose le plus vieux ski du monde (plusieurs millénaires avant J.-C.). Le **musée des Images** occupe le sous-sol *(**Bildmuseum**; ouv. de mi-juin à mi-août t.l.j. de 12h à 17h, le reste de l'année ouv. du mar. au dim. de 12h à 16h ☎ (090) 786.52.27)*.

L'intérieur du Norrland du Sud

C'est une nature pratiquement vierge que l'on découvre dans les provinces de Härjedalen et de Jämtland. Amorcée en Dalécarlie septentrionale, la chaîne des *fjälls* prend ici de l'ampleur. Elle forme une mosaïque de biotopes : tourbières, forêts marécageuses, forêts sèches, petits lacs ou pentes rocheuses. C'est là que beaucoup d'animaux sauvages trouvent abri et nourriture au cours de l'hiver. Anciennement norvégiennes, ces provinces sont rattachées à la Suède depuis la paix de Brömsebro (1645).

Les montagnes du Härjedalen

➤ *Itinéraire de 420 km au départ de Mora, en Dalécarlie (p. 216) ; 2 jours.*

Étrange province que le Härjedalen, vaste territoire où ne vivent guère que 12 000 personnes. Ici, les hautes terres prédominent : 80 % de la province est situé à plus de 500 m d'altitude. Au N, les pentes sont hérissées de pics, d'où émerge le **Helagsfjället** (1 797 m). À l'O, on trouve le **haut plateau de Flatruet**.

Sveg et ses environs

➤ *À 540 km d'Umeå, 460 km de Stockholm et 230 km d'Hudiksvall.* ***Informations pratiques*** *p. 247.*

➤ **Sveg.** La « capitale » du Härjedalen compte à peine 3 000 hab. C'est le point de départ naturel d'une exploration des *fjälls* du **Härjedalen**, montagnes qui font partie de la chaîne alpine. Cette nature sauvage, très peu peuplée (1 hab. au km²), est le royaume des élans, des rennes, des ours, des lemmings et des bœufs musqués *(p. 258)*.

➤ **Le parc national de Hamra*** ***(Hamra Konferens-och Vildmarkscenter.*** *À env. 50 km de Sveg par la route 45, puis par une voie secondaire à g. au niveau du lac Fågelsjö ; ouv. toute l'année ☎ (0657) 350.86 et 352.52).* Cette réserve forestière de 28 ha (point culminant à 450 m) donne un avant-goût de vildmark *(p. 265)*. Elle est constituée de forêts de conifères et de tourbières.

Le parc naturel de Sånfjället*

➤ *À 67 km de Sveg par la route 312, puis la route 84 jusqu'à Hedeviken, puis un sentier pour l'accès au parc. On peut aussi gagner Hede à 10 km de Hedeviken, puis prendre la petite route (1 km) qui conduit de Rånddalen jusqu'à Nysätern et poursuivre à pied, soit un peu plus de 5 km jusqu'au sommet de Sånfjellet.*

Le **massif de Sånfjället** culmine à 1 277 m. Dans le parc naturel (2 700 ha), les **ours** sont nombreux et, avec un peu de chance, on peut apercevoir des **aigles royaux** ou des **bœufs musqués** *(p. 258)*. Un conseil : tenez-vous à distance respectable si vous en rencontrez car ils peuvent charger !

La route mène à **Hede** dont l'**église** possède un bel intérieur du XVIIIe s. Aux alentours, des **tombes de l'âge du fer** et des **maisons de l'âge de pierre** ont été mises au jour. On gagne ensuite **Tännäs**, station de ski et centre de pêche, avant d'atteindre Funäsdalen.

Le peuple sâme

Avec leurs habits chamarrés et leurs coutumes ancestrales, les Sâmes ont toujours frappé l'imagination. Au-delà du folklore et des clichés, ce peuple a sans cesse dû lutter pour sa survie. Cette nécessaire adaptation au milieu naturel retentit sur tous les aspects d'une civilisation aujourd'hui menacée.

Enfant lapon en tenue traditionnelle, dans la région d'Ammarnäs.

Un peuple sans frontières

Les Sâmes – il vaut mieux éviter le terme de « Lapons », qui peut avoir une connotation péjorative – forment une population d'environ 50 000 personnes, à l'extrême nord de l'Europe. La moitié d'entre eux vit en Norvège, et quelque 17 000 en Suède. Le reste de la population se partage entre la Finlande et la presqu'île de Kola (Russie).

Cette minorité est établie depuis très longtemps dans la région. Le long des grandes vallées, on a retrouvé des vestiges de leur civilisation qui dataient d'avant notre ère. Contrairement à d'autres peuples arctiques, ils ont été précocement au contact de cultures plus méridionales. **Tacite**, le premier, fit allusion à ces habitants du Septentrion qu'il nommait les *Fenni* (à ne pas confondre avec les Finnois).

Sept dialectes et un drapeau

Les dialectes des Sâmes, répartis en sept groupes, appartiennent tous à la branche finno-ougrienne. De l'un à l'autre, les différences sont suffisantes pour poser des problèmes de communication, même si les Sâmes parlent également la langue du pays où ils vivent. Il n'en existe pas moins une affirmation d'identité commune, comme en témoigne leur hymne et leur drapeau. Celui-ci, figurant un cercle barré de quatre traits, traduit fort bien cette unité dans la multiplicité.

Chamanisme et christianisation

Les Sâmes ont eu longtemps la réputation d'être de redoutables magiciens. Leur chaman, le *noaide*, invoquait les divinités multiples du ciel et de la terre à l'aide d'un tambour magique sur lequel était représenté le monde tel qu'il le voyait (divinités, étoiles, terre, monde souterrain). Intercesseur entre le sacré et le profane, il jouait aussi le rôle de guérisseur. C'en était trop pour les missionnaires chrétiens, qui livrèrent une guerre sans merci à ces pratiques condamnées par

Famille lapone au début du XXe s. Le puissant mouvement d'industrialisation qui caractérisa la Suède au tournant du XXe s. menaça la civilisation nomade traditionnelle des Sâmes.

Tambour magique, Nordiska museet, Stockholm. Le chaman sâme tenait son pouvoir d'un tambour magique sur lequel était représenté le monde tel qu'il le voyait. Par le truchement de son instrument, il entrait en transe et servait d'intercesseur entre son peuple et les divinités.

l'Église. Au XVIIIe s., les tambours magiques furent systématiquement brûlés. Il ne subsiste guère que 70 instruments, que l'on peut admirer dans les grands musées nordiques *(pp. 171, 260, 264)*.

Un artisanat raffiné

Outre les tambours magiques à la décoration originale et fortement symbolique, l'artisanat sâme révèle une aptitude exceptionnelle à la création de beaux objets : vêtements en peau de renne, gobelets en bois de bouleau, parures d'argent, couteaux en corne, skis… Les textiles sont d'un grand raffinement, et l'orfèvrerie de l'argent connaît une réputation internationale. Ce qui explique, sans doute, que les Sâmes soient victimes de nombreuses contrefaçons.

Une civilisation menacée

A l'origine, les Sâmes étaient chasseurs et pêcheurs. L'élevage extensif du renne ne se développa que sous la pression d'une demande accrue de viande, de cuir et de peaux. Relativement récent, le nomadisme est aujourd'hui menacé par le développement des infrastructures dans le Grand Nord (routes, barrages, installations touristiques, exploitations minières). Dans la Suède d'aujourd'hui, on ne compte guère plus de 2 300 personnes vivant de l'élevage du renne. Désormais, la voiture, l'avion et le scooter des neiges sont devenus des instruments de travail ordinaires. Quant au sédentarisme, il ne cesse de s'accroître, et bien des Sâmes sont maintenant intégrés à la population majoritaire. Face au danger que représente la perte de leur identité, des associations s'efforcent d'endiguer ce phénomène en revendiquant une reconnaissance pleine et entière des droits du peuple sâme.

Tente lapone dans la région d'Ammarnäs, représentative de la « civilisation du renne » du Grand Nord.

Funäsdalen*

➤ *À 60 km de Hede par la route 84.* ***Informations pratiques*** *p. 243.*

Ce village est un excellent point de départ pour effectuer des **randonnées** dans les montagnes des environs. La plus proche est **Funäsdalsberget**. Du sommet qui culmine à 981 m, vous jouirez d'un superbe **panorama*** qui s'étend jusqu'à la Norvège.

➤ **Le musée des Montagnes de Härjedalen** (***Härjedalens fjällmuseum***; *Rörosvägen 30; ouv. t.l.j. de fin juin à mi-août, le reste de l'année ouv. du lun. au ven. ☎ (0684) 164.10*). Dans ces terres rudes, éloignées de tout, montagnards et Sâmes *(p. 236)* n'ont pu compter que sur leurs propres forces pour subsister. C'est cette vie héroïque au quotidien, caractéristique du vieil Härjedalen, que le musée de Funäsdalen se propose d'évoquer.

Après Funäsdalen, la route 84 se poursuit en direction de la frontière norvégienne.

➤ **La réserve naturelle de Hamrafjället***. À 20 km de Funäsladen, elle s'étend dans un massif culminant à 1 138 m. Couvert de bouleaux de montagne, il abrite au S-E une vaste tourbière où croissent maintes variétés d'**orchidées**.

♥ Le haut plateau de Flatruet**

➤ *À 25 km au N/N-E de Funäsdalen par la route 311 (la route est fermée l'hiver).*

En chemin, on peut apercevoir un grand **élevage de rennes**. Des **canyons** s'ouvrent au S de Flatruet: les plus connus sont **Evagraven** et **Fiskhålsgraven**. Par des sentiers de randonnée balisés, on peut accéder aux **peintures rupestres** de **Ruändan** à la pointe S-E du plateau *(accès à pied par des sentiers fléchés au départ de Messlingen; 5 km au total; suivre la route menant à Ljungdalen jusqu'à Mittådalen, puis une petite route à dr. jusqu'à Messlingen)*. Ces peintures de teintes ocre et rouge, qui datent d'environ 4 000 ans, représentent des animaux et des hommes.

Le pic de Helagsfjället

➤ *À env. 12 km de Ljungdalen par une petite route carrossable au N-O jusqu'à Nyvallen, puis par des sentiers balisés; rens. l'ℹ de Ljungdalen (p. 245).*

Avec ses 1 796 m, c'est le point culminant de la province. L'excursion ne présente pas de difficultés majeures. La route mène ensuite à **Åsarna** *(à 103 km de Ljungdalen)* dans le Jämtland, à travers un paysage grandiose et désertique.

Vous pouvez ensuite rejoindre Östersund *(à 80 km par la E45)* ou retourner vers la côte norrlandaise: Hudiksvall *(p. 231)* et Sundsvall *(p. 231)* se trouvent à 210 km.

Le Jämtland**

➤ *Itinéraire de 170 km au départ d'Östersund; 1 jour.*

Comme le Härjedalen, cette province est devenue suédoise en 1645, après avoir été une possession norvégienne. Le lac Storsjön où se mire Östersund est le berceau d'une civilisation agricole qui s'est implantée ici au ve s. La fertilité des terres, riches en calcaire, y est pour beaucoup, mais aussi la relative douceur du climat. Les eaux poissonneuses permettent des prises exceptionnelles *(voir encadré p. 244)*, et les *fjälls* invitent à de belles randonnées. L'hiver, on y pratique ski de fond et ski alpin.

Östersund*

➤ *À 576 km de Stockholm et 390 km de Gävle.* ***Informations pratiques*** *p. 246.*

Capitale de la province, Östersund est le point de départ de tout voyage en Jämtland. Créée en 1786 par **Gustave III** pour répondre à Trondheim la norvégienne, elle ne comptait encore que quelques centaines d'habitants au milieu du XIXe s. Magnifiquement intégrée à la nature environnante, la ville compte aujourd'hui quelque 60 000 hab.

➤ **Le lac Storsjön**. Le soir, ne manquez pas la promenade en bateau. Des croisières d'1 h à 5 h, avec ou sans escale, sont organisées à bord du bateau à **vapeur *Thomée***, qui date de 1875 (☎ *(063) 14.40.01*).

➤ ♥ **Jamtli*** *(Museiplan; ouv. de 11 h à 17 h t.l.j. de mi-juin à début août; le reste de l'année: f. le lun. et nocturne le mar. jusqu'à 21 h; restauration, animation culturelle ☎ (063) 15.01.10).* Ce **musée de plein air** est situé à la pointe N de la ville, entre la route E14 et le lac. Il présente le cadre de vie des habitants du Härjedalen et du Jämtland au début du XXe s. Vous y verrez des reconstitutions de **bâtiments** et des figurants en costumes.

➤ **Jämtlands länsmuseum*** *(mêmes horaires).* Situé sur le même site, le **musée de la Province** rassemble de riches collections retraçant 6 000 ans de civilisation, une section de **culture lapone**, une galerie d'**art contemporain**, et la **tapisserie d'Överhogdal****, la plus ancienne d'Europe. Celle-ci semble marquer la transition entre paganisme et christianisme (entre IXe s. et XIe s.). Elle est décorée d'animaux stylisés et de motifs géométriques de couleurs vives.

Frösön*

Cette île qui fait face à la ville *(accessible par un pont)* est le cœur historique du Jämtland puisqu'elle fut la capitale de la province. À l'époque préchrétienne, on y a célébré des cultes païens: *Frö* vient de *Freya*, la déesse nordique de la fécondité. Outre les **vestiges de**

Le musée de Jamtli, à Östersund, est à la province du Jämtland ce que Skansen, à Stockholm, est au niveau national.

l'âge du fer, mis au jour à Mjälle, Stocke, Västbyn et Öneberget, l'**église*** *(**Frösö kyrka**)* est particulièrement charmante. Construite au XIIIe s., elle a été partiellement remaniée au XVIIe s., puis au XIXe s. L'étrange **campanile** qui se dresse à côté de l'édifice date de 1754.

Les fjälls de l'ouest

➤ ***Depuis Östersund**: par la route E14; **depuis Frösön**: un bac relie l'île à Rödön, puis une petite route qui longe le lac Storsjön mène à Ytterån sur la E14.*

La route qui suit la **vallée de l'Indalsälv** prend parfois des allures de torrent, notamment entre **Järpen** et **Undersåker** avec la **chute de Rista** *(**Ristafallet**)*, haute de 14 m. À 50 km d'Ytterån, **Undersåker** est une bonne base d'excursions: l'hiver, on peut atteindre diverses stations de ski, dont Trivallen et Vålådalen.

Vålådalen*

➤ *À 25 km d'Undersåker, par une route à g. **Informations pratiques** p. 248.*

L'équipe nationale de ski de fond suit ses entraînements dans cette station. En été, on peut pratiquer de nombreuses activités sportives: excursions guidées, pêche, VTT, sports d'hiver. Les pêcheurs trouveront en abondance truites, truites saumonées et ombles chevaliers *(voir encadré p. 244)*.

Åre* et ses environs

➤ ***Informations pratiques** p. 242.*

➤ **ÅRE** *(à 15 km d'Undersåker)*. C'est l'une des grandes stations sportives et touristiques du Jämtland. Ses **maisons en bois** et son **église du XIIIe s.** ne manquent pas de charme. En toutes saisons, l'**Åreskutan*** est facilement accessible par funiculaire ou par téléphérique: il ne reste ensuite que 700 m jusqu'au sommet (1 420 m).

➤ **DUVED** *(à 8 km de Åre sur la E14)*. Cette station touristique bien équipée est appréciée. À **Sta** *(à 5 km de Duved)*, une route secondaire sur la dr. conduit à la **réserve naturelle de Tännforsen***, où l'on trouve l'une des plus belles **chutes d'eau** de Suède (37 m de dénivellation dont 26 à pic).

Ånn et ses environs

➤ ***Informations pratiques** p. 242.*

Le bourg occupe un terrain boisé au bord du lac Ånnsjön. De nombreux vestiges de l'**âge de pierre** ont été retrouvés sur ses rives, dont des **gravures rupestres** représentant des animaux *(longer le lac et suivre les panneaux qui indiquent une curiosité archéologique)*. Depuis Ånn, la **vue** sur les *fjälls* proches de la frontière norvégienne est vraiment magnifique.

À 10 km d'Ånn sur la E14, **Enafors** est le point de départ d'agréables **randonnnées** *(voir encadré ci-contre)*. De là, une route carrossable mène à la station de **Storulvån** *(p. 246)*, située dans une forêt de bouleaux au pied d'une montagne pelée, **Stor-Ulvåfjället**.

Storlien*

➤ ***Informations pratiques** p. 246.*

À 26 km d'Ånn par la E14 et 592 m d'altitude, cette petite ville frontière est le deuxième centre touristique du Jämtland après Åre. L'hiver, on y pratique le ski de fond.

Depuis Storlien, on rejoint Trondheim, en **Norvège**, par la route E14 (110 km).

Randonnées pédestres

Si vous voulez vous balader dans les massifs montagneux du S-O, Blåhammaren et Sylarna, le point de départ idéal est **Enafors**, une dizaine de kilomètres après Ånn sur la E75. De là, on peut atteindre la station de **Storulvån**, située dans une forêt de bouleaux au pied d'une montagne pelée *(17 km)*. Nombreux sentiers balisés.

Une randonnée dans le **massif des Syl** exige plus d'efforts : 17 km de marche et une ascension assez raide pour atteindre le point culminant, **Storsylen** (1 703 m), d'où l'on jouit d'une **vue** prodigieuse sur les montagnes et les lacs avoisinants, jusqu'en Norvège.

Deux auberges sont situées sur ces sentiers : **Blåhammarens Fjällstation**, non loin d'Enafors *(p. 243)* et **Sylarnas Fjällstation**, aux environs de Duved *(p. 243)*.

Les fjälls du Nord

➤ *Itinéraire de 235 km au départ d'Östersund ; 2 jours.*

Aux confins de la Laponie, cette région sauvage, moins connue, mérite le détour : faiblement peuplée, elle vaut pour sa nature pratiquement vierge.

Vers Strömsund

➤ **L'ÉGLISE DE HAMMERDAL**** *(à 68 km d'Östersund par la route 45)*. Construite à la fin du XVIe s., c'est l'une des plus belles églises du Jämtland. La **chaire** de 1788 est un vrai chef-d'œuvre d'ébénisterie.

➤ **STRÖMSUND** *(à 32 km d'Hammerdal par la route 45)*. La bourgade s'est installée sur un superbe **site lacustre**. À proximité, on trouve des eaux poissonneuses à profusion *(permis de pêche nécessaire ; s'adresser au ℹ p. 247)* et les **castors** sont nombreux dans les vallées de toute la région.

Gäddede* et ses environs

➤ *À 134 km de Strömsund, par la route 342.* ***Informations pratiques*** *p. 243.* Cette station touristique et sportive est entourée d'une nature très préservée.

➤ **VERS VILHELMINA.** Après Gäddede, une magnifique **route de montagne** ♥ rejoint **Vilhelmina**, en Laponie du S. Veillez à remplir votre réservoir avant de partir car ces contrées sauvages sont pratiquement inhabitées.

➤ **VERS LA NORVÈGE.** L'autre itinéraire consiste à passer la frontière près de Gäddede et rejoindre **Grong** en Norvège par la E6, la route du cap Nord, lieu mythique par excellence *(110 km)*.

Le Norrland du Sud, pratique

Arrivée

Le Norrland du Sud est facilement accessible. Au départ de Stockholm, on est à Östersund ou à Umeå en 1 h d'avion ou une nuit de train. Les routes principales sont excellentes, notamment la E4 qui suit la côte de la Baltique, mais on peut fréquemment sortir des sentiers battus.

➤ EN AVION. **Aéroport d'Umeå, Alvik** à 6 km au S-E de la ville. Navettes avec le centre ville. **Rens. et réservations: SAS** ☎ (090) 728.30.00; **Braathens** ☎ (020) 225.225. **Aéroport d'Östersund, Östersund flygplats**, 88296 Frösön à 10 km de la ville. Navettes avec le centre ville. **Rens. et réservations: SAS** ☎ (063) 635.10.00.

➤ EN TRAIN. À Östersund, **gare SJ**, Stationsplan 1 ☎ (063) 19.40.00. À Umeå, **gare SJ**, Järnvägsallén 7 ☎ (090) 15.58.00.

➤ EN VOITURE. Presque 700 km séparent Stockholm d'Umeå par la route E4

Île d'Alnö (85229)

Cafés

Situés dans le port de pêche, ils sont réputés pour leurs sandwichs au poisson.

Älvkarleby (81421)

Indicatif téléphonique ☎ (026)
Ågatan 7B, Skutskär ☎ 831.64; fax 767.77.

Hôtels

▲▲ **Älvkarleby & Konferens Turisthotell**, Älvkarlebyfallen ☎ 726.20. *50 ch.* Bon hôtel de tourisme, restaurant et sauna.

▲▲ **Check Point Dalälven**, à 10 km au S d'Älvkarleby ☎ 752.50. *56 ch.* Un établissement de bon standard, joliment situé à l'endroit où la route E4 franchit le Dalälven. Avec restaurant, sauna et piscines.

Camping

Älvkarleby Fiskecamp, Sandören ☎ 727.92. Situé au bord du Dalälven et particulièrement destiné aux pêcheurs, il abrite un centre de recherche sur le saumon et un musée du poisson. On peut aussi y pratiquer le golf. Location de canots et de bicyclettes.

Ånn (83005)

Indicatif téléphonique ☎ (0647)

Auberge de jeunesse

Vandrarhem STF ☎ 420.00. *79 lits.* Située dans le village. Pêche, location de bateaux et de bicyclettes.

Åre (83013)

Indicatif téléphonique ☎ (0647)
Torget ☎ 177.20; fax 177.12.

Hôtels

▲▲▲ **Åregården med Åregårdarna** ☎ 178.00. *84 ch. et 66 appartements.* Un établissement très confortable situé à 200 m de la gare. Restaurant, garage, piscine, sauna.

▲▲▲ **Sunwing Åre** ☎ 150.00. *79 ch., 143 appartements.* situé à 1 km de la gare, Un hôtel très confortable. **Vue** sur le lac Åresjön. Restaurant, garage, piscine, sauna. *Ouv. de déc. à avril et de fin juin à fin août.*

▲▲ **Fjällby** ☎ 136.00. *188 ch.* Proche de la gare, une grande bâtisse rouge, située tout près du téléphérique et des remonte-pentes. Restaurant, bar, sauna. Sports d'hiver, excursions en montagne.

Camping

Åre Camping ☎ 500. 54. Situé au centre d'Åre, pêche, baignade, canoë-kayak, golf, sports d'hiver, VTT. *Ouv. toute l'année sf de début mai à mi-juin.*

Duved (83015)

Indicatif téléphonique ☎ (0647)

Hôtels

▲ **Duvedsgården** ☎ 262 60; fax 201. 86. *18 ch., 52 lits.* Situé à proximité de la gare, un établissement simple où les douches et WC sont dans le couloir. Sauna, billard, restauration. Prix modérés.

▲ **Duveds semesterby** ☎ 260.90. *28 cabines* modernes et bien équipées. Belle situation sur le flanc sud de Mullfjället, **vue** sur la montagne. Prix modérés, forfaits avantageux à la semaine.

Auberge de jeunesse

Vandrarhem Sylarnas Fjällstation ☎ 750.10. *110 lits.* Cuisine bien équipée, vente de produits alimentaires. Accessible uniquement à pied, il faut apporter ses draps.

Enafors (83015)

Indicatif téléphonique ☎ (0647)

Auberge de jeunesse

Vandrarhem Blåhammarens Fjällstation ☎ 70.120. *50 lits.* À 11 km de marche de Storulvån, accessible uniquement à pied. Il faut apporter ses draps. Petit déjeuner, vente de produits alimentaires. Possibilité de tours guidés par beau temps. *Ouv. de mi-mars à avr. et de fin juin à mi-sept.*

Funäsdalen (84095)

Indicatif téléphonique ☎ (0684)
i Rörosvägen 30 ☎ 164.10; fax 290.26.

Hébergement

▲ **Hotell Funäsdalen** ☎ 214 30; fax 219.01. *70 ch., 200 lits.* Un bâtiment simple ressemblant à une grande ferme, avec **vue** sur le lac et les montagnes. Ch. avec douche/WC ou plus simples. Possibilité de pension complète ou demi-pension. Restaurant, bar, piscine, sauna.

Gäddede (83090)

Indicatif téléphonique ☎ (0672)
i Storgatan 40 ☎ 105.00; fax 41.27.28.

Hôtel

▲▲ **Gäddede Turisthotell**, Hotellplan 2 ☎ 104.20. *35 lits.* Un établissement au bout du monde, simple mais confortable. Restaurant et sauna.

i Offices de tourisme régionaux

➤ **Gästrikland, Gävle Turistbyrå/Gäst Rike Gruppen**, Drottninggatan 37B, Box 1175, 80135 Gävle ☎ (026) 14.74.30 ; fax 10.78.31. **E-mail** : turistbyran@gavletourism.se **Internet** : www.gavle.se

➤ **Hälsingland, Hälsingetur**, Resecentrum 82640, Söderhamn ☎ (0270) 754.17 ; fax 137.08. **E-mail** : info@halsingetur.com

➤ **Härjedalen/Jämtland, Jämtland/Härjedalens Turistförening**, Rådhusgatan 44, 83182 Östersund ☎ (063) 10.44.05 ; fax 10.93.35. **E-mail** : info@jhtf.se **Internet** : www.jntf.se

➤ **Medelpad & Ångermanland, Mitt Sverige Turism**, Norra Kyrkogatan 15, 87132 Härnösand ☎ (0611) 55.77.50 ; fax 221.07. **E-mail** : info@mittsverigeturism.se **Internet** : www.mittsverigeturism.se

➤ **Uppland, Uppsala Turist & Kongress**, Fyris Torg 8 75310 Uppsala ☎ (018) 27.48.00 ; fax 13.28.95. **E-mail** : info@utkab.se **Internet** : res.till.uppland.nu

➤ **Västerbotten, Länsturismen Västerbotten**, Box 113, 92322 Storuman ☎ (0951) 141.10 ; fax 141.09. **E-mail** : touristboard@tourist-ac.org

Auberge de jeunesse

Vandrarhem Björkvattnet ☎ 230.24. *20 lits.* Située à 20 km à l'O du village, cette auberge est accessible par une petite route qui longe la rive S de Frostviken.

Le pays des pêches miraculeuses

Avec 7 500 km de côtes, près de 100 000 lacs et de nombreuses rivières, la Suède reste un paradis des pêcheurs. On y dénombre environ 100 espèces de poissons en eau salée et 30 espèces en eau douce. Les eaux de la Baltique et de l'Atlantique sont riches en morue, en maquereau et en hareng. Dans les eaux très peu salées du golfe de Botnie, ainsi que dans les lacs et les rivières, on trouve fréquemment la tanche, le brochet et le saumon. Ce dernier fait aussi l'objet d'élevage et constitue un apport agro-alimentaire de complément dans l'économie suédoise.

Dans les lacs d'altitude et dans les rivières de la région des *fjalls*, on pêche l'omble chevalier et la truite. On retrouve ces poissons, de même que le lavaret, le saumon et la perche, dans les grands fleuves sauvages du Norrland. L'anguille, quant à elle, est surtout présente dans le sud du pays. Seule ombre au tableau : les barrages hydroélectriques empêchent souvent les poissons de remonter jusqu'à leur aire de frai. De plus, en Baltique, les bancs ont été surexploités, entraînant une certaine dépopulation.

Les provinces du Jämtland et du Härjedalen sont particulièrement poissonneuses entre mi-juin et mi-août. La saison est beaucoup plus courte sur les lacs de Laponie où l'on pêche en juillet et août.

Camping

Gäddede, Storgatan 40 ☎ 100 35. Situé sur la rive S du lac Kvarnbergsvattnet, ce terrain dispose de 3 bungalows. Baignade, pêche, canot, voile, golfe.

■ Gävle (80135)

Indicatif téléphonique ☎ (026)
ℹ Drottninggatan 37 ☎ 14.74.30 ; fax 10.78.31.

Hôtels

▲▲▲ **Grand Central Hotel**, Nygatan 45 ☎ 12.90.60. *224 ch.* Cet établissement de premier ordre, style palace de province, est situé à 200 m de la gare. Restaurant, garage, sauna.

▲▲▲ **Winn**, Norra Slottsgatan 9 ☎ 64.70.00 ; fax 64.70.09. *200 ch.* Excellent hôtel central avec restaurant, garage, piscine, sauna.

▲▲ **Gävle**, Staketgatan 44 ☎ 51.54.70 ; fax 55.75.10. *47 ch.* Un établissement installé en plein centre avec restaurant, parking, sauna.

Salon de thé

Café Mamsell ♥, Bergrenska gården, Kyrkogatan 14 ☎ 12.34.01. Situé dans le centre de tourisme et d'artisanat, il rappelle par son ambiance les intérieurs de Carl Larsson : meubles anciens, couleurs vives, gâteaux et sandwichs sur la table en bois de pin. Plats cuisinés également. Une halte charmante dans une ambiance provinciale et intime.

Auberge de jeunesse

Vandrarhem STF, Södra Rådmansgatan 1 ☎ 62.17.45. *70 lits.* Cette auberge se trouve dans le centre de la vieille ville (Gamla Gefle), à 600 m de la gare.

Camping

Furuvik ☎ 980.28. Installé à 11 km au S, près de la route 76 et du parc d'attractions. Baignade, canot, golf. *Ouv. de la mi-mai au 1er sept.*

Härnösand (87142)

Indicatif téléphonique ☎ (0611)
ℹ *Järnvägsgatan 2 ☎ 881.40; fax 208.90.*

Hôtels

▲▲ **Scandic**, Skeppsbron 9 ☎ 105.10. *58 ch., 8 ch. familiales.* Proche du centre, restaurant, bar et sauna.

▲ **Höga Kusten**, Horneberget ☎ 872.94, Sandöverken, ☎ 501.90. Pour la beauté du site. **Vue** panoramique. L'hôtel fait aussi restaurant. *Le centre d'informations est ouv. seulement l'été.*

▲ **Royal**, Strandgatan 12 ☎ 204.55; fax 267.90. *22 ch.* Sans être vraiment royal, ce petit hôtel situé à deux pas de la gare est confortable et dispose d'un parking.

Auberge de jeunesse

Vandrarhem STF, Volontärvägen ☎ 104.46. *50 lits.* À l'E de la gare, cette auberge utilise les locaux d'une école pour adultes. *Ouv. l'été.*

Camping

Antjärns ☎ 741.50. Ce terrain se trouve à proximité de la E4, 10 km au S de Härnösand. Baignade, pêche, canot, golf. *Ouv. de juin à août.*

Hede (84093)

Indicatif téléphonique ☎ (0684)
ℹ *Ljusnegatan 14 ☎ 410.80; fax 108.10.*

Hôtel

▲ **Sånfjällets Wärdshus**, Sånfjällsgatan 8 ☎ 100.64. *13 ch., 20 chalets.* Le bâtiment principal et ses chalets sont situés dans un bel environnement naturel. Restaurant et sauna.

Camping

Hede Sport ☎ 140.20. Installé dans le village, ce terrain permet la pratique de nombreux sports: natation, golf, pêche.

Hudiksvall (82480)

Indicatif téléphonique ☎ (0650)
ℹ *Möljen ☎ 191.00; fax 381.75.*

Hôtels

▲▲▲ **First Hotel Statt**, Storgatan 36 ☎ 150.60; fax 960.95. *107 ch.* Cet établissement cossu est situé en plein centre. Un point de rendez-vous animé dans la ville. Restaurant, garage, piscine, sauna.

▲▲ **Hammering**, Masbo 51 ☎ 244.20; fax 243.70. *72 ch.* Un hôtel moderne et confortable, à 5 km du centre. Restaurant, parking, piscine, sauna.

▲▲ **Hudik**, Norra Kyrkogatan 11 ☎ 150.40; fax 123.45. *53 ch.* Un établissement central et confortable, situé à 500 m de la gare. Restaurant, parking, piscines, sauna.

Camping

Malnbadens Camping, Malnbaden ☎ 132.60. Ce terrain est installé à 3 km à l'E de Hudiksvall près d'une belle plage. Sports nautiques, location de bicyclettes. *Ouv. de mi-mai à fin août.*

Ljungdalen (84035)

Indicatif téléphonique ☎ (0687)
ℹ ☎ *200.79; fax 203.29.*

Hôtel

▲ **Wärdshuset Helags** ☎ 200.09. *10 ch.* Un endroit simple et bien tenu, avec restaurant et sauna. *F. de la mi-mai à la mi-juin.*

Auberge de jeunesse

Vandrarhem STF Helags, Helagsfjället ☎ 201.50. *72 lits.* Un chalet géré par le Touring Club.

Örnsköldsvik (89188)

Indicatif téléphonique ☎ (0660)
ℹ *Nygatan 18 ☎ 125 37; fax 881.23.*

Hôtels

▲▲▲ **Focus**, Lasarettsgatan 9 ☎ 821.00. *62 ch.* Un établissement central et confortable avec restaurant, garage, piscine et sauna.

▲▲▲ **Statt**, Lasarettsgatan 2 ☎ 101.10. *115 ch.* Un palace Belle Époque. Restaurant, garage, sauna.

▲▲ **Scandic Örnsköldsvik**, Hästmarksvägen 4 ☎ 828.70. *103 ch., 11 ch. familiales.* À 2 km du centre, cet hôtel possède restaurant, piscine et sauna.

Östersund (83182)

Indicatif téléphonique ☎ *(063)*

ℹ *Rådhusgatan 44* ☎ *14.40.22; fax 10.93.35.*

Hôtels

▲▲▲ **Östersund**, Kyrkgatan 70 ☎ 12.45.00. *169 ch.* Moderne et central, cet établissement dispose de restaurant, garage, parking, sauna. Belle **vue** sur les montagnes et le lac.

▲▲▲ **Radisson SAS**, Prästgatan 16 ☎ 12.77.40. *177 ch.* Grand hôtel de luxe, avec restaurant, garage, parking, piscine, sauna. Shopping à proximité.

▲▲ **Linden**, Storgatan 64 ☎ 11.73.35. *30 ch.* À 100 m de la gare, parking et sauna. Petit déj. uniquement.

▲▲ **Zäta**, Prästgatan 32 ☎ 11.78.60. *32 ch.* Agréable hôtel central avec garage et sauna. Petit déj. seulement.

Auberge de jeunesse

Vandrarhem Frösötornets härbärge, Östberget, Frösön ☎ 51.57.67. Sur l'île de Frösö, à 3 km du centre d'Östersund. Vieille et belle demeure datant de 1750, au sommet de Östberget. **Terrasse** panoramique, cafétéria.

Camping

Östersund ☎ 14.46.15. À Odensala, 3 km au S. Offre aussi 15 bungalows et 11 lits. Baignade, pêche, bateau, golf. Piscine et commerce à proximité.

Söderhamn (82640)

Indicatif téléphonique ☎ *(0270)*

ℹ *Resecentrum* ☎ *753 5; fax 173.68.*

Hôtels

▲▲▲ **First Hotel Statt**, Oxtorgsgatan 17 ☎ 414.10. *88 ch.* Cet établissement confortable se trouve dans le centre ville. Restaurant, sauna, garage.

▲▲ **Linblomman**, Västra Tullgatan 17 ☎ 419.70, *28 ch.* Agréable et central. Restaurant, parking, piscine et sauna.

▲▲ **Scandic Söderhamn**, Montörsbacken 4 ☎ 180.20. *87 ch., 7 ch. familiales.* Cet hôtel avec restaurant, piscine et sauna est situé à 2 km du centre.

Auberge de jeunesse

Vandrarhem, Mohedsvägen 59 ☎ 42.52.33. *36 lits.* Cette auberge est installée dans l'aire de récréation de Mohed, 12 km à l'O de Söderhamn en direction de Bollnäs. Baignade, pêche, mini golf, tennis. *Ouv. de juin à août.*

Camping

Mohed ☎ 42.52.33. Dans le même site que l'auberge de jeunesse ci-dessus, ce terrain propose les mêmes activités sportives. Il comporte en outre 26 bungalows et 14 lits.

Storlien (83019)

Indicatif téléphonique ☎ *(0647)*

ℹ *Torget* ☎ *705.70; fax 706.10.*

Hôtels

▲▲ **Storliens Högfjällshotell** ☎ 701.70. *191 ch., 32 chalets.* Ce vaste hôtel comporte restaurant, piscine et sauna. *F. en mai et juin.*

▲ **Storlien** ☎ 701 51. *14 ch.* Cet établissement simple est pratiquement accolé à la gare, mais peu bruyant car la circulation ferroviaire est limitée. Restaurant.

Auberge de jeunesse

Vandrarhem Storvallen ☎ 700.58. *38 lits.* Située à 4 km au S-O de Storlien, près de la E14. *Ouv. de la mi-juin aux premiers jours d'août.*

Storulvån (83015)

Indicatif téléphonique ☎ *(0647)*

Auberge de jeunesse

Vandrarhem Storulvåns fjällstation ☎ 722.00. *148 lits.* Géré par le Touring Club de Suède, il dispose d'une cafétéria et d'une boutique. Accessible en voiture.

Fêtes et manifestations

➤ **Février**. **Fête nationale des Sâmes** (le 6 du mois).

➤ **Juin**. **Festival international de musique de chambre** à Umeå (à la fin du mois).

➤ **Juillet**. **Semaine de la musique** à Östhammar (au début du mois). **Fête populaire de Storsjön** à Östersund (au début du mois). **« Skule-festival »** (chansons et folklore) à Skuleberget (au début du mois). **Musique au bord de Storsjön**, musique symphonique, musique de chambre, jazz (la 2e quinzaine du mois).

➤ **Août**. Grande **fête annuelle du poisson** à Söderhamn (la 2e quinzaine du mois).

➤ **Septembre**. **Festival international du film** à Umeå (la 2e quinzaine du mois).

Strömsund (83300)

Indicatif téléphonique ☎ (0670)
ℹ Storgatan 15 ☎ 164.00; fax 137.05.

Hôtel

▲▲ **Grand Hotell**, Bredgårdsgatan 4 ☎ 61.10.66. *15 ch.* Ce confortable hôtel possède un restaurant.

Auberge de jeunesse

Vandrarhem STF, Utsikten, Tullingsås ☎ 300 88. *30 ch., 73 lits.* Pour atteindre cet établissement situé près du lac au S-O de la ville, prenez la route 45 en direction de Hammardal jusqu'à Tullingsås.

Camping

Strömsund ☎ 164.10. À 700 m de Strömsund, au bord de la route 45. Bien équipé, il comporte aussi 29 bungalows. Baignade, pêche, canoë-kayak, golf, location de bicyclettes.

Sundsvall (85229)

Indicatif téléphonique ☎ (060)
ℹ Stora Torget ☎ 67.18.00; fax 15.05.29. Ouv. toute l'année du lun. au ven. de 13 h à 16 h.

Hôtels

▲▲▲ **Scandic Hotel Sundsvall**, Esplanaden 29 ☎ 17.16.00. *201 ch.* Hôtel moderne et confortable très bien situé. Restaurant, parking, piscine, sauna.

▲▲▲ **Strand**, Strandvägen 10 ☎ 12.18.00; fax 61.92.02. *203 ch.* Ce grand établissement dans le centre ville est tout confort. Restaurant, garage, piscine, sauna.

▲▲ **Baltic**, Sjögatan 5 ☎ 15.59.35; fax 12.45.60. *69 ch.* À 400 m de la gare, un bon hôtel avec restaurant, garage et sauna.

Auberge de jeunesse

Vandrarhem STF, Norra Stadsberget ☎ 61.21.19. *150 lits.* L'auberge est installée dans le quartier nord de la ville, sur les hauteurs.

Camping

Fläsians Camping ☎ 55.44.75. En bord de mer à 4 km au S de Sundsvall, près de la E4, ce terrain dispose de bungalows et de lits. *Ouv. de mi-mai à mi-sept.*

Sveg (84232)

Hôtel

▲▲ **Myskoxen**, Fjällvägen 12-14 ☎ (0680) 170.00. *40 ch.* Un établissement sympathique avec restaurant, gymnastique, sauna et solarium.

Umeå (90326)

Indicatif téléphonique ☎ *(090)*

ℹ *Renmarkstorget 15* ☎ *16.16.16; fax 16.34.39.*

Hôtels

▲▲▲ **Aveny**, Rådhusesplanaden 14 ☎ 13.23.00. *112 ch.* Établissement de premier ordre situé à 100 m de la gare. Restaurant, garage, piscine, sauna.

▲▲▲ **Winn**, Vasaplan ☎ 12.20.20; fax 71.11.50. *166 ch.* En plein centre dans la zone piétonne. Restaurant, garage, sauna.

▲▲ **Wasa**, Vasagatan 12 ☎ 77.85.40. *80 ch.* Hôtel confortable, très central, avec restaurant, garage et sauna.

Auberge de jeunesse

Vandrarhem STF, Järnvägsallén 22, Västra Esplanaden ☎ 77.16.50; fax 77.16.95. *100 lits.* À proximité du centre. *Ouv. de mi-juin à mi-août.*

Camping

Umeå, Nydala ☎ 16.16.60. Au bord du lac, dans le quartier de Nydala, ce terrain, situé au N près de la E4 à 6 km, propose 54 bungalows et 32 lits. Sports nautiques, golf, location de bicyclettes.

Vålådalen (83012)

Indicatif téléphonique ☎ *(0647)*

Hôtels

▲ **Trillevallens Högfjällshotell** ☎ 360.90. *34 ch.* Cet hôtel de sports d'hiver est installé sur la route de Vålådalen, à 8 km d'Undersåker. Restaurant, sauna. *Ouv. à partir des fêtes de fin d'année jusqu'au 1er mai.*

▲ **Vålådalens Turiststation** ☎ 353.00; fax 353.53. *100 ch.* Un bon hôtel de montagne avec restaurant, sauna. *Ouv. de fin déc. à fin avr. et de fin juin à fin sept.*

▲ **Vallbogården, pensionat & vandrarhem** ☎ 351.23. *33 ch., 2 chalets.* Situé non loin de Vålådalen : route de Vålådalen puis obliquez à g. Restaurant, sauna. Cet établissement fait également office d´auberge de jeunesse.

Auberge de jeunesse

Vandrarhem Åre Brattlandsgården ☎ 301.38. *69 lits.* L'auberge se trouve à 8 km d'Åre et à 4 km d'Undersåker et de sa gare. Pêche à proximité du lac Helgesjön.

NORRLAND DU NORD

Les trois provinces les plus septentrionales du pays, le Västerbotten, le Norrbotten et Lappland (Laponie), sont traversées par le cercle polaire arctique. On y rencontre aussi bien la modernité la plus avancée qu'une nature apparemment inchangée depuis le matin du monde, avec son air pur et ses lacs transparents. Si les routes principales sont bonnes, ce n'est qu'à pied, et par petites étapes, que l'on peut découvrir les parcs nationaux. Il faut alors disposer de plusieurs jours, voire de plusieurs semaines.

Au nord du golfe de Botnie

Skellefteå et Luleå, à une centaine de kilomètres au sud du cercle polaire, sont des métropoles régionales pleines de vitalité. À cette latitude élevée, les côtes de la Baltique constituent ce que l'on nomme la « Riviera suédoise ». La faible profondeur du golfe de Botnie, l'ensoleillement maximal de l'été nordique, font que vous pourrez vous baigner dans des eaux dépassant 20 °C.

LE NORRLAND DU NORD.

TROMSØ, TRERIKSRÖSET
0 20 40 km
Kaaresuvanto
Karesuando
Abisko
Torneträsk
Nordkalottvägen
E 10
400
45
E 8 - 21
Muodoslompolo
Luossavaara
Nikkaluokta
Kiruna
Jukkasjärvi
Lainioälven
Muonioälven
E 10
Svappavaara
400
FINLANDE
Kaitumälven
Aareavaara
Ritsem
Kebnats
Saltoluokta
E 10 - 45
403
Kalixälven
Sjöfallsleden
Lac Langas
Malmberget
Gällivare
400
Tornionjoki
45
Dundret 820
Luspebryggan
Aitik
Porjus
Ängesån
Parc national de Muddus
402
Harsprånget
Pello
Liggavägen
E 10
Jokkmokk
LAPONIE
(cercle polaire)
391
Vuollerim
Övertorneå
ROVANIEMI
Luleälven
45
97
NORRBOTTEN
400
E 10
E 8 - 21
E 75 - 4
Kemijoki
Tornio
Haparanda
Piteälven
E 4
45
374
Sangis
E 4
Kemi
OULU
Chutes de Storforsen
Boden
E 4
97
Gammelstaden
94
Älvsbyn
94
Luleå
Arvidsjaur
Antnäs
96
Piteå
Glommersträsk
Skellefteälven
Byskeälven
Silver Vägen (Route d'Argent)
E 4
95
365
Boliden
BOTTENVIKEN
(Golfe de Botnie)
Byske
Vindelälven
Skellefteå
OULU
VÄSTERBOTTEN
8
Lövånger
Umeälven
E 4
Robertsfors
Sikeå
FINLANDE
E 12
Öreälven
Bygdeå
85
Umeå
KAJAANI
Kokkola
Vännäs
13
8
SUNDSVALL
E 4
VAASA
JYVÄSKYLÄ

Le Västerbotten

➤ *Itinéraire de 129 km au départ d'Umeå; 1 jour.*

Bygdeå

➤ *À 35 km d'Umeå par la route E4.*

Son **église**, achevée en 1539, puis complétée par un élégant **campanile** en 1816, possède un patrimoine intéressant, surtout sa belle chaire du XVIIe s.

Robertsfors

➤ *À 15 km env. de Bygdeå par la E4.*

Cette petite ville dont le passé industriel remonte à 1759 est spécialisée dans des **produits de haute technologie** (diamants synthétiques, outillage de précision). Un **musée** *(**Robertsfors bruksmuseum**; Herrgårdsvägen; ouv. t.l.j. de 10h à 16h et de 12h à 16h sam. et dim.* ☎ *(0934) 100.45)* retrace l'évolution des **techniques** depuis le XVIIIe s. Allez aussi jeter un œil à l'**atelier de verrerie d'art** *(**Bruksforshyttan**; Strandvägen 1; ouv. en sem. de 10h à 16h, sam. de 10h à 13h* ☎ *(0934) 107.10.)* le plus septentrional de Suède.

Lövånger

➤ *À 30 km env. de Robertsfors par la E4.*

L'**église** en granit du XVe s., en partie reconstruite depuis, possède des **sculptures sur bois** du XVIe s. et une **chaire** du début du XVIIe s. Dans les environs, de petites **maisons** de la fin XVIIIe et XIXe s., soigneusement restaurées, étaient jadis destinées à héberger les paroissiens venus de loin. Aujourd'hui, elles sont louées aux touristes *(p. 276)*. Dans le Norrland, on rencontre fréquemment ce genre de « **village paroissial** » *(**kyrkstad**)*.

À ne pas manquer

Le **musée du Norrbotten*** **à Luleå**, *p. 253* et ♥ **Gammelstaden***, *p. 253.*

Le ♥ **village lapon**** **d'Arvidsjaur**, *p. 257.*

Le **musée lapon**** **d'Arjeplog**, *p. 260.*

La **piste Royale*****, *p. 261.*

Le ♥ **musée Ajtte**** **à Jokkmokk**, *p. 264.*

Le **parc de Sarek****, *p. 265.*

Le **parc de Padjelanta****, *p. 267.*

L'**hôtel de ville**** **de Kiruna**, *p. 269.*

L'**église**** **de Jukkasjärvi**, *p. 269.*

Le **mont Kebnekaise****, *p. 270.*

Le **parc national d'Abisko**** *p. 271.*

Skellefteå

➤ *À env. 50 km de Lövånger.*

Comptoir commercial dès le Moyen Âge, Skellefteå est aujourd'hui un centre industriel et minier qui dispose d'un port important à l'embouchure du Skellefte älven.

➤ **NORDANÅ** *(**Nordanå Kulturcentrum**; ouv. t.l.j.* ☎ *(0910) 73.55.10).* Ce **centre culturel** se trouve au cœur de la ville, là où se tenait jadis le marché. Il se compose d'un musée, d'un local d'expositions, d'un théâtre et de cinémas. Il abrite un ancien **village paroissial*** qui figure parmi les mieux conservés du pays.

➤ **L'ÉGLISE*** (***Landsförsamlingens kyrka***; *Nordanå Kulturcentrum*). Elle a été construite en 1795 dans un style **néo-classique**, se substituant à une ancienne église médiévale dont il ne reste que la sacristie. Exécutée en bois, la ***Madone**** est l'une des rares statues romanes représentant la Vierge.

Le Norrbotten

➤ *Itinéraire de 142 km au départ de Skellefteå; 1 jour.*

Cette région côtière, qui abrite le plus gros de la population du Norrland du Nord, a toujours eu des échanges étroits avec l'arrière-pays, Sâmes et colons de l'intérieur se tournant traditionnellement vers la façade maritime pour écouler leurs produits. Aux côtés d'une industrie forestière rationalisée, le secteur tertiaire est en plein essor. Sur les rivages du Norrbotten, la mer est gelée de janvier à la mi-mai, mais de puissants brise-glace permettent aujourd'hui de maintenir ouverts en toute saison les ports de Piteå et Luleå.

Piteå*

➤ *À 82 km de Skellefteå par la E4.* ***Informations pratiques*** *p. 276.*

Piteå est une charmante **station balnéaire**, bien située au cœur de la « riviera norrlandaise ». Quoique ravagée par des incendies en 1666 et en 1721, elle a conservé de belles **maisons anciennes**, notamment autour de la **place de l'Hôtel-de-Ville** (***Rådhustorget***) où se dresse l'hôtel de ville, édifié dans les années 1830.

Environ 10 km au sud par la route E4, vous trouverez l'agréable plage de **Pite Havsbad**.

Luleå*

➤ ***Informations pratiques*** *p. 276.*

À 50 km au N, la capitale culturelle de la province a été fondée en 1621. Ce centre dynamique (70 000 hab.) est à présent spécialisé dans la **technologie de pointe**. Hiver comme été, les activités sportives qu'on peut y pratiquer sont nombreuses, notamment les sports nautiques *(rens. à l'*ⓘ*)*.

LE CENTRE VILLE

Dominé par la silhouette **néogothique** de la **cathédrale** (*Kyrkogatan*) construite en 1889, il a pour artère principale **Storgatan**, animée et commerçante. Celle-ci débouche à l'O sur le parc municipal (***Stadsparken***), avec la résidence du gouverneur.

Les collections du **musée du Norrbotten*** évoquent la vie quotidienne sous ces hautes latitudes depuis plusieurs millénaires (***Norrbottens museum***; *Hermelinsparken; ouv. t.l.j., de 10 h à 16 h du lun. au ven., 12 h à 16 h le w.-e., jusqu'à 20 h le mer.* ☎ *(0920) 24.35.02)*. Ce musée comprend notamment un riche **fonds lapon** qui retrace la vie des Sâmes *(pp. 236-237)*, la civilisation du renne et l'environnement naturel de l'Arctique européen.

♥ GAMMELSTADEN

Le berceau historique de la ville se situe à 10 km au N du centre actuel *(bus n° 32 depuis Storgatan)*. Il abrite notamment le plus grand village paroissial du pays.

➤ **L'ÉGLISE*** (***Nederluleå kyrka***; *ouv. de 10 h à 18 h l'été, jusqu'à 20 h en juil.*). Cet édifice de **granit** gris et rouge, le plus vaste du Norrland, a été construit au XVe s. L'**intérieur** présente des **fresques** de l'école d'**Albertus Pictor**, un

Fleuves et rivières

La Suède compte près de 100 000 lacs, et une cinquantaine de fleuves et rivières, dont les plus puissants cours d'eau irriguent la partie nord du pays. Jadis, ils véhiculaient le bois de flottage. Aujourd'hui, ils contribuent à l'approvisionnement énergétique du pays. Beaucoup sont aménagés pour la production d'électricité.

Seuls trois des grands fleuves septentrionaux restent vierges : le Torne, le Kalix et le Vindel. Depuis 1993, ces trois fleuves sont classés, et donc intouchables. Leurs rives, fertilisées par les alluvions qu'ils charrient, abritent une végétation luxuriante et une abondante vie animale. Les préserver, c'est notamment assurer à terme la survie du saumon de la Baltique. Sur la partie accidentée de leur parcours, remous et chutes d'eau contribuent à la beauté du paysage. En outre, les brouillards qu'ils engendrent sont à l'origine de microclimats qui favorisent la constitution de niches écologiques souvent uniques.

superbe **retable*** flamand du début du XVIe s. et des **fonts baptismaux** datant du Moyen Âge.

➤ **LE VILLAGE PAROISSIAL*** (*Gamla Hamngatan*). Cet ensemble, inscrit au Patrimoine mondial de l'humanité par l'UNESCO, comporte 424 maisonnettes en bois très pittoresques (XIVe s.). C'est le plus grand **village paroissial** de Suède. Dans les environs, on verra aussi 30 vieilles fermes.

➤ **LE MUSÉE DE PLEIN AIR HÄGNAN** (*à 600 m au N du village paroissial; ouv. t.l.j. l'été de 11 h à 17 h ☎ (0920) 29.38.09 ou 29.48.66*). Avec ses fermes, ses boulangeries, sa forge et son épicerie rurale, il évoque de manière très concrète la vie et l'habitat de la **province aux XVIIIe et XIXe s.** Les visiteurs sont invités à mettre la main à la pâte en participant à diverses activités manuelles. Le « **sentier des contes de fées** », destiné aux **enfants**, permet aussi de s'initier aux vieilles coutumes et traditions. Le musée propose également des **festivals** de musique folklorique (***rens.** à l'*ℹ).

➤ **LA RÉSERVE DE GAMMELSTADSVIKEN.** À proximité immédiate du musée de plein air par la route 97, les terres marécageuses de cette réserve naturelle présentent un grand intérêt **ornithologique**. Vous pourrez y observer 285 espèces d'oiseaux différentes : chevalier combattant, mouette naine, grèbe à croix grise, balbuzard, busard des marais, harle, nombreuses variétés de canards sauvages.

➤ **L'♥ ARCHIPEL LULE SKÄRGÅRD.** Il s'étend au large de Luleå et compte plus de 300 îles. C'est l'un des plus remarquables de Suède. On peut visiter l'archipel en bateau ou se rendre à **Sandön**, une île propice à la baignade (*trajet 30 mn ; rens. à l'*ℹ *de Luleå* *p. 276*).

L'extrême Nord*

➤ *Itinéraire de 500 km au départ de Luleå ; 3 jours.*

Si l'on poursuit vers le nord depuis Luleå par la route E4, on franchit un seuil invisible à **Sangis**, où le suédois fait place au finnois comme langue majoritaire, dans une région où la plupart des habitants sont bilingues. Le paysage, sillonné de rivières impétueuses, est couvert de marais et de bouleaux où se cachent élans et rennes.

Övertorneå

➤ *À 105 km par la route E4 jusqu'à Haparanda, puis la route 400.*

En remontant le cours de la Torne älv, on atteint ce bourg qui possède une belle **église** du XVIIe s., agrandie et modifiée de 1735 à 1737 dont on remarque l'élégant **campanile**. À l'intérieur, **sculptures** du Moyen Âge et **inscriptions** bibliques en finnois.

Karesuando

➤ *À 300 km d'Övertorneå par la route 400.*

Après avoir franchi le **cercle polaire**, peu après Övertorneå, on parvient dans l'agglomération la plus septentrionale de Suède où quelques centaines de **Sâmes** *(p. 236)* vivent de l'élevage du **renne** *(p. 258)*. En partie domestiqué, cet animal a longtemps été le fondement même de leur économie. Aujourd'hui encore, en Laponie, quelque 2000 d'entre eux se consacrent à son élevage.

La borne des trois royaumes

➤ ***Treriksröset**; à env. 120 km de Karesuando par la E8.*

Cette borne marque l'extrémité N de la Suède, à la limite de la Norvège et de la Finlande. Le parcours qui y conduit s'intitule la « **route de l'Océan glacial arctique** » (***Ishavsleden***) : il s'effectue en longeant la frontière, mais du côté finlandais. On y découvre des vallons grandioses, parsemés de lacs et de cours d'eau. Une véritable immersion dans la nature.

Itinéraires lapons

Longtemps terre d'exploration difficile d'accès, la Laponie fut décrite au XVIIe s. par Johannes Schefferus, puis par Linné au XVIIIe s., mais elle demeurait encore fort mal connue à la fin du siècle dernier. Cet immense territoire de près de 110 000 km² ne compte guère plus de 120 000 hab. Il offre ce que l'on ne peut trouver nulle part ailleurs : richesse de la faune et de la flore, lumière persistante et envoûtante de l'été boréal *(voir encadré p. 266)*, eaux cristallines, pentes propices au ski, montagnes invitant à l'escalade, parcs nationaux exceptionnels.

La route Bleue*

➤ ***Blå vägen**; itinéraire de 500 km au départ d'Umeå par la E12 ; 3 jours.*

Cette belle route moderne, qui remonte la **vallée d'Umeälven**, permet de découvrir facilement la beauté et la variété des paysages de la Laponie du Sud : montagnes bleutées, multitude de forêts et de lacs, tandis qu'émergent au loin les montagnes de Norra Storfjället et le massif grandiose de Tärnafjället.

Lycksele

➤ *À 125 km d'Umeå par la E12.* ***Informations pratiques*** *p. 276.*

En 1607, **Charles IX** ordonna la construction d'une **église** destinée aux colons et aux Sâmes qu'il voulait christianiser. Dès 1632 fut créée la première école lapone, et la petite cité devint un foyer de culture pour ces populations nomades *(p. 236)*. Aujourd'hui, la principale agglomération de Laponie du Sud est une ville moderne dont le parc automobile est le plus dense de Suède (une voiture pour deux habitants !).

➤ **LE ZOO** *(**Lycksele djurpark**; Brändersberget; ouv. t.l.j. de 10h à 17h le printemps et l'été, de 11h à 15h l'automne et l'hiver ☎ (0950) 167.10)*. Ce zoo est spécialisé dans la **faune nordique** *(voir aussi p. 258)*: élans, bisons, bœufs musqués, ours, etc.

➤ **GAMMPLATSEN**. *(Près de la route E79 ☎ (0950) 379 45; ouv. t.l.j. de 12h à 16h, jusqu'à 18h en été)*. Ce site comprend plusieurs musées. Le **musée de la Chasse** (***Jaktmuseet***) abrite notamment des sculptures sâmes. Le **musée de la Sylviculture** (***Skogsmuseet***) présente le métier de bûcheron et évoque l'**écologie** régionale.

Storuman

➤ *À 100 km de Lycksele par la route E12.*

Petite ville industrielle, Storuman occupe un joli site au pied de la **montagne Stenseleberget**. Au sommet, le belvédère **Utsikten** offre un large **panorama*** à 80 km à la ronde. De belles balades sont possibles à proximité, notamment dans la **vallée de la Tärna** et vers le N-O, où commence vraiment la région montagneuse *(rens. à l'ℹ p. 277)*.

Tärnaby

➤ *À 125 km de Storuman par la E12.* ***Informations pratiques*** *p. 277.*

C'est dans ce village de montagne que pour la première fois, un enseignement scolaire en langue lapone a été dispensé. Tärnaby est aussi une station de ski célèbre *(rens. à l'ℹ)*, qui compte parmi ses enfants l'ancien champion **Ingemar Stenmark**.

La **culture sâme** *(p. 236)* est ici bien implantée, comme en témoigne le **musée de la Ferme lapone** *(**Samegårdens museum**; Tärnafors à 5 km au S de Tärnaby; ouv. toute l'année du lun. au ven. de 9h à 14h ☎ (0954) 104.40)*. Il rassemble des costumes et des objets de la vie quotidienne (traîneau, couronne nuptiale, couteaux décorés, etc). Vente d'**artisanat lapon**.

À 16 km de Tärnaby par la E12, vous rejoindrez **Hemavan** *(p. 261)*.

La route d'Argent*

➤ ***Silvervägen***; *itinéraire de 285 km au départ de Skellefteå par la route 95; 2 à 3 jours, voire plus si randonnée sur la piste Royale.*

Plus septentrional, cet autre itinéraire classique en Laponie permet de visiter les foyers régionaux de culture **sâme** *(p. 236)* que sont Arvidsjaur et Arjeplog. Les vastes étendues solitaires sont ponctuées de vestiges de l'exploitation du fer. Vers le nord, les lacs limpides trônent au milieu d'un paysage façonné par la déglaciation.

Randonnées autour de Tärnaby

D'agréables excursions sont possibles autour de Tärnaby, notamment dans les montagnes avoisinantes de **Norra Storfjället** culminant à 1 792 m, situées aux abords de la piste Royale *(p. 261 ; comptez au min. 2 jours)*. Si vous ne faites que passer à Tärnaby, profitez au moins du **téléphérique *(linbana)*** qui vous mènera au sommet de **Laxfjället****, au cœur du grandiose **massif de Tärnafjället** : la **vue** y est magnifique. Il existe aussi un chemin carrossable à l'E qui conduit à Laxfjället, mais n'atteint pas le sommet. Vous pouvez vous procurer le ***Fjällguiden*** à l'ℹ. Ce livret gratuit, d'une centaine de pages, détaille les balades et activités sportives que vous offre la région.

Boliden

➤ *À 35 km de Skellefteå par la route 95.*

De l'âge d'or minier, entre les deux dernières guerres, nous est parvenu le **téléphérique (*linbana*) le plus long du monde** : il parcourt 96 km, de Boliden à Kristineberg. Ses bennes servaient au transport du minerai. Il est ouvert toute l'année sur le tronçon **Örträsk-Menträsk** *(Örträsk est à 20 km à l'E de Kristineberg; **rens.** et **rés.** à l'ℹ de Norsjö ☎ (0918) 142.00).*

Arvidsjaur*

➤ *À 100 km de Boliden. **Informations pratiques** p. 173.* Ici, l'industrie du bois et l'élevage du renne dominent la vie économique. La présence de la **civilisation sâme** *(p. 236)* est très affirmée dans cette cité qui remonte au début du XVIIe s.

LE ♥ VILLAGE LAPON

➤ ***Lappstaden.*** *Ouv. t.l.j. à 12 h de mi-juin à mi-août, à 16 h de la Saint-Jean au 2 août. Visites guidées par des Lapons de mi-juin à mi-août à 12 h, 15 h, 17 h. Rens. ☎ (0960) 175.00.*

Ce « **village paroissial** » lapon, le plus vaste de Suède, est sans doute le plus intéressant du pays. Il s'est développé près de l'**église**, à partir de la fin du XVIIIe s. On peut s'y

L'arche de Noé sur le cercle polaire

Le pays du Père Noël est évidemment le pays des rennes ! Mais on découvre en Suède bien d'autres animaux : bœuf musqué, renard bleu, bruant des neiges…

Les ours ont besoin de tranquillité pour prospérer. On ne les trouve plus maintenant que dans les régions les plus sauvages de l'intérieur.

Les espèces protégées

Au début du siècle dernier, on trouvait encore des loups et des lynx jusqu'au sud du pays. Quant aux ours, ils occupaient des territoires bien plus étendus qu'aujourd'hui. Le **renne** sauvage a disparu mais le **castor**, chassé pour sa peau, a été réintroduit en Suède. Jadis, les **phoques** se comptaient par dizaines de milliers dans l'archipel d'Östergötland. Concurrents des pêcheurs, ils ont été abattus en grand nombre. Aujourd'hui, ils sont protégés mais c'est la pollution qui leur nuit le plus.

Dans les forêts, si l'on a peu de chance de rencontrer des grands prédateurs comme les **ours**, les **loups** ou les **gloutons**, on peut croiser la **perdrix blanche**, le **bruant des neiges**, et le **lemming** certaines années. On peut aussi surprendre le **renard bleu**, la **chouette blanche**, et bien sûr, l'**élan**.

Le renard s'est bien adapté à la rigueur du climat suédois. Son cousin, le renard bleu, habite encore plus au nord.

Le bœuf musqué. Ne l'approchez jamais à moins de 100 m, et reculez calmement au moindre signe de nervosité. Les mâles peuvent atteindre 400 kg et il leur arrive d'être vindicatifs !

Le retour du bœuf musqué

Survivant de l'époque glaciaire, le bœuf musqué avait presque complètement disparu, victime de la chasse et du radoucissement du climat. Seuls subsistaient quelques spécimens dans les régions arctiques de l'Amérique du Nord et du Groenland, quand il a été réintroduit en Norvège, et à partir de 1971, dans le Härjedalen suédois. Tous les randonneurs

Le renne, en partie domestiqué, a longtemps été le fondement même de l'économie des Sâmes (p. 236).

ont envie de le rencontrer, mais il ne faut pas le perturber. L'usage du scooter des neiges est par conséquent interdit dans les régions de pâture d'hiver. En mai, les naissances exigent un environnement calme, et l'été, les bœufs musqués doivent paître en toute tranquillité pour assurer leurs réserves d'hiver.

L'élan est recherché pour sa viande qui joue un rôle économique très important. On estime d'ailleurs qu'il y aurait à peu près autant de chasseurs en Suède que d'élans !

L'élan, une chair très prisée

Présent dans la quasi-totalité du pays – seul l'extrême Sud ne lui offre pas le gîte dont il a besoin –, l'élan a longtemps été un moyen de subsistance essentiel pour les populations rurales. Son nombre en hiver s'élève à environ 350 000 têtes, et quelque 100 000 bêtes sont abattues chaque automne. Sa viande représente un marché évalué à env.1 milliard de couronnes par an. Dans le Norrland, on a même l'impression que toutes les activités s'arrêtent pendant la semaine de septembre où la chasse est autorisée !

Le renne, un sauvage domestiqué

Les troupeaux respectent en général le cycle migratoire saisonnier des rennes sauvages. L'été, ils jouissent de l'air pur dans les *fjälls*, à l'automne, ils redescendent dans les vallées pour passer l'hiver dans les terres boisées qui leur offrent un meilleur abri et une nourriture plus accessible, sous forme de lichens qu'ils mettent à nu en grattant la neige, ou en broutant sur les troncs des conifères. Au printemps naissent les faons ; les bêtes sont marquées pendant l'été et l'automne correspond à la saison de l'abattage.

Le train du vildmark

De Mora, en Dalécarlie, à Gällivare, en Laponie, l'autorail ***Inlandsbanan*** sillonne sur 1 050 km une ligne qui est devenue une véritable attraction touristique. Sur le tronçon **Östersund-Arvidsjaur**, on peut même effectuer le voyage dans d'extraordinaires wagons des années 1930 tout en dégustant de succulentes spécialités norrlandaises (renne en rôti, en gratin, aux champignons et aux baies des bois). Pour profiter de ce parcours exceptionnel, le mieux est de se procurer une carte de libre circulation valable 14 jours, ce qui permet autant d'arrêts qu'on le désire. Tout au long du trajet, les communes concernées rivalisent d'ingéniosité pour faire connaître leurs richesses aux visiteurs : une virée en hélicoptère jusqu'à des lieux de pêche plus ou moins inaccessibles *(voir encadré p. 277)*, une descente de rapides en canot pneumatique, une promenade à cheval dans les montagnes de Laponie...

Inlandsbanan AB *☎ (0680) 711.401 ou ℹ Östersund ☎ (063) 144.022.*

balader au hasard, mais une visite guidée est plus instructive. Vous y découvrirez des édifices à l'architecture sâme *(p. 236)* très typique, qui remontent au XVIIe s. : des **chalets de rondins** (***kåtor***), en forme de pyramide tronquée, ainsi que des maisonnettes destinées aux provisions (***härbren***). Deux fois l'an, le 1er dimanche de juin et le dernier dimanche d'août, Lappstaden est un lieu de rassemblement pour les Lapons. De fin juin à la mi-juillet, on peut assiter au **marquage des jeunes rennes** (*rens. à l'ℹ*).

Arjeplog* et ses environs

➤ *À 85 km d'Arvidsjaur par la 95.* ***Informations pratiques*** *p. 273.* La petite ville occupe plusieurs îles du lac Hornavan. Son **église en bois** a été construite en 1760.

➤ **Le Musée lapon**** (***Silvermuseet****; Torget; ouv. t.l.j. de 9h à 18h de mi-juin à début août; le reste de l'année de 10h à 16h du lun. au ven., le sam. de 11h à 14h ☎ (0961) 612.90*). Ce remarquable bâtiment abrite les riches collections rassemblées par **Einar Wallquist**, qui s'établit à Arjeplog en 1922, et fut médecin des Sâmes pendant 40 ans. Le musée évoque la **vie des Sâmes et des colons suédois** à travers les siècles. Il recèle notamment une magnifique collection d'**objets d'argent*** sâmes dont les plus anciens remontent à la fin du Moyen Âge : bijoux, ceintures, cuillers, objets utilitaires. Le **tambour magique*** est l'un des quelque 70 objets de cette sorte à avoir échappé au zèle destructeur des missionnaires.

➤ **Galtispuouda**. À 10 km au nord, cette station de ski occupe un site magnifique. C'est de là aussi qu'on verra le mieux le **soleil de minuit** *(voir encadré p. 266)*.

Jäkkvik et le parc national de Pieljekaise*

➤ *À 65 km d'Arjeplog par la route 95 ; p. 262.*

Après Jäkkvik, la route d'Argent se dirige à travers les *fjälls* vers Bodø, en Norvège *(76 km de Jäkkvik à la frontière)*.

La piste Royale*** (Kungsleden)

Cette piste de près de 500 km, bien balisée, suit le parcours qu'ont emprunté de tous temps les Lapons nomades. Dans la pratique, le moyen le plus simple et le plus sûr de découvrir ces étendues sauvages est d'emprunter la piste depuis Abisko jusqu'à Ammarnäs à travers les montagnes de Laponie. La piste se prolonge vers le S jusqu'à Hemavan, et même Grövelsjön en Dalécarlie du Nord !

Depuis Hemavan

➤ *À 16 km de Tärnaby sur la route Bleue (Blå Vägen; p. 256). Possibilité de vols directs de Stockholm par* ***Skyways*** *☎ (020) 727.00 ou (0951) 400.60.*

Cette station de sports d'hiver pratique le tourisme d'été, et propose de nombreux **sentiers de randonnée**. La **piste Royale** *(voir encadré ci-dessous)* commence à Hemavan et rejoint notamment **Ammarnäs** en 79 km ; 5 chalets refuges jalonnent ce parcours.

La piste Royale, mode d'emploi

➤ **PRINCIPAUX ACCÈS**. **Hemavan**, **Ammarnäs**, **Jäkkvik**, **Kvikkjokk**, **Saltoluokta**, **Abisko**.

➤ **QUAND PARTIR ?** Idéalement entre **juil.** et **sept**. Pour la parcourir à ski, de **mars** à **mi-mai**.

➤ **DURÉE**. Prévoyez 15 à 20 jours de marche. Si vous envisagez un raid plus limité, choisissez un bon camp de base – par exemple **Kvikkjokk** *(p. 263)*, **Saltoluokta** *(p. 263)* ou **Abisko** *(p. 270)* – à partir duquel vous pourrez rayonner à votre guise. Si vous faites des excursions en famille, soyez réalistes : ne prévoyez pas plus de 10 km par jour, c'est-à-dire 5 ou 6 h de marche, pauses comprises.

➤ **CONSEILS**. Inutile de dire qu'il vaut mieux être en **bonne condition physique** : certains tronçons présentent des difficultés réelles, surtout dans la partie la plus septentrionale.

➤ **OÙ DORMIR ?** La piste présente l'avantage d'être parsemée de chalets refuges du **Touring Club suédois** qui sont autant d'occasions d'étapes. La distance entre chaque chalet varie de 15 km à 20 km. Ils sont tous bien équipés (cheminées, poêles, couvertures, ustensiles de cuisine. mais pas de couverts, ni papier hygiénique, ni électricité, d'où l'utilité des **bougies**). Veillez à laisser l'endroit en parfait état. Ces chalets sont bien indiqués sur les cartes.

➤ **CARTES**. Munissez-vous de **cartes détaillées**. Vous en trouverez notamment dans les ℹ et les ***Fjällstationer*** : **Nya fjällkartan**, échelle 1/100000, AC 2, BD 6, BD 8, BD 14, BD 16, **Vegetationskarta**, échelle 1/100000, nos 5, 7, 9, 10, 11 et 12.

➤ **ÉQUIPEMENT**. Bonnes chaussures, vêtements chauds et imperméables, nourriture déshydratée, bougies, pulls, produits antimoustiques, allumettes, boussole.

➤ **RENS**. Auprès des ℹ ou des Fjällstationer.

Ammarnäs, Laponie. Dans ces contrées faiblement peuplées, l'homme vit en symbiose avec la nature.

Tärna Fjällpark

➤ *À 1,5 km d'Hemavan.* **Rens.** ☎ *(0954) 301.50.*

Sur ce site se dresse une curieuse **tour panoramique** où sont accueillis les visiteurs qui envisagent de découvrir la réserve naturelle du **massif de Vindel**. On y évoque sa géologie, sa faune et sa flore. Une passerelle mène au flanc de la montagne où s'étage un **jardin botanique**.

➤ **La réserve naturelle du massif de Vindel*** *(**Vindelfjällens naturreservat**; à 12 km à pied de Hemavan sur la piste Royale).* Sa superficie de 5 500 km² en fait l'une des réserves les plus vastes d'Europe. Elle compte de nombreux sommets (entre 500 et 1 700 m d'altitude), des centaines de lacs et une rivière protégée, **Vindelälven**. La flore est caractéristique des *fjälls*: forêts de conifères, bouleaux de montagne, landes. Quant à la faune, elle comprend gloutons, lynx, ours, et quelque 25 000 rennes. *(voir aussi p. 258)*.

Ammarnäs

➤ ***En voiture**: par la route 363; à pied par la piste Royale.* ***Informations pratiques** p. 272.*

Sur les rives du **lac Gautsträsk**, ce bourg de montagne essentiellement voué à l'élevage de rennes possède une belle **chapelle en bois**, construite en 1858. Au S-O de l'église, les **huttes sâmes** sont le point de ralliement des Lapons au cours de leurs 3 festivals annuels. Au **Samegården** *(ouv. de juin à mi-août* ☎ *(0952) 602.39)* sont organisées des expositions d'**artisanat** sâme. Au **musée de la Ferme** *(**Hembygdsgården**; ouv. de juin à mi-août de 18h à 20h)* qui relate l'histoire des fermiers suédois, on peut rencontrer des Lapons autour d'un café et de gaufres.

Depuis Jäkkvik

➤ *À 65 km d'Arjeplog par la route 95, la route d'Argent (Silvervägen; p. 260) ; à pied par la piste Royale.* Ce village lapon est un autre accès possible pour rallier la piste Royale.

Le parc national de Pieljekaise*

➤ *Cartes, ravitaillement et informations pratiques :* ℹ ***Jäkkviks fjällcenter*** *☎ (0961) 211.40 et* ***Bäverholms värdshus & stugby*** *à Adolfsström ☎ (0961) 230.18). Convient aux randonneurs amateurs (sentiers balisés, chalets).*

Peuplé de bouleaux et parsemé de lacs, ce parc de 15 340 ha a été créé en 1909. Au point culminant (1 137 m), la **vue*** sur la région est superbe.

Depuis Kvikkjokk

➤ *À env. 110 km à l'O de Jokkmokk par une route secondaire.*

Kvikkjokk apparaît comme le dernier bastion de la civilisation aux confins du ***vildmark*** (« terre sauvage »). Cette petite ville touristique, que traverse la piste Royale, offre aussi un point de départ idéal vers les *fjälls* et les parcs nationaux.

➤ **Vers Saltoluokta** *(à 76 km au N).* Ce tronçon de la piste Royale au départ de Kvikkjokk s'effectue en 4 jours à travers le **parc de Sarek** *(p. 265).* À env. 41 km, on franchit en bateau le **lac Laitaure** pour atteindre **Aktse**, à l'embouchure de la rivière Rapadalen *(pour les horaires du bateau;* ***rens. Kvikkjokks fjällstation*** *☎ (0971) 210.22).* À 22 km de Saltoluokta, une nouvelle traversée en bateau permet d'atteindre le camp lapon de **Sitojaure**. Tous les 20 km environ, vous trouverez des **chalets refuges** sur le parcours. Munissez-vous de provisions à Kvikkjokk ou à Saltoluokta.

➤ **Saltoluokta*** *(en voiture par une route secondaire en direction de Vietas; à pied par la piste Royale.* ***Informations pratiques*** *p. 277).* Cette station touristique, située non loin d'un camp lapon, constitue une excellente base pour explorer le **parc de Stora Sjöfallet** *(p. 267)* par Suorva ou pour entreprendre des randonnées vers **Abisko** *(p. 270)* par la piste Royale *(autre accès à Abisko: en voiture par la E10 à 95 km de Kiruna).*

> ## Randonnées autour de Kvikkjokk
>
> Les sommets autour de Kvikkjokk peuvent être le but d'excursions d'une journée : **Prinskullen** (700 m) par exemple, avec prolongation éventuelle jusqu'à **Vallespiken**, à 1 385 m d'altitude. Autre possibilité, des sentiers au départ de Kvikkjokk mènent aux **parcs de Padjelanta** *(p. 267)* et de **Sarek** *(p. 265).*
>
> ***Rens. et cartes*** *:* ***Kvikkjokks fjällstation*** *☎ (0971) 210.22*

En Laponie du Nord**

➤ *Itinéraire d'env. 320 km au départ de Piteå ou de Luleå; 1 jour.*

Le terme même de « Laponie du Nord » évoque les grands espaces vierges, une luminosité particulière et un contact unique avec la nature à travers cet itinéraire superbe aux confins du pays.

Vers Jokkmokk

À partir de la côte norrlandaise, deux routes, la 374 au départ de **Piteå** et la 97 au départ de **Luleå**, permettent de rejoindre Jokkmokk, objectif majeur de ce périple.

➤ **La route 374** suit la vallée du **Pite älv** *(192 km au départ de Piteå*

Gravure ancienne d'un sâme. Bibliothèque nationale.

par les routes 374, puis 45). Plus méridionale, elle est jalonnée par une curiosité touristique qui attire près de 150 000 personnes chaque année: la **chute d'eau de Storforsen*** *(à 90 km de Piteå, soit 40 km après Älvsbyn).* **Marmites de géants**, ravins et plantes rares (notamment les sabots de Vénus, une sorte d'orchidée) ajoutent à l'intérêt de ce site sauvage.

➤ **LA ROUTE 97** *(190 km au départ de Luleå par la route 97)* longe la vallée du **Lule älv**. L'itinéraire vaut surtout par **Vuollerim*** *(120 km plus loin)*, où se tient une **exposition archéologique*** unique *(**Vuollerim 6000**; Murjeksvägen 31; ouv. de 10h à 18h t.l.j. de mi-juin à mi-août; le reste de l'année: du lun. au ven. de 9h à 16h ☎ (0976) 101.65).* Une maison recouverte de peaux d'élan abrite ce musée vivant où la **vie préhistorique** est reconstituée à partir de vestiges d'un village de l'âge de pierre vieux de 6 000 ans.

Jokkmokk et ses environs

➤ ***Informations pratiques*** *p. 274.*

Située à 8 km du cercle polaire (***polcirklen***), cette bourgade est un haut lieu de la **civilisation sâme** *(p. 236).* La première **église** y fut construite en 1607, et depuis 1942, la cité est dotée d'une haute école populaire destinée aux Lapons nomades qui se rassemblent l'hiver *(fête religieuse et foire annuelle en février).* Remarquables **artisans**, ceux-ci vendent des objets en bois ou en corne de leur fabrication et des articles de maroquinerie. Depuis le XVIIe s., un **marché lapon d'hiver** se tient en février *(p. 275).*

➤ ♥ **LE MUSÉE AJTTE****. (***Ajtte Museet**; Kyrkogatan 3; ouv. t.l.j. du lun. au ven. de 9h à 19h, le w.-e. de 11h à 18h de mai à sept.; le reste de l'année: du lun. au ven. de 9h à 16h, de 12h à 16h le w.-e. ☎ (0971) 170.17).* Cet **écomusée**, qui abrite un remarquable **jardin botanique**, est traditionnellement consacré à la **culture sâme**. Institution vivante, c'est un centre culturel de première importance. Il évoque l'histoire des Sâmes, leur religion, leurs croyances, leur lien avec la nature (élevage du renne, habitat des populations) à travers un important fonds d'objets anciens: artisanat de l'os, de l'argent (parures, ceintures), de la paille, vêtements, tentes, traîneaux et huttes.

➤ **La montagne de Storknabben** *(à 2 km du centre, au S-E).* Elle constitue une agréable promenade à pied. Du sommet, vous pourrez observer le **soleil de minuit** *(voir encadré p. 266).*

À 30 km au N de Jokkmokk, on peut se rendre à **Harsprånget***, une magnifique **chute d'eau** de 107 m.

Pour rejoindre la **piste Royale** *(p. 261)* ou les **parcs de Sarek** *(ci-dessous)* et **Padjelanta** *(p. 267)*, gagnez **Kvikkjokk** *(p. 263)*, à 120 km à l'O de Jokkmokk par la route.

Le parc national de Muddus*

➤ *À 35 km au N de Jokkmokk. La réserve ornithologique autour du lac Muddusjaure est **interdite d'accès de mi-mars à fin juil.** (période de reproduction). Cartes, ravitaillement et informations pratiques: ℹ de Jokkmokk (p. 274) ou de Gällivare (p. 274). Convient aux randonneurs amateurs (chalets ouv. d'avr. à sept. et pistes balisées).*

Créée en 1942, cette zone préservée de marais, de lacs et de forêts s'étend sur 49 000 ha. Autour du lac Muddusjaure, la **réserve ornithologique** est exceptionnellement riche (chouette de Laponie, aigle royal, balbuzard, bécassine, chevalier combattant). Des sentiers permettent notamment d'atteindre **Muddusjokk**, un canyon de 10 km de long, et **Muddusfall**, une chute d'eau de 42 m.

♥ Sjöfallsleden

➤ *Itinéraire de 100 km au départ de Lusperbryggan; 1 jour.*

Parfois appelé le « **ruban bleu de Laponie** ♥», cet itinéraire pénètre dans le système lacustre où le **Stora Lule** prend sa source, dans une nature sauvage et intacte. Il permet d'atteindre **Saltoluokta** *(p. 263)*, autre accès possible pour une randonnée sur la piste Royale *(p. 261)*. Au lieu-dit **Kebnats**, on traverse en bateau *(10 mn)* le **lac Langas**. La route conduit ensuite aux minuscules localités de **Vietas**, puis **Suorva** qui se situe à l'intérieur du **parc Stora Sjöfallet** *(p. 267)*.

Le vildmark**

Inscrits au patrimoine mondial par l'UNESCO, les parcs de Sarek, de Stora Sjöfallet et de Padjelanta forment, à eux trois, le plus grand vildmark (« nature sauvage ») d'Europe: ce territoire couvre 5 330 km², soit environ la moitié de la Scanie). Ces parcs constituent le triangle d'or de la Laponie du N. Seules l'Islande, la Norvège et la Finlande possèdent des terres vierges du même type.

Depuis Kvikkjokk

Le parc de Sarek

➤ *La route la plus proche est à Vietas, à 20 km env. Cartes, ravitaillement et informations pratiques: **Saltoluokta fjällstation** (p. 277) et **Kvikkjokks fjällstation** (p. 275). Pour **randonneur de haut niveau**: pas de sentiers balisés, ni de chalet hormis en périphérie, le long de la piste Royale.*

Ce parc montagneux (194 000 ha) est particulièrement sauvage. Il présente 200 sommets dépassant 1 800 m et de grandes étendues de marais et de landes, formant une véritable terre de contrastes: des pentes arides, des sommets constellés de neiges éternelles, une centaine de glaciers. Dans les vallées, sa végétation est très riche: renoncule des glaces, bruyère de Laponie, gentiane, angélique...

Magie des nuits claires

Aurore boréale.

➤ **Le soleil de minuit**. Du fait de l'inclinaison de l'axe de la Terre et de l'orbite terrestre autour du Soleil, les contrées septentrionales sont marquées par un contraste violent entre le long ensoleillement d'été *(24 h sur 24 de la fin mai à la mi-juil.)* et l'interminable nuit d'hiver : au-delà du cercle polaire, elle se prolonge environ 8 semaines. Mais il n'est pas nécessaire de gagner l'extrême septentrion pour ressentir la magie des nuits claires ou l'oppression de la pénombre. À Stockholm, les nuits de juin se limitent à quelques heures de demi-crépuscule, tandis qu'à l'approche de Noël, le jour se lève paresseusement au milieu de la matinée... pour disparaître dans l'après-midi à l'heure de la pause-café. C'est sur la côte est, de Haparanda à Karlskrona par Öland et Gotland, que l'on note l'ensoleillement maximal.

➤ **Où observer le soleil de minuit** ? Au-delà du cercle polaire, on peut notamment observer le soleil de minuit dans les localités suivantes : **Abisko** *(du 12 juin au 4 juil.)* ; le **mont Dundret** *(à 5 km au S de Galliväre ; du 2 juin au 15 juil.)* ; **Galtispuouda** *(du 10 juin au 3 juil.)* ; **Karesuando** *(du 26 mai au 18 juil.)* ; **le mont Kebnekaise** *(du 23 mai au 22 juil.)* ; le **mont Njulla** *(du 1er juin au 20 juil.)* ; **Porjus** *(du 9 juin au 4 juil.)* ; **Riksgränsen** *(du 26 mai au 18 juil.)* ; la **montagne de Storknabben** *(à 2 km de Jokkmokk ; du 10 juin au 13 juil.)*.

➤ **L'aurore boréale**. Également appelée aurore polaire, car on l'observe aussi dans les régions australes, l'aurore boréale est un phénomène lumineux nocturne qui se produit dans les hautes couches de l'atmosphère. De puissantes émissions de particules solaires se concentrent autour des deux pôles magnétiques, et entrent en collision avec les composants de l'atmosphère. À une altitude comprise entre 100 à 250 km, la couche d'air luit de la même manière que le gaz d'une lampe à néon. Les aurores boréales sont fréquemment visibles en automne et en hiver.

Le parc de Stora Sjöfallet.

On accède à ces terres vierges par des sentiers adjacents à la piste Royale *(p. 261)*. La traversée ne saurait s'accomplir sans expérience, entraînement et équipement suffisants.

Le parc de Padjelanta

➤ *La route la plus proche est à Kvikkjokk au S ou Ritsem au N (env. 40 km). Cartes, ravitaillement et informations pratiques* ***Kvikkjokks fjällstation*** *(p. 275) et* ***Ritsems fjällstation*** *(p. 276). Convient aux randonneurs amateurs (sentiers balisés, chalets).*

Proche de la frontière norvégienne, plus à l'ouest encore que le parc de Sarek, créé en 1962, il est le plus grand de tous (201 000 ha). En lapon, *Padjelanta* signifie « le haut pays » : le site se présente en effet comme un large plateau montagneux, culminant à 1 837 m. Il est semé de très beaux **lacs**, bordés de **bouleaux nains** et d'**espèces végétales*** rares – plus de 400 sont répertoriées – telles l'espargoute, la potentille rampante, le rhododendron lapon et la gentiane pâle. Éloigné de tout et difficile d'accès, le parc est pourtant aisé à parcourir. À partir de Kvikkjokk, une piste baptisée ***Padjelantaleden*** suit l'itinéraire de transhumance des Lapons. À mi-chemin, se trouve un **camp d'été** lapon apprécié, **Staloluokta lappläger** *(possibilité d'y dormir)*. De là, on peut revenir en hélicoptère à Kvikkjokk *(t.l.j. pendant l'été par* ***Norrlandsflyg*** *☎ (0971) 210.68 ou* ***Lapplandsflyg*** *☎ (0971) 210.40).*

En sortant du parc, au N, se trouve **Ritsem**, une autre station de montagne.

Depuis Vietas

Le parc de Stora Sjöfallet

➤ *Sur la route Sjöfallsleden (p. 265). Cartes, ravitaillement et informations pratiques :* ***Saltoluokta fjällstation*** *(p. 277) et* ***Stora Sjöfallets fjällstation****, à Vietas (p. 277). Convient aux randonneurs amateurs (sentiers balisés et chalets).*

Il déploie 138 000 ha de montagnes autour des lacs où le **Lule älv** prend sa source. C'est une région de haute montagne, qui culmine avec le **mont Akka** (2 010 m). Lacs et chutes d'eau formaient à l'origine un paysage grandiose qui a été quelque peu détérioré du fait des aménagements hydroélectriques, notamment avec la création du **lac Akkajaure**, le deuxième plus grand réservoir d'eau de Suède. Créé en 1909, ce parc est traversé par la piste Royale *(p. 261)*.

Sur la « route du Fer »*

➤ *Itinéraire de 250 km au départ de Porjus ; 1 à 2 jours.*

Les riches ressources du sous-sol ont donné naissance, en Laponie du Nord, à un district minier qui s'est établi dans des régions pratiquement inhabitées. La ligne de chemin de fer Luleå-Narvik, la plus septentrionale du monde, a été construite pour permettre l'acheminement du minerai de fer vers les ports d'embarquement. Ce mélange de nature sauvage et d'implantation industrielle donne à toute la région un caractère étrange, parfois fascinant.

Dundret *

➤ *5 km avant Gällivare sur la route E45.*

Ce mont de 823 m d'altitude est la principale attraction touristique locale. Son nom provient d'un terme lapon désignant une montagne basse, couverte de **lichens** et de **bouleaux nains**. Et c'est bien ainsi que se présente cette éminence qui offre un **panorama*** très étendu jusqu'en Norvège par temps clair. Le site se prête tout particulièrement à l'observation du **soleil de minuit** et des **aurores boréales** *(voir encadré p. 266)*.

Gällivare* et le district minier

➤ *À 90 km de Jokkmokk sur la route E45.* ***Informations pratiques*** *p. 274.*

Cité minière de première importance avec Malmberget comme bassin principal, Gällivare est aussi un vieux foyer de **culture lapone** *(p. 236)* et un centre de rassemblement pour les Sâmes.

➤ **LE DISTRICT MINIER.** À **Kåkstaden** *(visites guidées de mi-juin à mi-août et déc. ☎ (0970) 183.96 ; organisées par l'*ⓘ) des bâtiments miniers et des habitations de mineurs ont été reconstitués *(possibilité de les louer en été)*. Situé à 6 km au N-O, **Malmberget** signifie littéralement « montagne de minerai ». Les mines de fer, les plus grandes d'Europe, sont situées à 815 m de profondeur, et exploitées par la société LKAB. Quelque 6 000 000 t de fer y sont produits chaque année. Un **musée de la Mine** y a été aménagé *(**LKAB & Gruvmuseet** ☎ (0970) 760.00 ; l'été, visites organisées par l'ⓘ ; âge requis : 12 ans min.)*. À **Aitik**, à 10 km au N, vous pourrez visiter la plus grande carrière de cuivre à ciel ouvert d'Europe *(visites l'été organisées par l'ⓘ)*.

➤ **LE MUSÉE D'ETHNOGRAPHIE LAPONE** *(**Hembygdsmuseet** ; Storgatan ; ouv. du lun. au ven. de 11 h à 15 h 30 ; de fin juin à fin août y compris le sam. ☎ (0970) 186.91)*. Ce petit musée évoque la culture sâme à travers le développement de l'artisanat, l'exploitation de la forêt, l'implantation de colons suédois ; il retrace aussi l'histoire du ski. Vente de produits artisanaux.

➤ « **L'ÉGLISE D'UN SOU** » est une église lapone (***Lappkyrka***) qui fut édifiée au milieu du XVIIIe s. au bord de la rivière. On la surnomme ainsi car le roi Frédéric Ier (1720-1751) avait demandé un sou à chacun de ses sujets pour en permettre la construction.

Kiruna* et ses environs

➤ *À 125 km de Gällivare par la route E45/E10.*

Située 148 km au N du cercle polaire, la ville (27 000 hab.) la plus septentrionale de Suède occupe une position clé au cœur du plus grand bassin minier d'Europe. Des instituts scientifiques internationaux s'y sont implantés (recherches spatiales, glaciologie, géophysique), de même que plusieurs constructeurs automobiles européens. Kiruna constitue un point de départ idéal pour des excursions en Laponie du Nord.

➤ **L'ÉGLISE**** (*Kyrkogatan 8*) en forme de **tente lapone** a été construite en 1912. Admirez le superbe **portail*** en fer forgé. Sur le toit, douze statues de **Christian Ericsson** évoquent les sentiments humains. Du même artiste, à l'intérieur cette fois, on découvre une **statue** représentant *Saint Georges terrassant le dragon*, et sur le maître-autel, une **toile du prince Eugène** ayant pour thème le paradis.

➤ **L'HÔTEL DE VILLE**** (***Rådhus***; *Hjalmar Lundbomsvägen*). Bâti en 1959-1961, ce beau bâtiment est l'œuvre d'**Arthur von Schmalensee**. L'intérieur est très richement décoré de **mosaïques** et de **panneaux** d'ébène et d'acajou dont un **tambour magique**. Ours et loups empaillés ornent le grand hall.

➤ **LA FERME LAPONE** (***Samegården***; *Brytaregatan 14; ouv. de 14 h à 19 h t.l.j. en été ☎ (0980) 170.29*). Elle expose des œuvres d'art et d'artisanat, et programme des films et des conférences.

➤ **LES MINES** (*visites guidées de mi-juin à fin-août auprès de l'ℹ ☎ (0980) 188.80*). L'exploitation du fer prit une grande ampleur à la fin du siècle dernier. Un filon de 4 km de long, 100 m de large et d'une épaisseur de 2 000 m produit, dans des mines à ciel ouvert, quelque 200 millions de tonnes de minerai par an.

➤ **LA MONTAGNE DE LUOSSAVAARA*** (*accessible en voiture, à 2 km du centre vers le N*). Aux environs immédiats de Kiruna, on y découvre une très belle **vue** sur la région à partir du sommet (*724 m*).

Jukkasjärvi

➤ *À env. 15 km à l'E de Kiruna par une petite route.* ***Informations pratiques*** *p. 275.*

Cette bourgade de la vallée de la Torne, peuplée en partie de Sâmes, est joliment située auprès du **lac Jukkasjärvi**. C'est un point de départ idéal pour des sorties en rafting ou des expéditions en chiens de traîneaux (*voir encadré p. 274*) jusqu'au mont Kebnekaise notamment.

L'**église**** possède un remarquable **triptyque**** aux couleurs vives, sculpté par **B. Hjorth** en 1958. Il évoque la prédication du pasteur Læstadius (1800-1861) qui a eu une grande influence spirituelle dans la Suède du Nord. À l'entrée, une **inscription** en français gravée sur bois (1681) rappelle le passage de trois explorateurs français dont le plus connu est Jean-François Régnard (*voir encadré p. 270*), auteur d'un *Voyage en Laponie*.

Une terre à explorer

La fascination que la nature suédoise a exercée sur les Français apparaît comme une constante au cours des âges. À partir de Jean-François Régnard, à la fin du XVIIe s., la Laponie n'a cessé d'attirer les explorateurs comme en témoigne par exemple l'inscription due à Régnard et ses deux compagnons, que l'on peut lire à l'entrée de l'église de Jukkasjärvi : « Nous sommes nés en France, l'Afrique nous a vus. Nous avons contemplé l'Europe tout entière et erré sur terre et mer. Nos destinées ont été singulières jusqu'à ce que nous parvenions en ce lieu où finit le monde ». Quelques décennies plus tard, en 1737, Moreau de Maupertuis dirige une expédition dans le Norrland qui met en évidence l'aplatissement de la terre vers ses pôles. C'est aussi un Français, le géographe Charles Rabot, qui fait le premier l'ascension du mont Kebnekaise à la fin du XIXe s.

Le mont Kebnekaise**

➤ *À env. 90 km de Kiruna par une route secondaire à l'O jusqu'à* ***Nikkaluokta****, puis à pied. Les randonnées pédestres ont lieu de juin à sept. et les randonnées à ski de mars à mai (pour tout niveau).* ***Informations pratiques*** *p. 276.*

Il s'agit du plus haut massif de Suède ; qui culmine à 2 117 m d'altitude. L'ascension fut effectuée pour la première fois en 1883 par le géographe français Charles Rabot. De nombreuses possibilités s'offrent aux alpinistes et randonneurs.

À partir de **Nikkaluokta**, il faut faire une vingtaine de kilomètres à pied (ou à skis l'hiver) pour atteindre **Kebnekaise Fjällstation** *(p. 275)*. Il est possible de raccourcir la balade en empruntant le bac qui traverse le lac *(**rens.** Nikkaluokta Turist ☎ (0980) 55.015)*. C'est de là qu'on atteint le plus facilement le chalet (***Toppstugan***) de la pointe S, puis le sommet du **mont Kebnekaise****. Au sud du Kebnekaise, on peut rejoindre la piste Royale *(p. 261)*.

On peut aussi survoler l'ensemble du massif en **hélicoptère**, à partir de **Nikkaluokta** *(**rens.** à l'ℹ de Kiruna p. 275, Nikkaluokta Turist p. 276, ou* ***Norrlandsflyg*** *☎ (0980) 810.00)*.

Nordkalottvägen*

➤ *Itinéraire de 137 km au départ de Kiruna par la route E10 ; 1 à 3 jours.*

La « **route de la calotte nord** » relie depuis peu Kiruna au port norvégien de Narvik. Au-delà du cercle polaire, c'est un enchantement pour les yeux. Au loin, se profilent les hautes montagnes enneigées de Laponie, couronnées par le **mont Kebnekaise**. C'est ici, peut-être, que la nature lapone se montre la plus ensorcelante.

Abisko

➤ *À 95 km de Kiruna par la E10.*

Au creux d'une vallée encaissée, cette **station** se niche dans un site magnifique. À dr., la route longe le ♥ **lac Torneträsk****, aux eaux limpides, qui semble flotter entre ciel et terre. C'est ici que débute l'itinéraire de 500 km de la **piste Royale** *(p. 261)* qui aboutit à Hemavan *(p. 261)*.

Le parc national d'Abisko**

➤ ***En voiture**: à 95 km de Kiruna par la E10. **En train**: 2 gares d'arrivée, Abisko Östra, celle du village lui-même, et Abisko Turiststation à 2 km, où vous pourrez louer du matériel de randonnée. Cartes, ravitaillement et informations pratiques: **Abisko Turisstation** (p. 272). Convient aux randonneurs amateurs.*

Créé en 1909, Abisko est le parc national (7 500 ha) le plus visité de Suède. Son succès ne tient pas uniquement à ses facilités d'accès. Il déploie une majestueuse vallée en U, ***Lapporten*** (« la porte lapone »), sculptée au quaternaire par les glaciers. La nature y est vraiment merveilleuse et les eaux des **lacs** sont si transparentes qu'on peut voir jusqu'à plus de 30 m de profondeur. Paradoxalement, cette région de l'extrême Nord bénéficie d'un **microclimat** qui lui assure un bon ensoleillement et peu de précipitations.

De nombreuses excursions à thème (flore, géologie, ornithologie...) sont proposées sous la conduite d'un guide *(**rens.** ℹ d'Abisko p. 272)*: avec un peu de chance, vous pourrez surprendre la martre ou le lemming. Un **téléphérique** *(à 800 m d'Abisko Turiststation)* permet d'atteindre le sommet du **mont Njulla**, qui culmine à 1 169 m. En été, on peut y observer le **soleil de minuit** *(voir encadré p. 266)*.

Björkliden

➤ *À 7 km d'Abisko par la route E10 et 103 km de Kiruna. **Informations pratiques** p. 273.*

Située à 1 128 m d'altitude, cette station, où l'on jouit d'une belle **vue**, attire les sportifs en toutes saisons – skieurs, pêcheurs, randonneurs, sans oublier les golfeurs. À 250 km au N du cercle polaire, on trouve ici le **terrain de golf** *(p. 274)* le plus septentrional du monde.

Le parc national de Vadvetjåkka

➤ *Par la route E10 jusqu'à Björkliden ou Riksgränsen. Attention, le parc reste difficile d'accès et les randonnées sont réservées aux **sportifs de haut niveau** (pas de balisage, ni de chalet). Cartes, ravitaillement et informations pratiques: **Björklidens fjällanläggningar** p. 273.*

Au N-O de Björkliden, près de la frontière norvégienne, ce parc s'étend sur 2 450 ha. Fondé en 1920, c'est le plus septentrional de tous les parcs nationaux de Suède. La **roche calcaire** (qui recèle un certain nombre de grottes) ainsi que la proximité de l'**Atlantique** y favorisent la **flore**: nombreuses espèces de fougères, renouée, primevère alpine.

Riksgränsen

➤ *À 35 km de Björkliden par la E10.*

Cette localité, où l'on peut pratiquer le ski d'été, marque la fin de la route E10 qui se prolonge en Norvège jusqu'à Narvik.

Offices de tourisme régionaux

➤ **LAPPLAND ET VÄSTERBOTTEN, Länsturismen Västerbotten,** Box 113 92322 Storuman ☎ (0951) 141.10; fax 141.09. **E-mail** : tourist.board@tourist-ac.org **Internet** : www.tourist-ac-org

➤ **LAPPLAND ET NORRBOTTEN, Norrbottens Turistråd,** Stationsgatan 69, 97234 Luleå ☎ (0920) 940.70; fax 140.84. **E-mail** : info@norrbottens-turistrad.se

Arrivée

Toute la région est facile d'accès : moins de 2 h d'avion ou une nuit de wagon-lit dans un train confortable.

➤ **EN AVION.** Aéroport de Luleå, **Luleå flygstation** à 5 km de la ville, navettes régulières avec le centre ville. **Rens. et réservations** : **SAS** ☎ (020) 727.000 et **Braathens** ☎ (0920) 230.230. Aéroport de Kiruna, **Kiruna flygplats** à 10 km du centre ville ; un système de navettes est mis en place durant l'été. **Rens. et réservations** : **SAS** ☎ (0980) 284.800.

➤ **EN TRAIN.** Gare de **Luleå**, Järnvägsstationen ☎ (0920) 222.333 et (020) 75.75.75. Gare de **Kiruna**, Järnvägsstationen, Bangårdsvägen 3. **Rens. et réservations** : **Avanda** ☎ (0980) 150.02.

➤ **EN VOITURE. Luleå** se trouve à 918 km de Stockholm par la route E4.

Abisko (98107)

Indicatif téléphonique ☎ (0980)

*S'adresser à l'hôtel **Abisko Turiststation** (voir ci-dessous).*

Hébergement

▲ **Abisko Turiststation** ☎ 402.00 ; fax 401.40. *165 ch.* Cet établissement très simple possède un restaurant, des chambres et des chalets avec possibilté de cuisiner et un sauna. Il organise des tours guidés l'été et des excursions en bateau sur le lac Torneträsk. Cet hôtel joue aussi le rôle d'office de tourisme. Vente de provisions l'été. *Ouv. de fin fév. à début mai et de début juin à mi-sept.*

Adolfsström (93093)

Indicatif téléphonique ☎ (0961)

Hébergement

▲ **Bäverholmens värdshus & stugby** ☎ 230.18. *120 lits.* Restaurant, cuisine disponible mais pas de vente d'aliments. *Ouv. de fév. à avr. et de fin juin à sept.*

Ammarnäs (92075)

Indicatif téléphonique ☎ (0952)

À l'hôtel Ammarnäsgården ☎ 60.000; fax 60.366.

Hébergement

▲ **Ammarnäsgården** ☎ 600.03. Cet hôtel est également un point de renseignements touristiques et comporte un musée sur la nature environnante. *Ouv. de juin à mi-août du lun. au ven. de 9 h à 18 h ; sam. et dim. de 13 h à 18 h ; du lun. au ven. apr.-midi le reste de l'année.*

Shopping

Margareta Grahn, Ammarnäs. Cette femme sâme propose, dans son atelier, d'authentiques objets liés au mode de vie lapon, créés à partir de racines, d'étain ou de peaux d'animaux.

Adresses utiles

Fjällhästen ☎ 600.30. Pour effectuer des randonnées guidées à cheval, sur 1 ou plusieurs journées.

Lapplandsafari ☎ 602.90. Organise des excursions dans les montagnes, des parties de pêche ou la descente des rapides de la Vindelälv.

Le Grand Nord, mode d'emploi

La découverte des montagnes du Grand Nord doit se conformer à certaines règles que l'on peut résumer ainsi : s'équiper, se renseigner, être prudent. On ne plaisante pas avec la nature du Norrland, même à la belle saison. Le vent peut se lever brusquement, la pluie s'abattre, le ruissellement soudain des eaux former des torrents improvisés là où, peut-être, on envisageait de bivouaquer. Bref, emportez des **vêtements chauds** et **imperméables**, évitez de quitter les sentiers balisés : attention aux avalanches, aux sols marécageux dissimulés sous des plaques de neige. Si vous campez pour la nuit, choisissez un emplacement à l'abri du vent et non inondable. Enfin, avant d'entreprendre votre périple, réunissez un maximum d'**informations précises**, topographiques et autres, auprès des offices du tourisme. Faites connaître à vos interlocuteurs vos projets d'excursion au long cours. En cas d'**urgence**, composez le ☎ 112.

➤ **SUR PLACE.** Les ℹ et les ***fjällstationer*** vous informeront sur les pistes de randonnée, refuges, stations de montagne, auberges de jeunesse, cartes de la région etc.

➤ **À STOCKHOLM. Svenska Turistföreningen, STF** Box 25, SE-10120 Stockholm ☎ (08) 463.22.70 ; fax 678.19.58.

■ Arjeplog (93090)

Indicatif téléphonique ☎ (0961)
ℹ *Torget ☎ 142.70 ; fax 142.79.*

Hôtels

▲▲ **Arjeplog Hotel** ☎ 107.70. *85 ch.* Hôtel confortable avec restaurant, parking, sauna.

▲▲ **Lyktan**, Lugnetvägen 4 ☎ 612.10. *27 ch.* Un bon établissement de tourisme. Parking, sauna, petit déjeuner seulement. Il fait également office d'auberge de jeunesse.

Camping

Kraja ☎ 315.00. Ce terrain est situé 1 km à l'O de l'église. Restaurant, baignade, pêche, bateau.

Sports et loisirs

Arjeplog offre des possibilités exceptionnelles de pêche (tous niveaux) et de canoë-kayak : vous pouvez vous adresser à l'ℹ pour vous informer et louer du matériel.

■ Arvidsjaur (93332)

Indicatif téléphonique ☎ (0960)
ℹ *Garvaregatan 4 ☎ 175.00 ; fax 136.87.*

Hôtel

▲▲▲ **Laponia**, Storgatan 45 ☎ 555.00 ; fax 555.99 *115 ch.* Cet établissement de premier ordre possède restaurant, garage, piscine, sauna.

Camping

Camp Gielas ☎ 55.600 Ce terrain est situé au centre d'Arvidsjaur. Baignade, pêche, barques, golf.

■ Björkliden (98193)

Indicatif téléphonique ☎ (0980)
ℹ *S'adresser à l'hôtel Björklidens Fjällanläggningar.*

Hôtel

▲ **Björklidens Fjällanläggningar** ☎ 641.00 ; fax 410.80. *51 ch.* Cet hôtel est équipé d'un restaurant et d'un sauna. Joue aussi le rôle d'office de tourisme : location de chalets, école de ski. Boutiques de sport et d'alimentation. *Ouv. de la mi-fév. à la mi-sept.*

Camping

Björkliden ☎ 641.00. Ce camping géré par l'hôtel mentionné ci-dessus offre un bon point de départ pour des randonnées dans les *fjälls*. Pêche, location de vélos sur place, terrain de golf à 400 m. *Ouv. de début février à mi-sept.*

Sport

Björkliden dispose d'un **terrain de golf** réputé (18 trous) où l'on peut jouer de jour comme de nuit, de la Saint-Jean à la 1re semaine d'août, **rens.** ☎ 641.00.

Gällivare (98221)

Indicatif téléphonique ☎ (0970)
ℹ Storgatan 16 ☎ 166.60 ; fax 147.81.

Hôtels

▲▲▲ **Nex**, Lasarettsgatan I ☎ 550.20. *97 ch.* Bon hôtel moderne, en plein centre. Restaurant, parking, sauna.

▲▲ **Gällivare Värdshus** ☎ 162.00 ; fax 155.45. *33 ch.* Cette auberge impeccable a été récemment rénovée. Restaurant, parking, sauna.

Auberge de jeunesse

STF Vandrarhem, Barnhemsvägen 2 ☎ 143.80. *72 lits.* Elle est située env. 400 m au S-O de la gare. Locations : vélos, kayaks et équipement de pêche.

Camping

Gällivare ☎ 165.75. Installé 1 km à l'E de l'agglomération. Pêche, location de vélos. *Ouv. de début juin à août.*

Hemavan (92066)

Indicatif téléphonique ☎ (0954)
ℹ voir Tärnaby (p. 277).

Hôtels

▲▲ **Hemavans Wärdshus** ☎ 301.25. *15 ch., 11 chalets, 12 appartements.* Cette auberge de montagne confortable possède un excellent restaurant avec spécialités lapones (plats à base de renne) *De fév. à début mai et de la mi-juin à fin sept.*

▲▲ **Högfjällshotellet Hemavan** ☎ 301.50. *57 ch.* Ce bon hôtel de tourisme comporte restaurant et sauna. *Ouv. toute l'année sf. qq jours en mai.*

> ## Le Grand Nord en traîneau à chiens
>
> Un guide amoureux des chiens et de la montagne peut vous initier à ce mode de transport traditionnel. Comptez 1 000 SEK par jour, tout compris (les chiens, le traîneau, et des repas pantagruéliques au bivouac) pour une équipée inoubliable dans les solitudes intouchées des vallées de Laponie.
>
> ***Rens.*** *à* ***Hörnefors*** *☎ (0930) 23.284.*

Jäkkvik (93095)

Indicatif téléphonique ☎ (0961)

Hébergement

▲ **Jäkkviks fjällcenter** ☎ 211.40. *100 lits.* Restaurant, cuisine disponible, magasin d'alimentation dans le village. *Ouv. de janv. à avr. et de fin juin à sept.*

Jokkmokk (96223)

Indicatif téléphonique ☎ (0971)
ℹ Stortorget 4 ☎ 172.57 ; fax 172.89.

Hôtels

▲▲▲ **Jokkmokk**, Solgatan 45 ☎ 553.20. *82 ch.* Établissement de bon confort avec restaurant, garage, piscine, sauna.

▲▲ **Gästis**, Herrevägen 1 ☎ 100.12. *20 ch.* Hôtel agréable ; restaurant et sauna.

Auberge de jeunesse

STF Vandrarhem, Åsgården ☎ 559.77.

Camping

Jokkmokks Turistcenter ☎ 123.70. Situé entre le fleuve et la route à l'E. Piscines, pêche, bateau, golf et vélos.

Jukkasjärvi (98191)

Indicatif téléphonique ☎ (0980)
S'adresser à Kiruna (ci-dessous)

▲▲▲ **Arctic Hall** ☎ 211.90; fax 214.06. Confortable hôtel-igloo, reconstruit chaque année avec 2 000 t de glace ! Réservez si vous voulez la suite « VIP », très demandée pour les nuits de noces. Rés. auprès de voyagistes spécialisés (p. 22). *Ouv. entre Noël et Pâques.*

Le mont Kebnekaise

Indicatif téléphonique ☎ (0980)
*S'adresser à l'hôtel **Kebnekaise Fjällstation***

▲ **Kebnekaise Fjällstation** ☎ 550.00. *200 lits.* Hôtel de montagne, avec restaurant et sauna. Fait aussi office de tourisme, épicerie, et organise des randonnées guidées l'été. *Ouv. de mars à avr. et de mi-juin à mi-sept.*

Kiruna (98122)

Indicatif téléphonique ☎ (0980)
***Folkets Hus**, Lars Janssonsgatan 17 ☎ 188.80; fax 182.86.*

Hôtels

▲▲▲ **Ferrum**, Lars Janssonsgatan 15 ☎ 186.00. *170 ch.* À 1 km de la gare, hôtel confortable. Restaurant et sauna.

▲▲▲ **Vinterpalatset**, Järnvägsgatan 18 ☎ 677.70; fax 130.50. *16 ch.* Un petit hôtel de qualité tout près de la gare. Restaurant, parking, piscine, sauna.

▲▲ **Kebne**, Konduktörsgatan 7 ☎ 681.80; fax 681.81. *54 ch.* Établissement confortable, situé en plein centre. Restaurant, parking, sauna.

Auberge de jeunesse

STF Vandrarhem, Skyttegatan 20 B ☎ 171.95. *90 lits.* Située à 1 km au S de la gare, sur la route de Nikkaluokta. *Ouv. de mi-juin à mi-août.*

Fêtes et manifestations

➤ **JANVIER. Festival de la neige** à Kiruna.

➤ **FÉVRIER. Fête nationale des Sâmes** (le 6 du mois). **Marché d'hiver** à Jokkmokk. **Concours de sculptures sur glace** à Luleå (la dernière semaine du mois).

➤ **JUIN. Rassemblement lapon** (le 1er dim. du mois) à Arvidsjaur. **Festival de jazz** sous le soleil de minuit à Haparanda/Torneå (à la fin du mois). **Championnats européens de pêche** à Lycksele (à la fin du mois). **Festival de musique classique** à Piteå (à la fin du mois). **Festival de musique de chambre** à Arjeplog (à la fin du mois).

➤ **JUILLET. Marquage des jeunes rennes** à Arvidsjaur.

➤ **AOÛT. Marché traditionnel et fête de la musique** à Jukkasjärvi (la 1re semaine du mois). **Rassemblement lapon** (le dernier dim. du mois) à Arvidsjaur.

Kvikkjokk (96202)

Indicatif téléphonique ☎ (0971)

Hôtel

▲ **Kvikkjokks Fjällstation** ☎ 210.22. *62 lits.* Il fait également office de restaurant, sauna, vente d'alimentation et de permis de pêche. *Ouv. de fin mars à fin avr. et de fin juin à mi-sept.*

Lövånger (93010)

Indicatif téléphonique ☎ (0913)
voir Skellefteå (p. 277)

Hébergement

Lövångers Kyrkstad, Kungsvägen ☎ 103.95. **Location** de petites « maisons d'église », qui servaient jadis à héberger les paroissiens venus de loin.

Auberge de jeunesse

STF Vandrarhem, Kungsgatan ☎ 103.95 ; fax 107 59.

■ Luleå (97231)

Indicatif téléphonique ☎ (0920)
ℹ Storgatan 43 B ☎ 29.35.00 et 29.35.05.

Hôtels

▲▲▲ **Stads Hotell**, Storgatan 15 ☎ 670.00 ; fax 670.92. *135 ch.* Ce palace au charme cossu comporte un restaurant réputé. Garage, sauna.

▲▲▲ **Radisson SAS Luleå**, Storgatan 17 ☎ 940.00. *187 ch.* Cet établissement confortable – mais impersonnel – propose restaurant, piscine et sauna.

▲▲ **Arctic**, Sandviksgatan 80 ☎ 109.80 ; fax 607.87. *94 ch.* Proche de la gare, cette auberge très confortable possède restaurant, garage, piscine, sauna.

▲▲ **Scandic Luleå Nord**, Banvägen ☎ 22.83.60. *157 ch., 9 ch. familiales.* Un peu à l'écart du centre, 2 km au N entre Bodenvägen et Haparandavägen. Restaurant, piscine et sauna.

Auberge de jeunesse

STF Vandrarhem, Örnvik ☎ 523.25. *94 lits.* À 9 km du centre par le bus n° 6 (face à la gare). En voiture : proche de la E4 en direction de Piteå. Cette auberge est joliment située au bord du Lule älv. Mini golf, location de barques et de bicyclettes.

Camping

Arcus Luleå ☎ 500.60. Ce terrain est situé au bord du Lule älv à Karlsvik, 4 km au S-O. Pêche, canot, golf, location de bicyclettes.

■ Lycksele (92181)

Indicatif téléphonique ☎ (0950)
ℹ Korpberget 1 ☎ 169.90 ; fax 147.60.

Camping

Ansia äventyrsland, Sorselevägen ☎ 100.83. Ce terrain est situé au centre d'une zone de détente et de loisirs récemment créée à l'E de la ville. Baignade, chutes d'eau, rapides, golf, location de bicyclettes, scooters des neiges, ski de fond.

■ Nikkaluokta (98129)

Indicatif téléphonique ☎ (0980)
ℹ Nikkaluokta Turist ☎ 55.015 ; fax 55.045

Hébergement

▲ **Nikkaluokta Turist** ☎ 55.015 ; fax 55.045. *40 lits, 10 chalets.* Hôtel type auberge de jeunesse. Restaurant, boutique, sauna. *Ouv. de mars à sept.*

■ Piteå (94131)

Indicatif téléphonique ☎ (0911)
ℹ Noliagatan 1 ☎ 933.90 ; fax 83.30.

Hôtel

▲▲▲ **Stadshotellet**, Olof Palmes gata 1 ☎ 197.00 ; fax 122.92. *105 ch.* Excellent établissement, situé à 500 m de la gare, qui possède restaurant, parking, sauna.

Camping

Pite Havsbad ☎ 327.00. Terrain situé à 10 km au S de Piteå. Sports nautiques, tennis, golf, pêche, location de vélos.

■ Ritsem (98299)

Indicatif téléphonique ☎ (0973)
ℹ S'adresser à l'hôtel.

Hébergement

▲ **Ritsems fjällstation** ☎ 420.30. *40 lits.* Hôtel dans le style auberge de jeunesse. Pas de restaurant, mais on peut faire sa cuisine (magasin d'alimentation). *Ouv. de fév. à début mai et de fin juin à sept.*

■ Robertsfors (91531)

Indicatif téléphonique ☎ (0934)

Shopping

Bruksforshyttan, Strandvägen 1 ☎ 107.10. C'est l'**atelier de verrerie** le plus septentrional de Suède. *Ouv. en sem. de 10 h à 16 h, sam. de 10 h à 13 h.*

Un safari-pêche en hélicoptère

Au pays des pêches miraculeuses, vous n'aurez que l'embarras du choix pour chatouiller la truite saumonée ou l'omble chevalier. Les amoureux des contrées sauvages tenteront l'aventure du safari-pêche en hélicoptère. L'engin vous déposera dans un décor exceptionnel, au bord d'une des rivières des « cinq vallées », près de la réserve naturelle de Vindelfjällen. **Rens.** à l'ⓘ de Tärnaby. (*Voir aussi encadré p. 244.*)

■ Saltoluotka (98299)

Indicatif téléphonique ☎ (0973)

Hébergement

▲ **Saltoluotka Fjällstation** ☎ 410.10; fax 410.13. *100 lits.* Restaurant, sauna, vente de produits alimentaires. Les sanitaires sont dans le couloir.

■ Skellefteå (93170)

Indicatif téléphonique ☎ (0910)

ⓘ *Mossgatan de mi-juin à mi-août; et sur Torget le le reste de l'année ☎ 73.60.20; fax 73.60.18.*

Hôtels

▲▲▲ **Malmia**, Torget 2 ☎ 77.73.00. *110 ch.* Cet hôtel offre un excellent confort. Restaurant, garage, sauna.

▲▲▲ **Scandic Skellefteå**, Expolaris center, Kanalgatan 73 ☎ 383.00. *131 ch.* Établissement ultra-moderne, situé en plein centre, spacieux et lumineux. Restaurant, garage, piscine, sauna.

▲▲ **Victoria**, Trädgårdsgatan 8 ☎ 174.70. *20 ch.* Petit hôtel avec garage et bar. Pas de restaurant.

Auberge de jeunesse

STF Vandrarhem, Elevhemsgatan 13 ☎ 372.83.*40 lits.* Située sur la rive S du fleuve, 3 km au S-E de la gare. *Ouv. de la mi-juin à la mi-août.*

Camping

Skellefteå ☎ 188.55. Proche de la E4, à 1 km au N du centre ville, ce terrain propose aussi 71 bungalows et 24 lits. Baignade, golf, location de bicyclettes.

■ Tärnaby (92064)

Indicatif téléphonique ☎ (0954)

ⓘ *Västra Strandvägen 1 ☎ 104.50; fax 145.30.*

Hôtels

▲▲ **Mercure Inn**, Blå vägen ☎ 106.80. *26 ch. et 35 chalets.* Hôtel offrant un bon confort et des activités sportives.

▲ **Laisaliden**, Laisholm ☎ 211.00. *22 ch.* Entre Tärnaby et Hemavan, hôtel de montagne confortable avec restaurant et sauna. *De mi-fév. à début mai et de mi-juin aux premiers jours de sept.*

▲ **Tärnaby Fjällhotell**, Östra Strandvägen 16 ☎ 104.20; fax 106.27. *39 ch., 30 appartements.* Établissement simple et fonctionnel avec restaurant et sauna. *Ouv. de nov. à début mai, et de la mi-juin au 10 sept. env.*

■ Vietas (98299)

Indicatif téléphonique ☎ (0973)

ⓘ *S'adresser à l'hôtel **Stora Sjöfallets fjällstation**.*

Hébergement

▲ **Stora Sjöfallets fjällstation** ☎ 400.70. Un hôtel dans le style d'une auberge de jeunesse, avec restaurant, alimentation et matériel de randonnée. Fournit des informations sur le parc Stora Sjöfallet. *Ouv. de mars à oct.*

Shopping

Trolltrumman, Västra Strandvägen 1 ☎ 105.04. Boutique d'artisanat lapon qui tient également un petit musée.

EN SAVOIR PLUS

Fiskebäckskil. Jadis terre de pêcheurs, le Bohuslän, avec ses maisons idylliques, est aujourd'hui un lieu privilégié de villégiature.

Quelques mots de suédois

Vie quotidienne

Aéroport	*Flygplats*
Alimentation	*Livs, livsmedel*
Artisanat	*Slöjd, hemslöjd*
Auberge	*Värdshus*
Autorisé	*Tillåtet*
Chambre	*Rum*
Déjeuner	*Lunch*
Dentiste	*Tandläkare*
Dîner	*Middag*
Douane	*Tull*
Entrée	*Ingång*
Essence	*Bensin*
(sans plomb)	*(blyfri)*
Fermé	*Stängt*
Ferry, bac	*Färja*
Gare de chemin de fer	*Järnvägsstation*
Gazole	*Dieselolja*
Grand magasin	*Varuhus*
Hôpital	*Lasarett* ou *sjukhus*
Horaire, indicateur	*Tidtabell*
Interdit	*Förbjudet*
Location	*Bokning*
Location de voitures	*Biluthyrning*
Médecin	*Läkare*
Ouvert	*Öppet*
Petit déjeuner	*Frukost*
Pharmacie	*Apotek*
Plat du jour	*Dagens rätt*
Port	*Hamn*
Soldes	*Rea, realisation*
Sortie	*Utgång*
Supermarché	*Stormarknad*
Train	*Tåg*
Vente	*Försäljning*

Tourisme

Aire de récréation	*Fritidsområde*
Aire de repos	*Rastplats*
Archipel	*Skärgård*
Auberge de jeunesse	*Vandrarhem*
Bain, baignade	*Bad*
Bateau	*Båt*
Cathédrale	*Domkyrka*
Chalet	*Stuga*
Château	*Slott*
Couvent	*Kloster*
Curiosité	*Sevärdhet*
Église	*Kyrka*
Excursion	*Utflykt*
Exposition	*Utställning*
Forteresse	*Borg*
Gravure rupestre	*Hällristning*
Manoir	*Herrgård*
Montagne	*Fjäll, Berg*
Panorama	*Utsikt*
Parc d'attractions d'été	*Sommarland*
Parc zoologique	*Djurpark*
Pêche	*Fiske*
Permis de pêche	*Fiskekort*
Piste de ski	*Skidbacke*
Plage, baignade	*Badplats*
Port de plaisance	*Gästhamn*
Renseignement (s)	*Upplysning (ar)*
Sentier de promenade	*Vandringsled*
Tour panoramique	*Utsiktstorn*
Vestige archéologique	*Fornminne*
Village de chalets	*Stugby*

« En suédois dans le texte »

Le lecteur attentif remarquera peut-être que certains noms suédois peuvent apparaître dans un contexte français sous deux formes différentes. Ainsi, « le lac Mälar » ou « le lac Mälaren ». En suédois, l'article défini est postposé. Mälar**en** = **le** [lac] Mälar. Il conviendrait donc de dire « le lac Mälar ». Nous avons cependant préféré adopter la forme redondante « **le lac Mälaren** » pour permettre une identification immédiate, car c'est le mot « Mälaren » qui figure sur les cartes.

De même, les musées suédois peuvent être mentionnés sous la forme « museum » (indéfini) ou « museet » (défini). Le musée municipal de Stockholm, par exemple, figure dans les répertoires aussi bien sous le nom de **Stadsmuseet** que de **Stockholms stadsmuseum**.

Enfin, certains noms ont été modernisés, mais la graphie ancienne subsiste parfois. Ainsi, **Älvsborg** s'écrivait autrefois **Elfsborg**, **Lövsta** s'orthographiait **Leuvsta**, etc.

Des livres, des disques et des films

Généralités

BASTIDE (François-Régis) & FARAMOND (Guy de) : ***Suède***, Paris, ed. du Seuil, 1980. Un portrait classique de la Suède.

La Suède en résumé, Stockholm, Institut suédois, dernière éd. ; publications sur la Suède, Stockholm, Institut suédois (Catalogue annuel de documentation sur la Suède) ; feuillets de documentation, Stockholm, Institut suédois (série de fiches sur la société suédoise). L'Institut suédois diffuse en français une abondante documentation régulièrement mise à jour. S'adresser au Centre culturel suédois à Paris.

Histoire, société, civilisation

ARNAULT (Jacques) : ***Le « modèle suédois » revisité***, Paris, l'Harmattan, 1991.

BATTAIL (Jean-François), BOYER (Régis), FOURNIER (Vincent) : ***Les sociétés scandinaves de la Réforme à nos jours***, Paris, PUF, 1992. Présentation synthétique avec références bibliographiques.

BLANC-NOËL (Nathalie) : ***La Politique suédoise de neutralité active***, Paris, Économica, 1997.

FARAMOND (Guy de) : ***La Suède et la qualité de la vie***, Paris, Le Centurion, 1975. Par un des meilleurs spécialistes.

GRAS (Alain) & SOTTO (Richard) : ***La Suède et ses populations***, Bruxelles, éd. Complexe, 1981.

MERIOT (Christian) : ***Les Lapons***, Paris, PUF, coll. « Que sais-je ». L'essentiel sous un format réduit.

PALME (Olof) : ***Le rendez-vous suédois : conversations avec Serge Richard***, Paris, Stock, 1976.

PARENT (Jean) : ***Le Modèle suédois***, Paris, Calmann-Levy, 1970.

WEIBULL (Jörgen) : ***La Suède — un aperçu historique***, Institut suédois, Stockholm, 1993. La meilleure synthèse à ce jour.

Culture, langue, relations franco-suédoises

BATTAIL (Jean-François et Marianne) : ***Le Suédois sans peine***, Assimil, Paris, 1986.

BÉRANGER (Jean) : ***La Grande Aventure du cinéma suédois***, E. Losfeld, Paris, 1960.

BJURSTRÖM (Carl Gustaf) : « ***Littérature suédoise*** », dans ***Histoire des Littératures***, T. II, Gallimard, éd. de la Pléiade, Paris, 1968. Et aussi, notamment pour la période la plus récente, ***Dictionnaire des littératures***, Paris, PUF, 1993.

BOYER (Régis) : ***Histoire des littératures scandinaves***, Paris, Fayard, 1996.

GRATE (Pontus) : ***Trésors d'art suédois***, Malmö, Allhem, 1973.

LINDROTH (Sten) : ***Les Chemins du savoir en Suède***, Dordrecht, 1988. Études pénétrantes sur la vie intellectuelle et scientifique.

MARION (Denis) : ***Ingmar Bergman***, Paris, Gallimard, 1979. Une étude approfondie de l'œuvre du grand cinéaste.

STÅHLE (Nils K.) : ***Alfred Nobel et les prix Nobel***, Stockholm, Institut suédois, 1981.

Une amitié millénaire — Les relations entre la France et la Suède à travers les âges, Paris, Beauchesne, 1993. Le dialogue franco-suédois retracé par une série d'études ; bibliographie.

Guide de voyage

Norvège, Suède, Danemark, guide du Routard, indispensable pour ses tuyaux et ses bonnes adresses, Hachette Paris, éditions annuelles.

Musique

La musique étant une passion nationale, tous les genres sont représentés : classique (Roman, Berwald, Stenhammar, Alfvén…), grandes voix (Jussi Björling, Birgit Nilsson…), musique folklorique, jazz, pop et rock (d'ABBA à Europe, Roxette, Ace of Base…).

Pour composer votre menu à la carte, vous pouvez vous adresser au Swedish Music Information Center, Sandhamnsgatan 79, S-10254 Stockholm, ☎ (08) 783.88.00. Les magasins de la FNAC sont également dépositaires de labels suédois, dont la collection « Musica Sveciæ ».

Quelques films

Rythme de la ville d'ARNE SUCKSDORFF, 1947. Où l'inspiration poétique se mêle au souci documentaire.

Mademoiselle Julie d'ALF SJÖBERG, 1951. Admirable version filmée du chef-d'œuvre de Strindberg.

Elle n'a dansé qu'un seul été d'ARNE MATTSON, 1951. Naissance du mythe du « pêché suédois » avec Ulla Jacobson en tenue d'Ève.

Les fraises sauvages de INGMAR BERGMAN, 1958. Un grand classique ; mais la plupart des films de Bergman méritent aussi ce qualificatif.

Elvira Madigan de BO WIDERBERG, 1967. Une histoire d'amour interdit sur fond de critique sociale, magnifiquement mise en images.

Hugo et Joséphine de KJELL GREDE, 1967. Exploration poétique de monde de l'enfance où le réel et l'imaginaire s'entremêlent.

Fanny et Alexandre de INGMAR BERGMAN, 1982. Une évocation de l'enfance dans la Suède du début du siècle. Poétique et pénétrant, le dernier Bergman, du meilleur cru.

Ma vie de chien de LASSE HELLSTRÖM, 1985. Le Småland des années 1950 revisité par un cinéaste de talent.

La maison des anges de COLIN NUTLEY, 1992. Le réalisateur anglais a su porter un regard aigu sur la Suède moderne dans ce film plein de charme.

Hamsun de JAN TROELL, 1997. Le célèbre romancier norvégien relu par un des grands réalisateurs suédois actuels, avec Max von Sydow.

Index

Stockholm : nom de lieu
Vasa G. : nom de personnage
AURORE BORÉALE : mot clé
Les folios en **gras** renvoient aux rubriques les plus détaillées.
Les folios en bleu renvoient aux cartes et plans.
Les folios en rouge renvoient aux adresses pratiques, placées à la fin de chaque chapitre de visite.

G

H

I

J

K

L

T

U

V

Les *GUIDES BLEUS ÉVASION* pour découvrir le monde...

Afrique du Sud
Amsterdam et la Hollande
Andalousie
Angleterre et pays de Galles
Australie
Baléares
Bavière et Forêt-Noire
Berlin
Brésil
Birmanie
Bruges et la Flandre
Budapest et la Hongrie
Californie
Canaries
Chine, Hong Kong, Macao
Chypre
Corée
Crète et Rhodes
Cuba
Danemark
Écosse
Égypte
Florence et Sienne
Floride
Grèce continentale
Guadeloupe
Îles anglo-normandes
Îles grecques
Inde du Nord
Indonésie
Irlande
Israël
Istanbul
Kenya et Nord-Tanzanie
Liban
Londres
Madagascar
Malte
Maroc
Marrakech et le Sud marocain
Martinique
Moscou et Saint-Pétersbourg
Népal
New York
Nouvelle-Calédonie
Pologne
Portugal et Madère
Prague et Brno
Québec
Réunion et Île Maurice
Rome
Sénégal
Sicile
Sri Lanka et Maldives
Suède
Syrie
Tahiti et la Polynésie
Thaïlande
Tokyo et le Japon
Tunisie
Turquie
Venise
Vienne et l'Autriche
Viet Nam

... et la France

Alpes du Nord
Bretagne Nord
Midi-Pyrénées Sud
Paris
Pays de la Loire

Imprimé en France par I.M.E 25110 Baume-les-Dames
Dépôt légal n° 7728-09/1999
Collection n° 28 - Édition n° 01
24/2867/0

À nos Lecteurs...

Ces pages vous appartiennent. Notez-y vos remarques, vos impressions de voyage, vos découvertes personnelles, vos bonnes adresses. Et ne manquez pas de nous en informer à votre retour. Nous accordons la plus grande attention au courrier de nos lecteurs.

HACHETTE
Tourisme
Guides Bleus Évasion – Courrier des lecteurs
43, quai de Grenelle – 75905 PARIS Cedex 15

Carnet de voyage